农村青少年非认知技能发展研究

STUDY ON THE DEVELOPMENT OF RURAL ADOLESCENT NON-COGNITIVE SKILL

吴要武 宋映泉 等 著

序　言

传统的劳动经济学者，将完成教育和进入劳动力市场，视为分离的行为。人们只关注进入市场者已有的知识技能和在市场上学习与积累的新技能，很少将目光探入教育阶段，认为那是教育学和教育经济学关注的领域。2004 年以来，中国面临劳动力短缺和工资上涨，产业升级推动劳动者知识技能快速提高，在未来劳动力市场上，需要什么样的知识技能？高人力资本者和低人力资本者，会形成互补关系还是替代关系？中国的发展阶段变了，我们对劳动者知识技能的变化，也应该早做准备，提前研究。

2014 年，宋映泉与北京歌路营基金会建立了联系，该基金会正在全国推广“新一千零一夜”睡前故事项目，我们表达了做随机受控实验、评估该项目成效的意愿，他们愿意积极配合以共同完成实验。于是，宋映泉和我开始组织力量设计调查问卷，组建调查团队，到 2015 年 10 月，在四川与河北省 5 个原国定贫困县的 137 个农村寄宿制学校，做了基线调查。数据包含 17798 个学生样本和一定的教师、校长等样本。我们在学校层面区分了控制组和三个类型的干预组，在 11 月底就启动实验，为干预组学校安装睡前故事播放设备和配发图书。

在 2016 年 6 月和 2017 年 5 月，我们做了第二、三轮追踪性调查。三轮数据的整理工作繁重且耗时，转眼就到了 2019 年，课题组讨论后决定，2020 年 5 月，我们的学生样本会进入初中二年级和三年级，要抓紧时间做第四轮调查，观察这些受干预学生样本是否改善了非认知技能和学业成绩。我们申请到国家自然科学基金面上项目和中国社会科学院重大经济社会调查项目的资助。然而，2020 年开始的新冠疫情打乱了第四轮调查的工作节奏。2020 年 6 月，我们在四川的两个县，追踪调查了已进入初二和初三的样本。因北京新发地疫情影响，河北省三个县的中小学提前放假，调查被迫推迟到 9 月。这时，追踪样本已经变成初三和高一了，那些应进入高一年级的样本，分散在更多的县市，增大了我们追访的难度。以 2017 年的样本为基准，2020 年追踪样本成功率为 77.6%；2021 年 1 月，课题组又在网上做了追踪，找到了 2686 人，填写了短问卷。两者合计为 16293 人，达到 2017 年总样本的 93%。

项目组李玥同学和刘金凤同学，先后给我担任助手，帮助完成数据清理。利用追踪数据的特点，不仅把四轮数据准确匹配起来，还把前三期调查中存在的缺失、错漏和逻辑错误，依据客观性原则调整或修补起来。那些小学四五年级的学生，在回答家庭信息时，出现不准确是难免的，到他们成为初中生或高中生时，相信大多数人能准确回答父母受教育状况和职业。比如，很多研究者发现，父母受教育程度与孩子的学业表现并不是线性关系：回答父母受教育程度为大学的学生，其学业成绩甚至不如父母为高中和初中的同学，这是调查误差。一些小学生出于各种复杂的心理，夸大自己父母的受教育程度。我们的数据清理完成后，检验了父母受教育程度与子女学业表现间的关系，呈现严格的正相关。

要特别感谢两位助手，她们都是优秀的学术伙伴，协助我完成了数据清理，实现了客观性和完整性这两个目标。事后看，两人写的学生数据清理程序，超过了 140 万字符。在清理数据过程中，每一个变量的清理方法，都是我们认真讨论后设定的。用到的各种方法技巧，我都提醒她们牢记以便应用于未来的数据清理。经过数据清理，她们对统计学和抽样调查知识，有了深刻的理解，她们通过三年的实践，经历了“数据产生过程”。我相信，她们不仅有了扎实的数据根基，还能准确地把握统计学和经济计量学的概念、定义和定理，尤其对误差项的性质，有了深刻的理解。

2023 年 5 月，我们终于完成了数据清理。初步的分析结果发现，不同的干预措施和不同的非认知技能之间，具有某种匹配性效果：比如，睡前故事项目对抗逆力和自尊得分，有显著的影响；配书组则在内化、外化和抑郁方面，表现出了显著效果。我们对经济学原理是有信心的，如显示性偏好和代理人作出的选择，我们认为那是客观可信的。对新人力资本理论引入的概念，如各项非认知技能及评分，则缺少经验上的体验和认知。我们决定，拓展数据库建设的内容，在 5~7 月，用电话回访的方式，将高年级样本在 2020 年 7 月以后的去向弄清楚：普通高中、中职学校、转学或留级、辍学。一方面，我们对中职教育非常关注，想弄清初中毕业后真实的普职比；另一方面，初中后分流结果蕴含着众多的社会经济信息，如脆弱性。这种客观信息是我们熟悉和理解的。

这是个漫长的研究，很多伙伴参与进来，有专门聘请的学术助手，也有中国社会科学院研究生院和北京大学的博士生和硕士生，梁净、秦红宇、李雅楠、黄文芮、孙迟瑶、李玥、侯海波、吴培材、刘奥龙等，都为调查作出了积极的贡献，在此深表感谢。还要特别感谢本所都阳所长、连鹏灵处长、曲玥主任，以及同事张琛和李冰冰，对本项目的大力支持和帮助！

本书各章节作者为：第一章，刘金凤、吴要武；第二章，吴要武、刘金凤；第三章，李雅楠、黄文芮、宋映泉、吴要武；第四章，李玥、吴要武；第五章，吴要武、张成、宋映泉；第六章，黄文芮、宋映泉、吴要武；第七章，李雅楠、宋映泉、吴要武；第八章，吴要武。本研究得到国家自然科学基金面上项目“睡前故事项目与农村寄宿生非认知技能发展：一个基于随机控制实验的追踪研究”（项目编号：71973150）和中国社会科学院重大经济社会调查项目“农村寄宿生非认知技能实验研究调查及农村青少年发展数据库项目”，（项目编号：GQDC2020021）的资助，并得到中国社会科学院登峰战略的出版资助（项目编号：DF2023YS30），在此一并表示感谢。

中国社会科学院人口与劳动经济研究所　吴要武

2025 年 4 月

摘　要

新人力资本理论将人的知识技能区分为认知技能和非认知技能。认知技能包括读写算知识和解决问题的专业技能，与劳动者的生产率直接相关；非认知技能包括与社会情感相关的各种能力，如责任感、与人沟通合作能力、自我激励和内驱力、面对挫折时的坚毅力等，同样影响生产率。由于劳动力市场产出是以分工协作为特征的社会化行为，因此非认知技能的重要性就凸显出来，低人力资本群体尤其需要非认知技能。教育是形成人力资本的主要方式，学校和教师在教育过程中起重要作用，其职责是教书育人。可以做个近似的类比：教书帮助学生形成认知技能，育人则帮助学生形成健全的人格、统一的价值观和非认知技能，这是分工协作所必需的。本研究在探讨教育问题时，始终在指向人力资本的形成。

中国农村青少年发展项目，始于一个大型的随机受控实验，2015 年 10 月，我们在河北与四川的 5 个县 137 个农村寄宿制学校开展了睡前故事项目。实际干预执行了 18 个月，从 2015 年 12 月持续到 2017 年 5 月，低年级样本会稍延长一段时间。考察当期影响，发现不同的干预项目，对设定的不同产出指标有不同的影响结果：睡前故事在 5 个非认知技能测量指标上，很快就显示出与理论预期一致且统计上显著的影响；随着听故事时间延长，到 2017 年 5 月，对一部分测量指标的影响反而衰减变得统计上不显著；图书组的影响需要较长时间才能显示出来，到 2017 年 5 月，抗逆力和自尊得分显著提高。到 2020 年，追踪项目执行三年后的中长期影响，发现故事组的效应几乎完全消失，但图书组的影响仍然显著：抗逆力、内化、外化和自尊得分，显著高于对照组。从描述性统计结果和双差分估计结果看出，三年后，这5个测量指标都有显著变化，抗逆力和自尊得分大幅度下降；内化、外化和抑郁得分，大幅度增加。可以说，小学生升入初中或高中后，他们的快乐减少了，烦恼增加了。这个发现与人们的经验认知相吻合，但背后的机制还有待进一步探讨。

课题组对数据质量设置了很高的标准：在尊重客观性的前提下，实现数据变量的完整性。我们事前设定，每一个重要变量的完整率，都要大于99.5%，事后查看，我们实现了这个目标。

课题组研究了青少年使用手机对认知技能和非认知技能的影响。当小学生使用手机后，学业成绩、阅读得分等显著降低，异质性分析发现，使用手机对男性、非寄宿生和非留守儿童的认知发展负向影响更大。机制分析表明，使用手机对儿童身心健康、睡眠质量、阅读习惯和注意力的负向冲击是影响认知发展的重要因素。另外，使用手机对儿童中长期的认知发展有持续负面影响，且长时间使用手机及浏览高娱乐性内容不利于认知发展的提高，但家长监管有助于缓解不合理的手机使用方式。

课题组研究了同学之间的同伴效应。发现干预项目对干预组样本部分指标产生了显著影响，对未直接接受干预的同班走读学生，在抗逆力、成人关系和自尊方面也存在溢出效应。该项目不仅提供了青少年之间性格和非认知技能可以转移的证据，而且在评估此类干预对性格发展的整体益处时提示，溢出效应不容忽视。结果的异质性表明，就学生的心理健康而言，同伴互动具有更大的重要性，而在性格发展的传递方面，成人互动具有更大的重要性。

在对农村寄宿制学生非认知技能所做的微观研究中，课题组成员根据项目建议书指明的方向，使用四轮微观数据，分别研究了学生个体的非认知技能状况及其与学业成绩之间的关系，发现认知技能与非认知技能之间有显著的正相关关系：提高小学生的非认知技能，不仅能促进认知技能的改善，也有利于初中后分流时，样本学生升入普通高中，减少辍学。

校园欺凌是受到社会各界关注的重要问题。本研究探讨了睡前故事干预对欺凌发生率的影响，发现故事干预显著降低了校园欺凌的发生率。我们不仅估计了干预项目对欺凌发生率的影响，还探讨了降低校园欺凌的微观机制，给出了猜测性的解释。现场调研发现，播放睡前故事时，正是寄宿生情绪低落、校园欺凌高发时段，播放故事能转移学生的注意力，起到“模拟父母陪伴”作用，故事播放结束时，大多数同学已经入睡。我们对干预机制的解释，不仅关注数据结果，还关注场景模拟以及众多寄宿生与宿管员的真实反馈。

抽样调查问卷中，漏填和乱填是个常见现象。大多数分析者会认为“问卷填写质量有问题”，下功夫去清理数据。我们根据本次调查的数据特征和对调查过程的了解，研究了漏填和乱填等行为背后的非认知技能问题。利用四期调查数据的特征，构造了乱填和漏填两个指标来测量非认知技能，探讨这一新测量方法的可行性。研究结果显示，漏填与乱填两个指标与量表测量的非认知技能指标有较强的相关性，能较好地预测中小学生的学业表现；乱填可部分代理内化、外化、抑郁和大五人格中的神经质。基于问卷填写行为的测量方法结合了传统方法的优势，不仅可以克服自报调查法中的偏差问题，还可以有效挖掘已有微观调查数据，进而缓解非认知技能研究中基础数据匮乏问题。

课题组还研究了干预项目对学业成绩、阅读能力等的影响。在数据清理过程中，有很多与课题研究相关的新发现，已在研究报告的各个章节里披露出来，深化了我们对非认知技能的经验认识。

本研究使用的主要数据是农村青少年调查数据，歌路营基金会支持了前三轮实验和调查，第四轮调查由中国社会科学院重大经济社会调查项目和国家自然科学基金面上项目资助，名称为“农村寄宿生非认知技能实验研究调查及农村青少年发展数据库项目”，但课题组成员为了行文简洁，在研究报告中称这个数据库为“中国农村青少年发展数据库”。

目　录

第一章

抽样方法及样本数据描述

内容提要： 在产业升级和经济转型的背景下，通过教育形成人力资本，是青少年未来进入劳动力市场避免脆弱性的重要手段，也是中国经济可持续增长的动力。贫困地区的农村青少年，因人力资本积累不足，是未来劳动力市场上的高风险群体。为了弄清农村青少年教育和知识技能形成状况，为劳动经济理论、教育经济理论和政策研究提供数据支撑，中国社会科学院人口与劳动经济研究所承担了中国社会科学院重大经济社会调查项目“农村寄宿生非认知技能实验研究调查及农村青少年发展数据库项目”。这是在原歌路营随机受控实验项目三期调查的基础上所做的第四次追踪性调查。课题组于2020年6~9月，在四川广元市苍溪县、旺苍县和河北省张家口市所属各县，对17500多名农村学生做实地追踪调查；2021年1月，又利用网络问卷追踪到2686名学生。为了完善数据库内容，2023年5~7月，课题组电话回访并确认8718名高年级学生初中后的去向，形成了包含四期调查的“中国农村青少年发展数据库”。本章介绍该数据库的产生背景、抽样方法、调查内容，对数据样本做简要的介绍和分析。

关 键 词： 随机受控实验　农村青少年　寄宿制学校

一　项目背景

随着2001年前后的“撤点并校”和大量农村劳动力进城务工，农村学龄儿童上学路途远和留守儿童看护等问题突出，义务教育普及和巩固遇到了挑战。政府在广大农村地区大力建设寄宿制学校，尤其是寄宿制幼儿园和小学，作为应对办法。农村寄宿制学校的学生正处在身体和心理发育的关键阶段，日常生活和学习缺少父母和家庭陪护，势必对该学生群体的身心健康发育产生不利影响。尽管这一问题引起了社会各界的广泛关注，但是从大范围调查和指标测量展示农村寄宿制学校孩子的身心健康状况的研究还比较缺乏。

另外，规模巨大的农村留守儿童身心健康状况也不容乐观。第七次全国人口普查数据显示，2020年全国有高达4177万农村儿童没有跟随父母一起流动而成为留守儿童，占全部留守儿童的62.4%，占全部农村儿童的37.9%，也就是说，每10名农村儿童中近4名是留守儿童[①]。农村留守儿童由于缺少父母的陪伴，不仅学习成绩普遍下降（胡枫和李善同，2009；陶然和周敏慧，2012；Zhang et al.，2014），而且生病或患慢性病的概率显著提高（李强和臧文斌，2011；Ban et al.，2017），营养状况显著降低（田旭等，2018；Meng and Yamauchi，2017），身心健康发展面临一系列挑战。

大量留守儿童会在寄宿制学校学习，关于寄宿制学校对于留守儿童的影响，王春超和孙曙涛（2023）研究发现，寄宿有助于提高留守儿童的学习能力，但没有显著改善其非认知能力。王树涛和毛亚庆（2015）也发现，在学校寄宿条件不佳的情况下，寄宿不仅没能发挥对留守儿童家庭监护缺失的替代作用，反而成为影响留守儿童社会情感能力发展的负面因素。关于留守儿童在寄宿制学校的阅读状况，邓倩（2015）通过对1200名留守儿童的阅读状况进行分析，认为留守儿童的阅读能力不容乐观：阅

① 国家统计局、联合国儿童基金会、联合国人口基金：《2020年中国儿童人口状况：事实与数据》，2023。

读时间不足、纸质阅读渠道狭窄、缺少有效的阅读指导等。覃仕莲和徐军华（2017）同样发现，农村留守儿童面临闲暇时间课外阅读活动较少、课外图书获取渠道有限、阅读指导活动的缺乏影响阅读结构、网络化阅读活动较薄弱等困境。

2012年起，北京歌路营公益组织发起“新一千零一夜”公益项目，以故事疗愈和社会情感学习理论为基础，以故事为核心干预手法；精心挑选针对寄宿留守儿童常见心理问题，高度契合教育部中小学生心理健康教育内容，回应孩子成长过程中的心理和情绪问题的经典故事；再组织来自中央人民广播电台、北京人民广播电台、中国传媒大学播音系等专业主持人志愿者录制成音频故事；最后通过网络播放系统使乡村儿童每天收听成长故事，获得基于故事的心理情感教育及情感陪伴。“新一千零一夜”项目自启动以来受到社会公众的欢迎，在寄宿制学校扩散开来。截至2020年10月，项目已覆盖29个省份994个区县10465所学校465万名农村学生①，获得了相关教育部门、学校、教师、学生的积极评价。

为了更好地促进农村寄宿制学校儿童的身心健康发育，北京大学中国教育财政科学研究所、中国社会科学院人口与劳动经济研究所、首都经济贸易大学劳动经济学院研究人员作为第三方评估研究机构，在四川省和河北省5个县农村寄宿制学校设计随机受控实验，旨在全面、科学地评估“新一千零一夜”项目效果。首先调查农村寄宿制学校儿童的阅读和身心发育状况，其次在基线调研结束后提供随机化分组和干预，最后通过研究干预前后农村儿童的阅读能力、心理发展、学业成绩和人际关系的变化来考察“新一千零一夜”项目的效果和意义。

在歌路营“新一千零一夜”随机实验项目三期调查的基础上，中国社会科学院人口与劳动经济研究所承担了中国社会科学院重大经济社会调查项目“农村寄宿生非认知技能实验研究调查及农村青少年发展数据库项目”，

① 《“新一千零一夜”睡前故事的规模化之路》，https：//www. sohu. com/a/437587696_818314，最后检索时间：2024年3月19日。

对这些学生进行第四期调查。最后形成的数据库，在随后章节的使用中，统一称为“中国农村青少年发展数据库”。

二　抽样方法

本项目依托歌路营基金会委托课题组已完成的2015~2017年三期随机控制实验“新一千零一夜”睡前故事干预项目，2020年对已进入初中阶段或者高中阶段的前期样本做追踪调查，形成2015~2020年“中国农村青少年发展”四期调查数据库。“中国农村青少年发展数据库”的抽样方法在2015年基期调查已经确定，选取河北省张家口市蔚县、涿鹿县和沽源县，四川省广元市苍溪县和旺苍县为项目县。选择这5个项目县的标准：一是这些县都是原国家级贫困县；二是项目县的寄宿制学校有一定规模；三是这些县的少数民族比例不高；四是得到项目县教育等有关部门的支持和配合。在确定项目县之后，课题组分别获得这些项目县的农村寄宿制学校名单，按一定标准形成样本框，然后随机抽取样本学校作为项目学校，在项目学校中随机抽取四年级和五年级的班级作为调查单位，进入样本的班级，其学生全部参与调查。以下具体介绍2015年基线调查时学校、班级、学生的抽样方法。

（一）学校样本框及抽样

课题组从教育部学生体质健康网获得调研县全部小学名单。抽取5个县的学校名单并返回县教育局，获取学校的基本信息，包括学校是否寄宿制学校、学校离县城距离、全校学生人数、是否有初中部、教师人数、住校生人数，4年级、5年级的班级数；4年级、5年级的学生数；4年级、5年级的住校生数。根据这些基本信息，非寄宿制学校、4年级和5年级学生数不足20人、住校生数不足10人的学校被剔除，剩余的学校形成该项目县的学校样本框。需要指出的是，在每个项目县，样本学校被抽中的概率是不同的。比如，在苍溪县，74所小学中符合要求的小学一共有61所，1所作为试调查学校，其余60所都作为样本学校。在旺苍县，一共获得46所小学名单，符合要求的小学有 24 所，除去 2 所作为试调查学校外，从剩余 22 所中抽取 15 所作为样本学校。在蔚县，有小学 37 所，符合条件 32 所，从中抽取 30 所作样本学校。在涿鹿县，有小学 28 所，符合条件 22 所，从中抽样 18 所；在沽源县，有小学 15 所，符合条件 12 所，全部选为样本学校。

（二）班级抽样及样本学生

课题组按随机抽样的原则在样本学校抽取调研班级。每一个年级调查班级原则上为 2 个，当每个年级只有 1 个班级或 2 个班级的时候，该年级的所有班级都会被纳入调查范围；如果一个年级的班级数大于 2，将会采用随机数表的办法随机选择 2 个班级作为调查对象。根据这个抽样规则，我们最终确定每个年级至少 1 个班级、最多 2 个班级。

原则上，样本班级所有学生自动成为样本学生。有以下情况之一，样本班级学生不被作为样本学生：一是调研当天学生因故不在学校；二是学生不愿意配合调研；三是学生有严重智力障碍无法参加调研；四是学生有严重情绪问题或情感障碍无法完成问卷和参加测试。

三　问卷及测量工具

（一）调查问卷

2020 年的调研问卷一共包括以下 8 种："学生问卷 A""学生问卷 B""初中生学生与发展-网络问卷""学校问卷""班主任问卷""教师问卷""生活老师问卷""校长问卷"①。

"学生问卷 A"主要了解学生的人口学特征（性别、年龄、户籍类型、民族等）、家庭背景（父母受教育程度、父母外出打工情况、家庭物品拥有

① 在 2015 年基线调查时，有六套问卷：学生问卷（A 卷客观题和 B 卷主观题）；家长问卷；教师问卷；班主任问卷；学校问卷；村干部问卷。2015～2017 年三次调查，都对所有样本学生做了阅读能力测试。

情况、与父母见面频率等）、上学经历和上学基本情况（是否上过幼儿园、是否随父母外出上学、是否住校及何时开始住校等）。

“学生问卷 B”主要了解学生的睡眠情况、饮食情况、健康情况、课外生活、学习与交往、阅读习惯与兴趣、电子产品使用情况及感受、心理健康（包括抗逆力、内化、外化、自尊、抑郁、大五人格量表等）、学校体验等。

“初中生学生与发展-网络问卷”主要了解未线下追踪调查到学生的基本信息，以保持联系和便于下一次追踪调查。

“学校问卷”包括初中问卷和高中问卷两种，主要了解学校规模（学生规模、教师规模）、住校生构成情况、寄宿生管理情况以及部分学校财政情况。

“班主任问卷”主要了解班主任个人及所在班级基本情况、班主任所负责班级住校生情况、班级学生享受资助情况、学校及所负责班级图书资源情况、班级设施及课程设置情况（2020 年春季）、班级学生纪律情况、班级学生转学/升学及贫困生/学优生情况等。

“教师问卷”主要了解教师的基本情况（包括性别、年龄、目前最高学历、最初任教的最高学历、工作时间、工作量、工资等）、工作中的真实感受、生活中感受、对教师职业的看法、对循环教科书使用情况的了解和看法等。

“生活老师问卷”主要了解生活老师基本情况（包括性别、年龄、户口类型、编制情况、最高学历、工资等）、工作量和基本职责情况、寄宿条件情况、教育与培训情况、住校生纪律情况等。

“校长问卷”主要了解校长的基本情况（包括性别、出生年月、民族、户口类型、婚姻状态、最高学历、最初任教的最高学历、职称、荣誉称号等）、工资、工作量、教授课程、论文和著作等。

（二）测量工具

2020 年测量工具主要包括测试的儿童心理发展、身体健康（含睡眠）、阅读和学业成绩等。

1. 心理发展

心理发展量表包括抗逆力、内化、外化、自尊、抑郁、大五人格等量表。

抗逆力量表来自“甘肃基础教育跟踪调研项目”，由 Albert Park、Emily Hanuman、王嘉毅等国际知名学者负责，其基础是哈佛大学教育学院的博士学位论文（Song，2003）。抗逆力量表的具体题目见表 1-1。

抗逆力量表测量如下维度：乐观、自我效能、成人关系、同伴关系、人际敏感和情绪控制。有 25 个正向计分的题目即：完全同意 = 4 分，同意 = 3 分，不同意 = 2 分，完全不同意 = 1 分。有 18 个负向计分的题目，即完全不同意 = 4 分，不同意 = 3 分，同意 = 2 分，完全同意 = 1 分。然后将 43 个题目的得分加总得到学生抗逆力得分。

表 1-1 抗逆力量表

不同维度		完全不同意	不同意	同意	完全同意
乐观					
1	我感觉不好的时候多于感觉好的时候				
2	我会碰到更多好事而不是坏事				
3	大多数时候我一起来就觉得这一天不会过得好				
4	即使有不好的事情，我仍能看到自己和自己生活中好的一面				
5	我觉得生活中多数事情都无聊				
6	我认为我的将来会越来越差				
7	我认为我是个幸运的人				
8	当不好的事情发生时，我认为它将存在一段时间				
自我效能					
9	我为能维护自己的信念而自豪				
10	当我有许多事情要去想和做时，我会一点点来，一件一件地完成				
11	我尽量从不同的角度看问题和理解问题				
12	如果我处理什么事情的方法不对，我会尽量想别的办法解决				
13	我和其他人一样重要				
14	我坚持自己想做的事，对其他并不关心				

续表

不同维度		完全不同意	不同意	同意	完全同意
15	我对自己生活中的选择感到满意				
16	我很多事情做得不错				
17	我会在学校的考试中取得好成绩				
成人关系					
18	至少有一个大人可以听我讲我的问题				
19	我不相信大人				
20	有一些我尊敬和崇拜的成年人				
21	大人们通常不理我				
22	我并不格外尊敬权威人士				
23	除了父母以外,还有别的大人对我有影响力				
24	如果碰到问题,我会和大人商量				
25	我听大人的话				
同伴关系					
26	我容易交朋友				
27	我不喜欢跟朋友一起				
28	跟朋友在一起我觉得有意思				
29	我没有信得过的朋友				
30	我没有很多朋友				
31	我在朋友中不受欢迎				
32	我跟朋友关系不错				
人际敏感					
33	如果我不喜欢某人的某些方面,我会尽量委婉地表达以免对方受到伤害				
34	当我不小心伤害或得罪人时,我会道歉				
35	我不喜欢帮助别人				
36	别人认为我能很好地理解他们				
37	我善于倾听别人				
38	我尽量从别人的角度说话				
情绪控制					
39	即使小事也让我沮丧				
40	我不断犯同样的错误				
41	我做事没有耐心				
42	我不考虑后果就会作出决定				
43	即使情况很糟糕,我也能保持镇静				

内化行为量表主要测试儿童的退缩性行为，而外化行为量表主要测试儿童的破坏性甚至反社会行为。量表来自“甘肃基础教育跟踪调研项目”，该量表在中国学生中的测量学特征获得证实。量表共 34 个题目，包括内化行为问题和外化行为问题两个分量表，其中内化行为问题包括焦虑、抑郁和退缩三个因子，共 18 题，具体题目见表 1-2。外化行为问题包括破坏性行为、冲动、攻击性和过度活跃四个因子，共 18 题，具体题目见表 1-3。13 题和 23 题，同时在内化和外化计入得分。

内化量表和外化量表均采用 4 级计分，1 分 = 完全不同意，2 分 = 不同意，3 分 = 同意，4 分 = 完全同意，得分越高表明内外化问题行为越严重，分别计算内外化行为的总分。其中内化行为由第 3、5、6、7、8、10、11、13、16、17、20、21、23、25、28、29、30、34 题等 18 道题目测量。外化行为由第 1、2、4、9、12、13、14、15、18、19、22、23、24、26、27、31、32、33 题等 18 道题目测量。内化和外化行为得分无反向计分题。

表 1-2 内化行为量表

序号	问题项	完全不同意	不同意	同意	完全同意
3	我不愿让别人知道自己的事情				
5	我在做事情时不能集中注意力				
6	我的头脑里经常有些各种各样的想法出现				
7	我很容易脸红				
8	没有大人在，我什么事也做不好				
10	我不爱理别人				
11	我很害羞				
13	我总是想引起别人注意				
16	我的同伴或同学常嘲笑我				
17	即使做了不该做的事情，我也不会感到心里难过				
20	有时我的心情会突然改变。本来很高兴，但不知什么原因忽然又高兴不起来了				
21	我觉得自己不如别人				
23	我经常怀疑别人				

续表

序号	问题项	完全不同意	不同意	同意	完全同意
25	我常自己一个人坐着,而不愿与别人在一起				
28	我常常感到心里有事,因此坐立不安				
29	我常常觉得很疲倦				
30	与同学或同伴在一起时我不常讲话,多数时间是听他们说话				
34	好像生活中总有让自己担心的事情				

表 1-3 外化行为量表

序号	问题项	完全不同意	不同意	同意	完全同意
1	我经常与人吵架				
2	我经常对别人发脾气				
4	我喜欢夸口,说大话				
9	我爱在别人面前显示自己的优点				
12	我有时候偷家里或别人的东西				
13	我总是想引起别人注意				
14	有时候我故意损坏东西				
15	我不服从学校的规定				
18	看见别人比我做得好,我心里就不高兴				
19	很多时候即使知道自己不对,我也不愿意听别人的意见				
22	我做事情很冲动,不多加思考				
23	我经常怀疑别人				
24	我经常骂人,说脏话				
26	我常常嘲笑别人				
27	我有时说谎话				
31	我很容易发脾气				
32	我很固执,听不进别人的意见				
33	我有时候威胁别人,甚至做过伤害别人的事				

自尊使用 Rosenberg 自尊量表测量,量表一共 10 个题目,具体见表 1-4。自尊分值越高表示自尊心越强。一般说来,高于 15 分算正常,低于 15 分算过低。其中,正向计分题目第 1、3、4、7、8、10 题按 0、1、2、3 计

分，即 0 分=完全不同意，1 分=不同意，2 分=同意，3 分=完全同意；负向计分题目第 2、5、6、9 题，按 3、2、1、0 计分，即 3 分=完全不同意，2 分=不同意，1 分=同意，0 分=完全同意。将 10 个题目的得分加总得到自尊得分。

表 1-4　自尊量表

序号	问题	完全不同意	不同意	同意	完全同意
1	总体而言,我对自己感到满意				
2	有时候,我觉得自己一点也不行				
3	我觉得自己有不少优点				
4	我能够跟大部分人做得一样好				
5	我觉得自己没什么可骄傲的				
6	有时,我确实觉得自己没用				
7	我觉得自己是个有价值的人,至少跟别人在同一水平上				
8	我希望我对自己有更多的尊重				
9	总体而言,我倾向于觉得自己是个失败者				
10	我对自己有正面的评价				

抑郁风险量表来自美国儿童抑郁研究中心编制的 CES-DC 量表，一共 20 个题目，询问儿童在过去一周中的情绪情况，具体题目见表 1-5。分数越高，意味着抑郁风险越大。15 分被作为临界点，高于 15 分为有“抑郁风险”，高于 30 分为有“高抑郁风险”。

正向计分题目：第 1、2、3、5、6、7、9、10、11、13、14、15、17、18、19、20 题，按 0~3 分计分，即 0 分=完全没有，1 分=偶尔，2 分=有时，3 分=经常。反向计分题目：第 4、8、12、16 题，即 3 分=完全没有，2 分=偶尔，1 分=有时，0 分=经常。计算量表各题目的总分，得分越高表示学生抑郁程度越严重。以 15 分作为临界点来考察学生的抑郁检出率。

表 1-5　抑郁风险量表

序号	过去一个星期之内问题项	完全没有（0 次）	偶尔（1~2 次）	有时（3~4 次）	经常（5~7 次）
1	通常不烦我的事情让我觉得烦				
2	我不想吃东西,胃口不好				
3	我不感到开心,即使家人和朋友想使我感觉好些				
4	我觉得我跟其他孩子一样好				
5	我觉得我不能专心于我正在做的事情				
6	我感到情绪低落,不开心				
7	我感觉自己太累以至于不想做事情				
8	我感觉有好事要发生				
9	我感觉我过去做过的事情都不如愿				
10	我感到害怕				
11	我睡觉不踏实				
12	我很幸福				
13	我比平常更安静				
14	我感到孤独,我好像没有多少朋友				
15	我所认识的孩子们都不友好,他们不跟我玩				
16	我很开心				
17	我感觉我想哭				
18	我觉得忧愁悲哀				
19	我觉得人们不喜欢我				
20	我什么事都难以获得进展				

2020 年学生调查问卷加入大五人格测试。大五人格已经被心理学界和经济学界广泛使用度量非认知技能。大五人格测试共有 44 个题目，五个维度，包括外向性、随和性、责任心、神经质和开放性，具体题目见表 1-6。

外向性是指一个人的兴趣指向外部世界，而非自己的主观世界，以积极的情感和社交为特征。外向性的特质包括热情、合群、自信、精力充沛等，外向性得分较高的个体通常待人热情、乐于助人、精力充沛且积极向上。采用 5 点记分，其中正向计分题目：第 1、11、16、26、36 题，即 1 分 = 非常不同意，2 分 = 有点不同意，3 分 = 既不同意也不反对，4 分 = 有点同意，5 分 = 非常同意；负向计分题目：第 6、21、31 题，即 5 分 = 非常不同意，4 分 = 有点不同意，3 分 = 既不同意也不反对，2 分 = 有点同意，1 分 = 非常同意。将各题分数加总得到外向性得分。

随和性是指在与他人相处的过程中具有合作倾向，其特质包括宽容、利他、直率、谦虚等。得分较高的个体待人谦和，富有同理心，在日常生活中容易与之相处。采用 5 点记分，其中正向计分题目：第 7、17、22、32、42 题，即 1 分 = 非常不同意，2 分 = 有点不同意，3 分 = 既不同意也不反对，4 分 = 有点同意，5 分 = 非常同意；负向计分题目：第 2、12、27、37 题，即 5 分 = 非常不同意，4 分 = 有点不同意，3 分 = 既不同意也不反对，2 分 = 有点同意，1 分 = 非常同意。将各题分数加总得到随和性得分。

责任心是指工作努力、做事有条理、负责任，其特质包括自律、高效、负责任、沉稳等。得分较高的个体通常对自己要求高，高度自律，能够认真对待具体事项。采用 5 点记分，其中正向计分题目：第 3、13、28、33、38 题，即 1 分 = 非常不同意，2 分 = 有点不同意，3 分 = 既不同意也不反对，4 分 = 有点同意，5 分 = 非常同意；负向计分题目：第 8、18、23、43 题，即 5 分 = 非常不同意，4 分 = 有点不同意，3 分 = 既不同意也不反对，2 分 = 有点同意，1 分 = 非常同意。将各题分数加总得到责任心得分。

神经质是指情绪不稳定的倾向。神经质的特质包括焦虑、易怒、抑郁、喜怒无常等。神经质得分较高的个体情绪波动较大，经常伴随着焦虑、暴躁、抑郁等负面情绪，在生活中缺乏安全感，自控力较差。采用 5 点记分，正向计分题目：第 4、14、19、29、39 题，即：1 分 = 非常不同意，2 分 = 有点不同意，3 分 = 既不同意也不反对，4 分 = 有点同意，5 分 = 非常同意；负向计分题目：第 9、24、34 题，即 5 分 = 非常不同意，4 分 = 有点不同意，3 分 = 既不同意也不反对，2 分 = 有点同意，1 分 = 非常同意。将各题分数加总得到神经质得分。

开放性是指对新事物持一种开放态度。开放性的特质包括富有想象力、兴奋、有好奇心等。开放性得分较高的个体往往热衷于探索新事物，对艺术鉴赏和冒险活动会表现出浓厚的兴趣。采用5点记分，正向计分题目：第5、10、15、20、25、30、40、44题，即：1分=非常不同意，2分=有点不同意，3分=既不同意也不反对，4分=有点同意，5分=非常同意；负向计分题目：第35、41题，即5分=非常不同意，4分=有点不同意，3分=既不同意也不反对，2分=有点同意，1分=非常同意。将各题分数加总得到开放性得分。

表1-6　大五人格量表

序号	问题项	非常不同意	有点不同意	既不同意也不反对	有点同意	非常同意
1	我自己是健谈的人					
2	我是对他人挑剔的人					
3	我是能胜任各种工作的人					
4	我是心情沮丧、抑郁伤感的人					
5	我富有创意，能想出新点子					
6	我是保守内敛的人					
7	我是乐于助人而无私的人					
8	我是有点粗心的人					
9	我很放松，能处理好压力					
10	我对不同的事情充满好奇					
11	我是充满活力的人					
12	我易挑起冲突					
13	我是可靠的工作者					
14	我是容易紧张的人					
15	我是聪明、深刻的思考者					
16	我是充满激情的人					
17	我是具有宽容本性的人					
18	我是缺乏条理的人					
19	我是担心很多事的人					
20	我是富有想象力的人					
21	我是倾向于安静的人					
22	我是易于信任他人的人					
23	我是比较懒散的人					
24	我是情绪稳定不容易心烦意乱的人					
25	我是有创造力的人					

续表

序号	问题项	非常不同意	有点不同意	既不同意也不反对	有点同意	非常同意
26	我是有主见的人					
27	我是冷酷无情的人					
28	我是能坚持到任务完成的人					
29	我是喜怒无常的人					
30	我是重视艺术和审美体验的人					
31	我是有时候害羞和拘谨的人					
32	我是几乎对每个人都体贴友好的人					
33	我是做事有效率的人					
34	我是在紧张状况下保持冷静的人					
35	我是喜欢按部就班工作的人					
36	我性格外向,善于交际					
37	我有时候对别人粗鲁					
38	我是制订计划并贯彻执行的人					
39	我是很容易焦虑紧张的人					
40	我是喜欢反思、思维活跃的人					
41	我是几乎没有艺术方面兴趣的人					
42	我是喜欢和别人合作的人					
43	我是容易分心的人					
44	我是精通艺术、音乐和文学的人					

2. 身体健康（含睡眠）

身体健康方面主要测试学生的身高、体重、睡眠时间和睡眠习惯。身高和体重的测量使用标准化的身高体重测量仪，由课题组统一购买，对调研员统一培训。睡眠时间由学生在问卷中填报周间和周末的上床时间和起床时间，并估计自己周间和周末平均睡觉时间来测量。

睡眠习惯量表来自布朗大学 Owens 教授编制的“儿童睡眠习惯问卷”（Children Sleep Habit Questionnaire，CSHQ）。该量表在中国学生层面使用，被认为有较好的测量学特征。该量表得分越高说明孩子睡眠越有问题，41 分为临界点。每个题目按 1 ~ 3 分计分，计算总分。其中，正向计分题目：

第4、6、7、9、10、11、12、13、14、15、16、17、18、19、20、21、22题，1分=通常（每周5~7次），2分=有时（每周2~4次），3分=很少（每周0~1次）；反向计分题：第1、2、3、5、8、23题，3分=通常（每周5~7次），2分=有时（每周2~4次），1分=很少（每周0~1次）（见表1-7）。

表1-7　睡眠量表

序号	回想过去一个星期或者某一个典型星期问题项	通常（每周5~7次）	有时（每周2~4次）	很少（每周0~1次）
1	你每天晚上在同一时间睡觉吗			
2	你每天晚上在同一张床上睡觉吗			
3	你独自一个人入睡吗			
4	你在别人(父母、兄弟姐妹)的床上入睡吗			
5	你上床后20分钟之内能入睡吗			
6	你需要别人(父母、老师、室友)催你上床睡觉吗			
7	上床睡觉对你来说是一件难事吗			
8	在你通常睡觉的时间你准备好上床了吗			
9	你要特别的东西(比如玩具、毯子等)带到床上睡觉吗			
10	你睡觉时候怕黑吗			
11	你害怕单独一个人睡觉吗			
12	当你实际已经想睡觉的时候你还不上床吗			
13	你觉得你睡得太少了吗			
14	你觉得你睡得太多了吗			
15	你夜间会醒来吗			
16	如果你夜间醒来之后重新睡着困难吗			
17	你晚上做噩梦吗			
18	你晚上会被身上某个地方痛醒吗			
19	你有时会半夜跑到别人的床上去睡觉吗			
20	你早上醒来困难吗(也就是醒了还赖床不想起来)			
21	你白天觉得困吗			
22	你白天睡午觉吗			
23	经过一夜睡觉后你感觉得到很好休息了吗			

3. 阅读和学业成绩

阅读测量主要是阅读习惯量表，其主要题目来自 PISA 测试。分数越高，意味着阅读习惯越好。阅读能力测试来自国际儿童阅读能力测试机构研制的 Progress in International Reading Literacy Study（PIRLS）。由其公布的题目，翻译成中文（该测试公布的题目在台湾已经被翻译，课题组在译文方面做了润色。其测量学特征在两次试调查中获得证实）。

学业成绩主要询问学生每学期期末语文考试成绩、数学考试成绩、英语考试成绩等。

四　调研过程及问卷回收情况

（一）试调研及问卷修订

2020 年 5 月，课题组负责人分别至四川省广元市旺苍县和苍溪县，河北省张家口市蔚县、涿鹿县、沽源县等开展项目预调研工作，通过广元市和张家口市教育局学生学籍系统，查询 17500 多名学生当前所在的学校，为正式调研做好准备。同时，完成调研员招聘、问卷和礼品等准备工作。

（二）正式调研及数据清理

2020 年 6 月，课题组负责人及调研员赴四川省广元市旺苍县、苍溪县开展正式调研。因为北京新发地出现疫情，河北省张家口市所有学校放假，对该市和所属各县的调查，推迟到 2020 年 9 月。本次共调研 163 所学校，其中，初中学校问卷 96 份，高中学校问卷 67 份。

项目组在调研开展前，对调研学校的校长进行项目说明及调研流程培训，由校长提前将学校问卷、班主任问卷、教师问卷、生活老师问卷等分发至问卷填写人。每所学校由 2～3 名调研员实地调研，组织学生现场填写问卷，现场进行身高、体重测量，数学能力测试以及其他问卷的检查回收。

2021 年 1 月，课题组成员分别在张家口市和广元市教育局，利用学生的电子化学籍系统，对未追踪上的样本进行了记录，课题组进一步采取网络问卷形式对这些学生进行追访，获得学生信息 2686 人。

2021 年 3 月，数据录入完毕，课题组开始清理数据。到 2022 年 6 月，负责数据清理的助手出国学习，她写了约 80 万字符的清理程序，但并未完成清理。课题组发现清理进度落后于预期。2022 年 9 月，又安排新的助手继续推进清理。数据清理原则，与前三轮数据准确衔接，利用学生年龄增长、认知能力提高这个事实，对四轮数据做统一的清理。补足缺失值，解决异常值，在尊重客观性的前提下，实现各个变量信息的完整。由于样本量大，设计问题多，前三轮数据与第四轮数据之间，有不少矛盾之处。这个过程全部需要人工判断，一直到 2023 年 5 月才基本完成。

然而，初步分析显示，干预组的中长期效果大多数不显著。由于 2020 年 9 月以后追踪的高年级样本，只有 5000 多人有毕业后去向，这是个重要的客观信息，2023 年 5~7 月，课题组电话回访样本中 8718 名高年级学生，弄准确他们 2020 年 9 月以后的去向，以拓展数据库的价值。高年级学生的去向包括普通高中、中职学校、留级、转学和辍学等。2017 年的学生样本有 17530 人，2020 年 9 月调查时，河北省张家口市的高年级样本已经升入高一；四川省广元市的高年级样本是初三（6 月份调查）。课题组通过电话回访和同学之间的相互作证，找齐了 8718 个高年级样本的去向，给数据库提供了一个重要的结果变量。

（三）各种问卷回收情况

2020 年共获得 17752 份有效学生问卷，其中追踪样本 13043 名学生，新增样本 4709 名学生。与上一轮调查 2017 年的 17530 名学生相比，追踪成功率达到 74.4%。

另外，2020 年获得 163 份学校问卷，507 份班主任问卷，2091 份教师问卷，251 份生活老师问卷，151 份校长问卷（见表 1-8）。

表 1-8　2015~2020 年各类调查问卷

单位：份

年份	学生问卷	学校问卷	班主任问卷	教师问卷	生活老师问卷	校长问卷	家长问卷	村干部问卷
2015	17798	137	421	3004	—	—	14383	125
2016	17875	137	431	—	235	—	15559	—
2017	17530	137	401	2705	294	—	—	—
2020	17752	163	507	2091	251	151	—	—

注：—表示当年没有调查。

五　项目县及样本数据基本描述统计

（一）5个项目县特征

课题组于 2015 年 10 月对四川省广元市的苍溪县、旺苍县及河北省张家口市的涿鹿县、沽源县和蔚县 137 所农村寄宿制学校的四、五年级学生开展基线调研，2020 年课题组进一步对这些学生进行了第三次追踪调查。5 个样本县均属原国家级贫困县，贫困发生率较高，经济社会发展状况对全国农村地区具有一定代表性。

（二）样本学生情况

2020 年调研的 17752 名学生中，农村户口 16778 人，占比 94.51%，城镇户口 974 人，占比 5.49%；男生 8490 人，占比 47.83%，女生 9262 人，占比 52.17%（见图 1-1）；平均年龄为 15.02 岁，标准差为 0.86 岁。样本学生中，男生平均身高 168.46 厘米，平均体重 58.02 千克，女生平均身高 158.94 厘米，平均体重 52.14 千克。

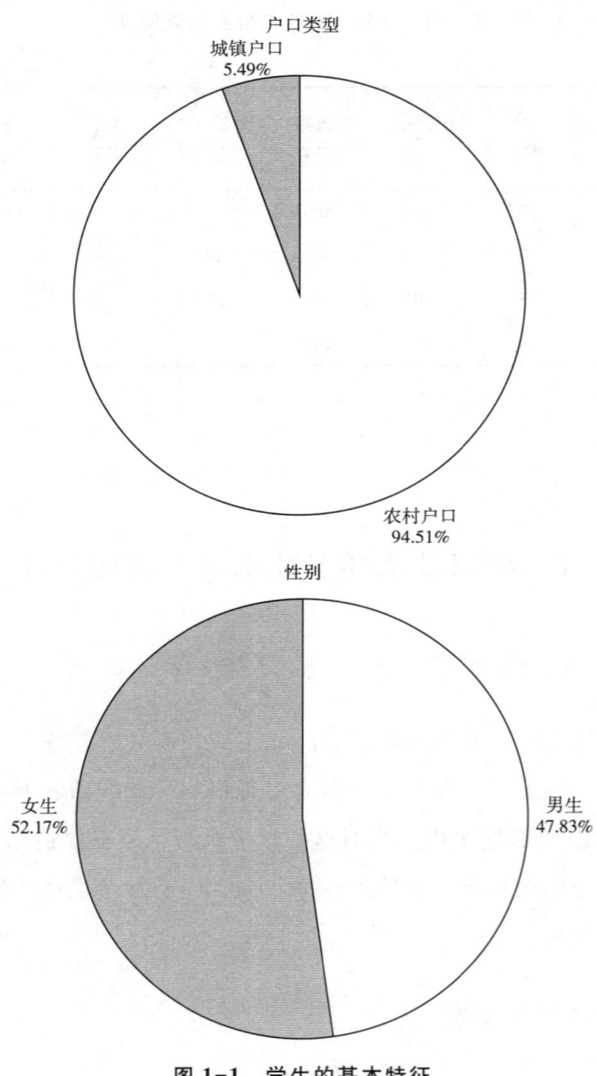

图 1-1　学生的基本特征

2023 年 5~7 月电话回访的 8718 名高年级学生的升学情况，其中 5184 名学生升入普通高中，占比 59.46%；2495 名学生升入中等职业学校，占比 28.62%；203 名学生留级，占比 2.33%；806 名学生初中毕业工作，占比 9.25%；30 名学生转学、去世等，占比 0.34%（见图 1-2）。

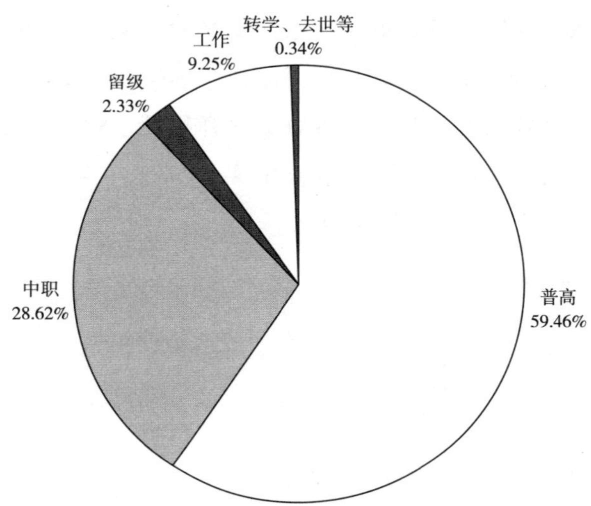

图 1-2　高年级学生的高中升学情况

根据 2020 年调查时样本青少年的留守和流动经历，将样本分为回流青少年（曾有流动经历）、留守青少年（目前留守，并且没有流动经历）、一般青少年（既没有留守经历，也没有流动经历）三类。其中，回流青少年 2727 名，占比 15. 36%；留守青少年 6162 名，占比 34. 71%；一般青少年 8863 名，占比 49. 93%（见图 1-3）。

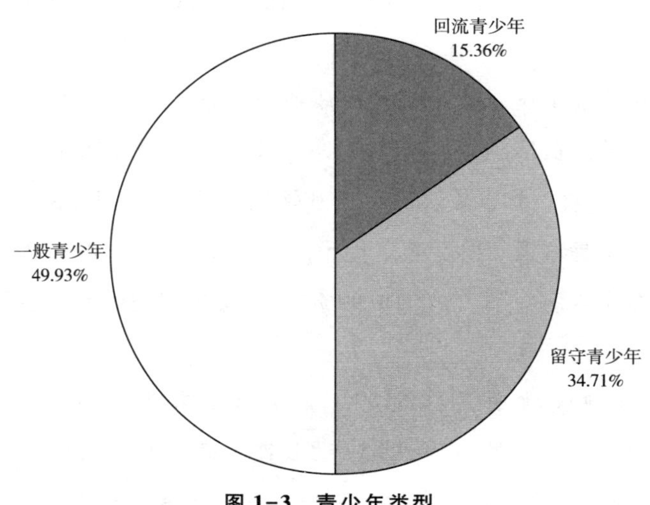

图 1-3　青少年类型

学生父母教育程度普遍偏低。父亲的受教育程度，82.56%的最高受教育程度在初中及以下；14.29%是高中或中专/中职；2.23%是大专或者高职；0.92%是大学本科及以上。母亲的受教育程度，87.23%的最高受教育程度在初中及以下；10.39%是高中或中专/中职；1.72%是大专或高职；0.66%是大学本科及以上（见图 1-4）。

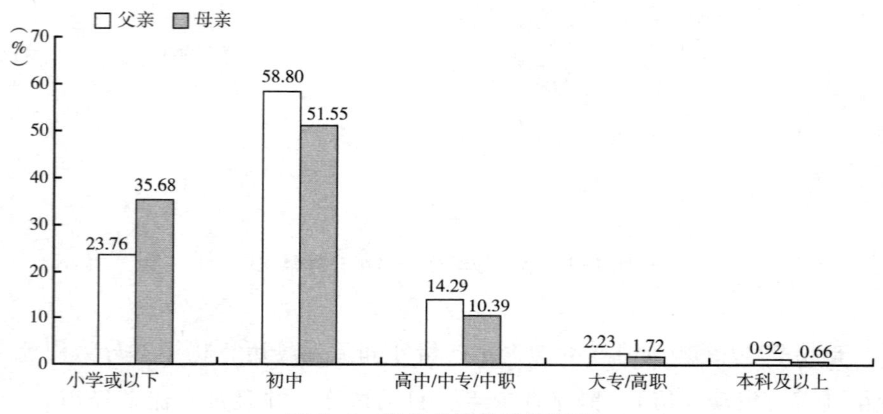

图 1-4　学生父母的教育程度

学生父母外出务工情况。父母全部在家的占比是 57.68%，父母双方外出的占比是 19.66%，父亲单方外出的占比是 19.61%，母亲单方外出的占比是 3.05%。

学生父母职业情况。学生父亲的职业分布前三位是“生产、运输设备操作人员及有关人员”，占比 35.90%，“社会生产服务和生活服务人员”，占比 23.77%，“农、林、牧、渔生产及辅助人员”，占比 23.11%；母亲的职业分布前三位是“农、林、牧、渔生产及辅助人员”，占比 28.17%，“做家务/无业/在家养病等”，占比 18.99%，“社会生产服务和生活服务人员”，占比 18.89%。

学生父母健康状况总体良好。父亲健康状况“良好”的占比为 62.53%，“偶尔生病”的占 29.99%，“长期生病”和“残疾”的占比分别为 3.77%、1.85%，“去世”占比 1.87%；母亲健康状况“良好”的比例是

55.62%，“偶尔生病”的有35.15%，“长期生病”的比例较高，为6.85%，“残疾”比例是1.11%，“去世”占比1.28%（见图1-5）。

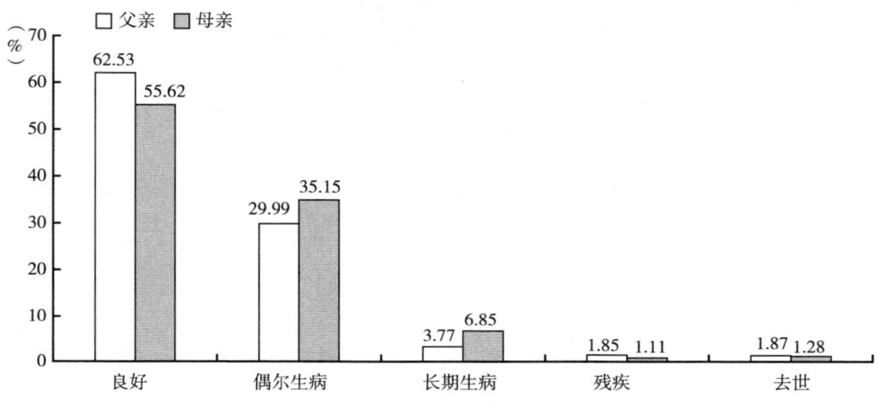

图1-5　学生父母健康状况

学生父母婚姻状况。2020年调研时父母“在婚”的比例是84.72%，“离婚”的比例是6.73%，“爸爸再婚”的比例是1.98%，“妈妈再婚”的比例是2.47%，“父母均再婚”的比例是0.37%，“丧偶”比例是2.01%，“妈妈离家”比例是0.70%，“其他”的比例是1.02%。外出务工经商导致家庭成员分离，农村家庭遭遇离婚冲击而破裂和重组，这样的情况更容易发生在贫困农村，我们的样本中，有超过15%的家庭遭遇过这样的冲击。家庭是人力资本形成最重要的途径，贫困地区的农村青少年面临更高的风险和脆弱性。

学生家庭孩子状况，两孩家庭为主要家庭结构，约占七成。其中，14.08%的学生是独生子女，68.56%的学生家中是2个孩子，16.5%的学生家中是3个孩子，0.86%的学生家中是4个及以上孩子（见图1-6）。

清理后的数据，不仅很好地实现了完整性，即使增加控制变量做回归分析，观测值也几乎没有减少。统计结果与经验事实相一致，比如，很多青少年不知道父母的受教育状况，或者出于主观的虚荣，高报父母的学历。这就会呈现那些父母最高学历为大专及以上的青少年，其学习成绩和非认知技能

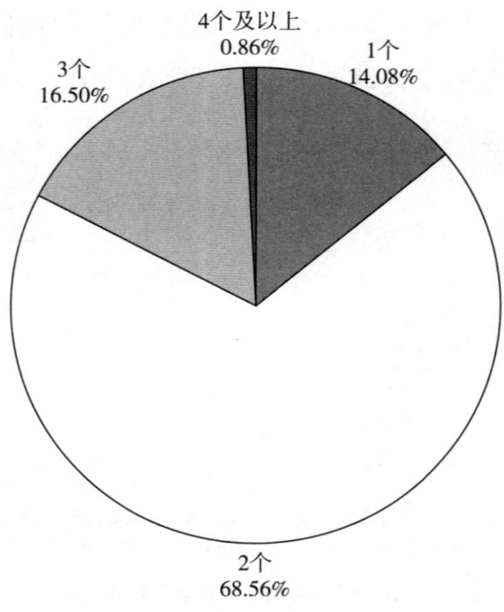

图 1-6　家庭孩子数

反而低于父母最高学历为高中的同学。这样的情况，也经常出现在其他研究报告里。数据清理干净后，发现父母的学历与学生的表现之间具有严格的相关性，体现了人力资本的代际传递性。

第二章

农村青少年非认知技能的形成与发展

内容提要： 我们使用中国农村青少年发展项目的四轮调查数据，评估了睡前故事、配书、故事且配书对农村寄宿制学生非认知技能的影响，尤其关注2015~2017年的干预对学生2020年的中长期影响。发现不同的干预项目对不同技能产出之间有匹配性的影响：睡前故事对学生内化行为在短期内产生了影响；对学生抗逆力和自尊，在2017年显示出显著影响；到2020年，对学生抗逆力和外化有显著的影响。配书对学生外化行为的影响，在2017年显著呈现；到2020年，配书对学生抗逆力、内化、外化和自尊等非认知技能，都有显著的影响。以实际干预周数来测量干预强度，效果更显著。但干预项目对设定的产出结果的影响，并不是线性的，而且随着时间的延长，在统计显著性上出现不同的变化。干预项目对学生非认知技能的影响，大多数有符合预期的系数但统计上不显著。

关 键 词： 干预项目　非认知技能　农村青少年

一　引言

青少年群体出现教育和人力资本积累上的分化，为了解决这个问题，政府推进义务教育优质均衡，让弱势青少年群体也接受到同等质量的教育。但是，教育函数有四个大类的投入要素，都影响产出结果，人力资本形成又是个长期积累过程，仅靠改善学校质量和实现学校间的均等化这一要素，仍然难以让弱势青少年赶上同伴的人力资本积累水平。人与人之间在人力资本积累上的不平等，几乎注定会发生。于是，经济学家自然延伸到另一个值得关心的问题：未来劳动力市场上，能否让高人力资本群体和低人力资本群体之间形成互补的分工关系。那些高人力资本群体因创新而推动增长，他们从工作中获得高收入，但他们自身也需要普通劳动者提供各种产品和服务，这样的互补关系更容易在高科技产业集聚的城市里观察到（Moretti，2012）。如果能形成这样的互补关系，也能避免低人力资本群体的脆弱性。

经济学家从新人力资本视角看劳动者掌握的知识技能，可以将其区分为认知技能和非认知技能。让人力资本禀赋高低不同的群体之间产生合作关系的，主要是非认知技能。那些来自脆弱家庭的孩子，认知技能确实处于劣势，因此他们更需要培养非认知技能，包括与社会情感相关的各种能力、与人沟通合作能力、面对挫折时的坚毅力等，以便在未来参与劳动力市场时，能与高人力资本伙伴建立稳定的协作关系。如果未来产业链条的不同环节上能有效地容纳低人力资本群体与高人力资本群体，那意味着低人力资本群体实现就业并能分享社会产出的成果，他们就摆脱了贫困和脆弱性。从政策含义上，帮助脆弱群体时就有了不同思路：如果一部分弱势家庭的孩子走向人力资本积累低增长路径难以避免，那么，就应帮助他们掌握某些专业知识技能，与高人力资本劳动者之间，形成互补关系而不是竞争关系。我们要寻求这样的知识技能，以实现不同人力资本群体之间的合作。

为了探讨各种非认知技能的形成与发展，课题组 2015 年开始在河北省与四川省的 5 个县，对 137 所农村寄宿制小学的学生，做了睡前故事项目的干预和追踪调研。这 5 个县都是当时的国定贫困县，可以假定，这些农村寄宿制小学的学生就是脆弱青少年群体的代表。课题组采集了他们从小学 4～5 年级到初中阶段和高中阶段的学业成绩与非认知技能。一方面，观察学生的知识技能变化及其对干预做出的反应；另一方面，因为样本较大，采集的相关信息较多，我们可以扩展观察农村青少年的成长环境，弄清干预以外的因素对学生非认知技能形成的影响。我们把农村青少年调查数据中发现的基本事实，与接下来的专题分析结合起来，推断这些青少年未来的发展方向。

认知技能和非认知技能的概念区分，对评估教育产出质量与效率给出了建议性指标和测量办法，相当于对人力资本做了更准确的描述：人的才能是一个包含众多元素的矩阵，认知技能和非认知技能仅仅是两个大类，心理健康和正常的社会情感属于非认知技能范畴，也同样是教育的重要内容。这对于习惯了应试体制和分数的教师、学生和家长来说，尤其需要改变认知，那些没有进入测量范围的知识技能，同样在劳动力市场上发挥作用，对个体的市场表现来说，甚至更加重要。有了这样的认识，教育相关者才能改变观念，寻找改变应试体制的办法，提高教育的产出效率和质量。对学校和教师来说，如果说认知技能与“教书”相对应，非认知技能则与“育人”相对应，二者是不可分割的。

在以后的教育政策中，应该对教育界人士提出专门的要求，让他们重视非认知技能，提醒他们在评价学生和自己的工作时，不要唯分数和片面追求升学率。中央政府对发展教育的指导思想是明确的，德智体美劳全面发展的经验含义，就包含了非认知技能的形成与积累。

二　中国农村青少年发展数据介绍

2001 年以来，农村小学撤点并校后，出现了学生上学远和相应的困难，作为应对，政府建设农村寄宿制小学，解决上学远问题，同时把一些规模过小的学校整合起来，实现教育资源的规模化利用。在以县为主办教育单元的体制下，地方政府是有积极性的。经过数年的建设，寄宿制学校成为一种重要的教育组织形式。尽管教育界对寄宿制学校的评价意见不一，担心者较多，但经济学界对寄宿制学校的效果抱更开放态度，因为从理论上并不能简单地推论出学生寄宿就会有更差的学业表现。教育界学者认为，父母陪伴孩子成长是形成人力资本的重要途径，寄宿制学校让家庭成员分离，缺少陪伴使青少年认知技能和非认知技能的形成受到负面影响。

但是，从理论上推断，寄宿也包含着有利于青少年人力资本积累的因素：那些送孩子去寄宿的家长是理性的，他们认为，外出务工经商挣得高收入和提高家庭生活水平，才更有利于孩子成长与人力资本投资。而且，这些家长或许相信，让孩子在学校里成长，在老师的看顾之下，形成独立生活的能力，与同学们形成紧密的伙伴关系，比在自己身边更有利：这些家长既没有时间陪伴孩子，也没有能力给孩子提供学业指导。大多数农村家长的受教育水平是初中或更低①，很多人甚至缺少基本的读写能力。地方政府承担办学责任，大力发展寄宿制学校，也更倾向于经济学者的判断。

我们调查了 5 个县 137 所农村寄宿制学校，深入研究寄宿对农村青少年人力资本积累的影响，并尝试通过“新一千零一夜”睡前故事项目提升农村寄宿生人力资本水平。这些学校的学生，大约 2/3 为寄宿生，有 1/3 为附近村庄的走读生。2015 年 10 月，课题组做了第一次基线调查，立即对数据进行整理和分析，将各个学校分为控制组、故事组、图书组、故事+图书组。课题组在四川选择了 1 个县，充当控制县，这个县的所有寄宿制学校，只参加调查，不进行任何干预。2016 年、2017 年和 2020 年对这些学生进行了三次追踪调研。

（一）项目县的社会经济特征

四川省广元市的苍溪县、旺苍县及河北省张家口市的涿鹿县、沽源县和蔚县，都是原国家级贫困县，其经济社会发展状况对全国农村贫困地区具有一定代表性。2015 年，5 个样本县的人均 GDP、城镇化率和农村居民人均可支配收入均低于所在省份及全国的平均水平。2020 年，这 5 个贫困县全

---

① 在我们的农村青少年调查数据中，2015 年，小学生父亲受教育程度为“初中”和“小学及以下者”占 83.6%；母亲为 88%。新人力资本理论显示，父母陪伴是形成人力资本的重要途径，但是，陪伴的质量是个更重要的因素（Heckman and Mosso，2014）。

部摘帽，但其经济发展水平和农村居民收入仍低于所在省份和全国平均水平（经济指标见表 2-1）。这 5 个县人口的受教育水平也相对较低，第七次全国人口普查公报数据显示，2020 年苍溪县、旺苍县、涿鹿县、沽源县、蔚县 15 岁及以上人口平均受教育年限分别为 7. 84 年、8. 54 年、9. 07 年、8. 51 年和 8. 87 年①，低于全国平均受教育年限 9. 91 年②。

表 2-1 样本县经济社会发展状况

指标	全国	四川省	河北省	苍溪县	旺苍县	涿鹿县	沽源县	蔚县
窗格 A:2015 年								
人均国内生产总值(元)	49922	37150	35994	18738	21897	27408	25546	17481
城镇化率(%)	57. 33	48. 27	51. 67	32. 00	37. 50	41. 26	34. 70	37. 84
农村居民人均可支配收入(元)	11422	10247	11051	9048	9016	9142	7305	7445
窗格 B:2020 年								
人均国内生产总值(元)	71828	58009	48302	35041	42088	30659	41060	20413
城镇化率(%)	63. 89	56. 73	60. 07	32. 93	44. 20	47. 23	56. 82	52. 40
农村居民人均可支配收入(元)	17131	16467	15929	14532	14429	15792	12951	12803
平均受教育年限(年)	9. 91	9. 24	9. 84	7. 84	8. 54	9. 07	8. 51	8. 87

注：人均国内生产总值根据国内生产总值和常住人口数计算得到，国内生产总值、常住人口数及农村居民人均可支配收入来源于中经网统计数据库；城镇化率来源于国民经济和社会发展统计公报及政府工作报告。

（二）学校的班级规模

由于对样本学校有所筛选，农村小学班额过小的特征并不显著。我们用班主任问卷里班主任回答自己班级人数和前三轮调查时填写问卷的学生数量，观察 5 个县农村寄宿制学校的班级规模。在 2015 年调查时，班主任回答的人数四年级平均为 42. 55 人，五年级平均为 41. 41 人。在随后的 2016

① 《广元市第七次全国人口普查公报》，http：//stats. cngy. gov. cn/News/Detail/20210617133621447；《张家口市第七次全国人口普查公报》，http：//tjj. zjk. gov. cn/content. thtml? contentId = 130641。

② 《第七次全国人口普查公报》，http：//www. stats. gov. cn/sj/zxfb/202302/t20230203_1901086. html。

年和 2017 年，班级内学生数量基本保持稳定。课题组实际收集到的两个年级小学生样本，比班主任自报的数量还略高一些，2015 年，四年级平均人数为 44.27 人，五年级平均为 43.5 人；2016 年，有轻微增长；但在 2017 年，这些追踪的班级人数，有轻微下降，原来的四年级到 2017 年平均为 43.01 人，原来的五年级下降到 41.99 人。

农村小学生会在升学的过程中流失，进入城镇小学或者到父母务工经商所在地就读，是个普遍事实。在我们的样本里，三次调查期间只有较轻微减少。这样的样本特征，对农村学校来说并不典型，对我们执行项目干预来说，却比较理想：样本损失率低，可以确保每一轮调查结果具有可比性。

表 2-2　样本县的班级规模

单位：人

调查年份	低年级		高年级	
	均值	方差	均值	方差
窗格 A:班主任自报				
2015	42.55	11.81	41.41	11.42
2016	42.39	11.75	41.61	11.86
2017	42.94	12.54	40.76	11.13
窗格 B:学生样本				
2015	44.27	11.35	43.50	10.82
2016	44.37	11.68	43.84	11.32
2017	43.01	12.78	41.99	12.64

资料来源：根据歌路营前三期调查数据计算。

（三）实验设计

“新一千零一夜”睡前故事项目是由北京歌路营基金会专门针对农村寄宿制学校学生开发的一个干预项目，旨在改善寄宿制学生特别是其中留守儿童的非认知技能。该项目每天晚上为农村寄宿制学校学生在睡前播放 15 分钟左右的故事。睡前故事项目的特点是简单易操作且成本低；只需在农村寄宿制学校配备一台电脑和播放设备，在电脑系统中点击“播放”即可开始。该项目开始于 2013 年，已在全国农村寄宿制学校快速推广。2014 年针对该项目的评估发现，睡前故事提高了学生的阅读兴趣、减少了同学间的冲突。但这个评估中使用的样本量较小（两所学校），评估过程没有使用科学的随机方法。对歌路营的评估结果的可信性，只能存疑。

为了科学评估睡前故事项目对学生发展的影响，北京歌路营基金会委托本课题组对项目的执行情况和最终的干预效果进行评估。鉴于此，课题组于 2015 年 10 月、2016 年 5 月和 2017 年 5 月，分别在四川省广元市苍溪县、旺苍县，河北省张家口市蔚县、沽源县、涿鹿等 5 个县 137 所寄宿制小学，设计随机控制实验，进行基线和追踪调查，以期全面、科学评估睡前故事干预项目的效果。2020 年 6～9 月进一步对这批学生进行第三次跟踪调研。

课题组选取了 137 个学校，在选定的样本学校中再随机选择四年级和五年级各 1～2 班作为抽样班级。如果四五年级只有 1～2 个班级，所有班级都作为调查样本；如果四五年级多于 2 个班，则随机抽取 2 个班级作为样本班级。样本班级的所有学生（含非住校生）都作为抽样学生参加调研。本研究的干预措施是播放睡前故事，是考虑到睡前故事可能提高学生的阅读兴趣，同时阅读项目（配送图书）是许多社会机构帮助农村学生提高认知技能和非认知技能的普遍措施。为了比较配送图书和睡前故事的影响差异，课题组提出随机分为 4 个组、接受不同干预的设计：睡前故事组、图书配送组、睡前故事+图书配送组，无睡前故事且无图书组（控制组）。图书配送组的图书都是与睡前故事内容相关的图书。

对学校的分组情况报告在表 2-3 中，30 所播放睡前故事的学校，30 所配书的学校，29 所同时播放睡前故事且配书的学校，33 所不进行任何干预的对照组学校，15 所不进行任何干预的对照县学校。

表 2-3　基期随机分组学生分布状况（2015 年）

干预类型	学校数量(所)	样本学生(人)	百分比(%)	住校样本(人)	百分比(%)
故事组	30	3911	21.97	2174	55.59
图书组	30	3673	20.64	2493	67.87
故事+图书组	29	3868	21.73	2349	60.73
对照组	33	4325	24.30	2675	61.85
对照县	15	2021	11.36	1281	63.38
合计	137	17798	100	10972	61.65

资料来源：根据歌路营前三期调查数据计算。

2015 年 10 月，课题组获得基线调研数据，有效样本 17798 人；2015 年 11 月底完成随机化分组，2015 年 12 月，睡前故事和图书配送项目开始实施；2016 年 5 月课题组完成第一次跟踪调研，有效样本 17875 人，其中，基线调查中的 603 名学生损失，损耗率为 3.4%，新增 680 名学生，新增参与率为 3.8%；2017 年 5 月，课题组完成第二次跟踪调研，有效样本 17530 人，其中，基线调查中的 1635 名学生损失，损耗率为 9.2%，与基线调查样本相比新增 1115 名学生，新增参与率为 6.3%。损失率和新增率均较低，说明样本损耗和新进样本问题对实验有效性的威胁较小。2017 年 9 月之后，歌路营项目结束，所有对照组学校，包括对照县 15 所学校住校生都开始播放故事和配送图书。2020 年 6 月和 9 月，课题组对这些升入初中阶段或高中阶段的学生进行第三次追踪调研，有效样本 17752 人，追踪样本 12865 人，新增样本 4887 人。

（四）平衡性、损耗率与新增率检验

1. 平衡性检验

分组的随机性是保证随机受控实验有效的前提，如果随机分组较为成功，故事组、图书组、故事和图书组、对照组学生的非认知技能、个人特征、家庭特征、班主任特征、学校特征等在统计上没有显著差异。表 2-4 显示了各组学生的非认知技能、个体特征、家庭特征、班主任特征、学校特

征等变量的均值，并对各组相应变量均值差异进行 F 检验。结果显示，大多数变量的 P 值均大于 0.1，表明各组学生的非认知技能、个体特征、家庭特征和学校特征等没有显著差异，仅班主任教龄和受教育程度在统计上有显著差异，故事组班主任教龄相对较长、受教育程度相对较低。总体来说，睡前故事项目随机分组较为成功，通过了平衡性检验。这意味着，分组实现了随机化原则，干预结果和误差项之间是独立的，使用 OLS 估计就能得到很好的结果（Heckman and Pinto，2022）。

表 2-4　平衡性检验

变量名称	变量名称	故事+图书组	故事组	图书组	对照组	P 值
非认知技能	抗逆力	127.90	128.52	128.05	128.30	0.82
	内化	35.87	35.35	35.50	35.66	0.32
	外化	28.96	28.51	28.61	28.62	0.68
	自尊	15.73	15.77	15.50	15.66	0.39
	抑郁	18.97	19.09	19.20	18.92	0.82
个人特征	年龄	10.18	10.26	10.28	10.26	0.70
	性别	0.49	0.51	0.50	0.50	0.60
	年级	4.49	4.50	4.48	4.51	0.15
	住校情况	0.61	0.56	0.68	0.62	0.14
	留守情况	0.44	0.44	0.46	0.42	0.55
家庭特征	父亲受教育年限	8.83	8.94	8.75	8.73	0.12
	母亲受教育年限	8.36	8.47	8.31	8.26	0.55
	父母婚姻状况	0.11	0.12	0.11	0.12	0.42
	兄弟姐妹数	2.10	2.06	2.10	2.10	0.42
班主任特征	班主任性别	0.28	0.30	0.28	0.24	0.92
	班主任教龄	12.25	16.17	11.76	11.61	0.09*
	班主任学历	2.85	2.51	2.81	2.82	0.04**
学校特征	学校教师本科及以上学历比例	0.38	0.44	0.32	0.33	0.32
	学校贫困生比例	0.27	0.23	0.40	0.33	0.31
	学校班级规模	42.89	43.87	43.74	44.47	0.97

注：P 值是 F 检验，控制了县固定效应，标准误聚类到学校层面。

2. 损耗率与新增率检验

在随机干预实验中，原样本损耗或者新增样本可能导致干预组与对照组之间不平衡，进而影响干预效果。因此，本文分析干预组与对照组之间的损耗率与新增率情况。与2015年基期相比，因转学、休学、去世等各种原因，2016年，听故事和配书组损耗样本141个，损耗率为3.65%，新增样本197个，新增率5.09%；听故事组损耗样本147个，损耗率为3.76%，新增样本134个，新增率3.43%；配书组损耗样本120个，损耗率3.27%，新增样本121个，新增率3.29%；对照组损耗样本149个，损耗率3.45%，新增样本168个，新增率3.88%。总体来说，2016年干预组和对照组的样本损耗率和新增率相近。从Krueger（1999）的研究可知，在损耗样本占比很小时，即使样本退出不是随机的，也不会扭曲总的估计结果。

与2015年基期相比，2017年，故事+图书组损耗样本359个，损耗率为9.28%，新增样本276个，新增率7.14%；故事组损耗样本313个，损耗率为8%，新增样本243个，新增率6.21%；图书组损耗样本286个，损耗率7.79%，新增样本191个，新增率5.20%；对照组损耗样本523个，损耗率12.09%，新增样本261个，新增率6.03%。总体来说，2017年干预组和对照组的样本损耗率和新增率也比较相近。

与2015年基期相比，2020年，故事+图书组损耗样本548个，损耗率为14.17%；故事组损耗样本638个，损耗率为16.49%；图书组损耗样本479个，损耗率13.04%；对照组损耗样本781个，损耗率18.06%。2020年干预组和对照组的样本损耗率也比较相近。

本文进一步对损耗样本和新增样本进行检验。借鉴前人的做法（Loyalka et al.，2019；史耀疆等，2022），将样本是否损耗或者新增设为因变量，将睡前故事干预类型设为自变量，进行普通最小二乘的回归分析。回归结果如表2-5所示：故事+图书组、故事组、图书组与控制组样本的损耗率和新增率没有显著差异。样本损耗与新增，可以视为近似随机的，不会影响对干预的评估结果。

表 2-5　样本损耗与新增检验

变量名称	2015 年基期				
	损耗率检验			新增率检验	
	2016 年	2017 年	2020 年	2016 年	2017 年
故事+图书组	0.003 (0.023)	-0.023 (0.006)	-0.026 (0.029)	-0.014 (0.029)	-0.010 (0.022)
故事组	0.003 (0.011)	-0.038 (0.007)	-0.008 (0.030)	0.003 (0.031)	0.001 (0.007)
图书组	-0.002 (0.011)	-0.040 (0.006)	-0.032 (0.030)	0.004 (0.030)	0.011 (0.006)
县固定效应	控制	控制	控制	控制	控制
样本数(人)	15777	15777	15777	15840	15509
R^2	0.001	0.008	0.158	0.004	0.002

注：括号内值为聚类到学校层面的稳健标准误。

3. 模型设定

本文利用 RCT 方法评估睡前故事干预对学生非认知技能的影响，参照 Kruger（1999）、Duflo et al.（2007）、Chetty et al.（2011）的标准分析框架，估计“意向处理效应（Intention to Treat，ITT）”。基准估计方程如下：

$$Y_{isct} = \beta_0 + \beta_1 D_{isct}^{st} + \beta_2 D_{isct}^{bk} + \beta_3 D_{isct}^{stbk} + \beta_4 X_{isct} + \delta_c + \varepsilon_{isct} \qquad (2-1)$$

上式中，Y_{isct} 为被解释变量，表示 c 县 s 学校的 i 学生在 t 期的非认知技能。非认知技能包括抗逆力、内化、外化、自尊、抑郁等，分别利用抗逆力量表、内外化行为量表、自尊量表、抑郁量表测量。抗逆力量表来自“甘肃基础教育跟踪调研项目”测量工具，“甘肃基础教育跟踪调研项目”由 Albert Park、Emily Hanuman、王嘉毅等国际知名研究者负责。抗逆力量表基础是哈佛大学教育学院的一篇博士论文（Song，2003）。抗逆力量表一共 43 个题目，包括乐观、自我效能、成人关系、同伴关系、人际敏感和情绪控制 6 个维度。内外化量表来自“甘肃基础教育跟踪调研项目”，其中内化 18 个题目、外化 18 个题目。内化行为主要测试儿童的退缩性行为，而外化主要测试儿童的破坏性甚至反社会行为。自尊量表使用 Rosenberg 自尊量表。该量表一共 10 个题目，分值越高表示自尊心越强。一般说来，高于 15 分算正常，低于 15 分算过低。抑郁风险量表来自美国儿童抑郁研究中心编制的 CES-DC 量表，一共 20 个题目，询问儿童在过去一周中的情绪情况。分数越高，意味着抑郁风险越大。15 分被作为临界点，高于 15 分为有“抑郁风险”，高于 30 分为有“高抑郁风险”。

D_{isct}^{st}、D_{isct}^{bk}、D_{isct}^{stbk} 为核心解释变量，分别表示学生 i 是否被随机分配到特定的故事组、图书组、故事+图书组中，如果是则取值为 1，如果分到控制组，则取值为 0。X_{isct} 为控制变量，包括个人特征、家庭特征、班主任特征、学校特征等。δ_c 为县固定效应，因不同干预组及控制组是在县内随机抽取的。ε_{isct} 为随机扰动项。

三　回归估计：对分组结果的测量

我们首先报告直接分组的比较结果（ITT）。这是原始结果的对比，反映了不同分组之间的产出结果差异。这个基本结果提供了干预项目是否有效的直接判断，其中包含着干预产生的结果，也包含着项目执行情况产生的效果。

（一）对抗逆力的影响

我们使用方程（2-1），分别观察不同的项目干预对不同产出结果的影响。在教育生产函数和分类投入要素的理论指导下，设计基础方程和扩展性方程。表 2-6 显示了不同干预组对抗逆力的影响。窗格 A 报告了 2016 年的结果。第（1）列是基准估计方程，核心解释变量为干预的四个分组，报告了故事组、图书组和故事+图书组相对于控制组的截距系数。故事组的系数为 0. 799，但是，统计上不显著；图书组的系数为-0. 058，统计上也不显著；故事+图书组的系数为 0. 13，统计上也不显著。我们预期，这些干预都应该对抗逆力有正向的影响，让学生变得更坚韧顽强，提高忍受挫折的能力。故事组与故事+图书组，有与我们预期一致的符号，但统计结果不显著。

第（2）列对基准方程拓展，控制了学生的个人特征，包括年龄、性别、所在年级、是否住校、是否留守儿童等。这时，故事组的系数为 0.743，统计上不显著；图书组的系数变为正，0.098，但统计上不显著；故事+图书组的系数变负，-0.044，但统计上不显著。第（3）列在第（2）列的基础上，增加了学生的家庭信息，包括父母的受教育年限、父母婚姻状况、家庭兄弟姐妹的数量等，这时，故事组的系数为 0.65，统计上不显著；图书组的系数为 0.061，统计上不显著；故事+图书组的系数为-0.071，统计上不显著。第（4）列在第（3）列基础上，增加了学校和教师特征，这时，故事组的系数有显著增大，为 0.972，但统计上不显著；图书组的系数敏感，变为负值，-0.024，统计上不显著；而故事+图书组的系数变为正值，0.023，但统计上不显著。可以推断：2016 年 6 月调查时，各个干预组中的样本，无论听故事还是看图书，因干预时间较短，尚未影响到抗逆力测量结果。

我们接着观察 2017 年不同分组内样本同学的表现，估计结果报告在窗格 B 中。第（1）-（4）列的模型设定同窗格 A。可以看出，从基础方程开始，故事组的系数都显著，且为正，比控制组要高出 1.2~1.5 分。图书组的系数都为正，但都不显著。故事+图书组的系数也都为正，统计上不显著。比起 2016 年的估计结果，干预时间延长后，这三个干预组样本的系数都是正值，符合理论预期，也不再像 2016 年的系数那样敏感，在正负间转变。

由于寄宿生是故事播放的直接干预对象，我们把寄宿生样本专门挑选出来，观察 2016 年和 2017 年的估计结果，报告在第（5）-（8）列。三个干预组的结果，与总样本的结果基本一致。在 2017 年的样本里，故事组的系数都为正，第（5）-（7）列都不显著。肉眼可见的是标准误增大了。在第（8）列，故事组的系数为 1.322，统计显著。

从表 2-6 给出的估计结果能谨慎地判断：在延长干预时间后，故事组对抗逆力有符合预期的显著影响，但是，结果不够稳健，因为直接受到故事干预的寄宿生，虽然有一致的系数，但前三列的结果统计上不显著。应该特别指出的是，数据清理后很好地实现了数据完整性，即使在扩展方程里不断增加控制变量，观测值也基本保持不变。

表 2-6　睡前故事项目对学生非认知技能的影响：抗逆力

分组	全样本				寄宿生			
	(1)	(2)	(3)	(4)	(5)	(6)	(7)	(8)
窗格 A:2016 年								
故事组	0.799	0.743	0.650	0.972	0.494	0.455	0.432	0.691
	(0.713)	(0.718)	(0.690)	(0.661)	(0.866)	(0.894)	(0.864)	(0.783)
图书组	-0.058	0.098	0.061	-0.024	-0.088	-0.136	-0.199	-0.155
	(0.801)	(0.815)	(0.798)	(0.807)	(1.027)	(1.053)	(1.028)	(1.019)
故事+图书组	0.130	-0.044	-0.071	0.023	0.105	-0.079	-0.071	0.075
	(0.528)	(0.530)	(0.504)	(0.478)	(0.643)	(0.664)	(0.630)	(0.597)
样本数	15736	15734	15724	15724	10044	10044	10037	10037
窗格 B:2017 年								
故事组	1.393**	1.386**	1.278**	1.503**	1.163	1.166	1.123	1.322*
	(0.680)	(0.648)	(0.639)	(0.651)	(0.728)	(0.721)	(0.712)	(0.705)
图书组	0.003	0.160	0.077	0.187	-0.170	-0.181	-0.277	-0.146
	(0.657)	(0.651)	(0.634)	(0.631)	(0.740)	(0.726)	(0.704)	(0.698)
故事+图书组	0.758	0.610	0.551	0.555	0.655	0.473	0.468	0.490
	(0.643)	(0.625)	(0.603)	(0.565)	(0.611)	(0.600)	(0.579)	(0.557)
样本数	15444	15438	15430	15430	10313	10313	10307	10307

注：括号内为聚类到学校层面的稳健标准误；*、**、*** 分别表示在 10%、5%、1%的水平上显著；第（1）列不加入控制变量，第（2）-（4）列依次控制个体特征变量（年龄、性别、年级、住校情况、留守情况）、家庭特征变量（父母受教育年限、婚姻状况、兄弟姐妹数）、学校特征变量（班主任性别、班主任教龄、班主任学历、学校教师本科及以上学历比例、学校贫困生比例），（5）-（8）列同上。后面回归表格有一致的模型设定，就不再详细注释每一列的控制变量。

（二）对内化的影响

内化代表一种朝内发展的不健康心理状态，如沮丧、抑郁、自我否定、社交退缩等，得分高代表心理状态差。接受了不同类型干预内容的农村小学生，是否有效降低了内化得分？回归结果报告在表 2-7 中，模型设定与表 2-6一致。可以看出，在窗格 A 报告的 2016 年估计结果中，第（1）列故事组显著降低了内化得分，系数为-0.69，在 10%水平上统计显著；图书组也有负的系数，-0.386，但统计上不显著；故事+图书组，系数为

-0.357，统计上不显著。在扩展方程里，故事组的系数大小和方向一直保持稳定，第（2）和（3）列为负值，在10%水平上统计显著；第（4）列有接近的系数和标准误，但统计上不再显著。可以看出，第（4）列的结果与前三列是基本一致的。图书组和故事+图书组都有负的系数，统计上不显著，在不同的模型设定方式下，系数符号和值的大小基本稳定。

随着干预时间的延长，这三个干预组的系数如何变化呢？在2017年样本里，故事组的系数仍然为负值，但统计上变得不显著，比2016年的系数绝对值也有所下降。图书组和故事+图书组的系数绝对值，都增大了，在第（4）列都变得统计显著。在寄宿生样本里，无论是2016年还是2017年，三个干预组的系数都与总样本保持一致，但是统计上都不显著。

从这一组的估计结果我们推断：干预内容、干预时间或强度，对内化产生的影响不是简单的线性关系。故事组很快就产生了显著影响，降低了内化得分；随着听故事的时间延长，不仅系数绝对值变小，而且不再统计显著。图书组和故事+图书组，似乎保持了接近线性的关系：时间延长后，增大了估计系数绝对值，而且变得统计上显著起来。

表2-7　睡前故事项目对学生非认知技能的影响：内化

分类	全样本				寄宿生			
	(1)	(2)	(3)	(4)	(5)	(6)	(7)	(8)
窗格A:2016年								
故事组	-0.690* (0.380)	-0.592* (0.345)	-0.576* (0.338)	-0.546 (0.345)	-0.245 (0.388)	-0.265 (0.381)	-0.270 (0.379)	-0.309 (0.387)
图书组	-0.386 (0.313)	-0.427 (0.296)	-0.414 (0.295)	-0.400 (0.278)	-0.114 (0.354)	-0.143 (0.351)	-0.133 (0.348)	-0.099 (0.325)
故事+图书组	-0.357 (0.298)	-0.274 (0.284)	-0.270 (0.285)	-0.342 (0.292)	-0.172 (0.337)	-0.167 (0.336)	-0.186 (0.337)	-0.299 (0.335)
样本数	15744	15742	15732	15732	10048	10048	10041	10041
窗格B:2017年								
故事组	-0.236 (0.356)	-0.164 (0.351)	-0.138 (0.349)	-0.119 (0.346)	-0.231 (0.429)	-0.224 (0.426)	-0.208 (0.423)	-0.090 (0.405)

续表

分类	全样本				寄宿生			
	(1)	(2)	(3)	(4)	(5)	(6)	(7)	(8)
图书组	-0.544	-0.578	-0.544	-0.584*	-0.421	-0.415	-0.370	-0.356
	(0.383)	(0.371)	(0.372)	(0.346)	(0.402)	(0.401)	(0.401)	(0.370)
故事+图书组	-0.540	-0.512	-0.489	-0.538*	-0.483	-0.494	-0.474	-0.525
	(0.334)	(0.323)	(0.322)	(0.321)	(0.340)	(0.338)	(0.335)	(0.347)
样本数	15468	15462	15454	15454	10326	10326	10320	10320

注：括号内为聚类到学校层面的稳健标准误；*、**、***分别表示在10%、5%、1%的水平上显著。

（三）对外化的影响

外化是一种向外展示出来的负面情绪，比如敌意、有攻击性、有负面情绪时寻找发泄对象等。三个干预项目对降低外化得分情况如何呢？结果报告在表2-8中。可以看出，在2016年，第（1）列故事组的系数为负值，-0.482，但统计上不显著。在扩展方程里，故事组的系数大小和符号没有变化，且统计上不显著。图书组有同样的特征：都有负的估计系数，大小与故事组接近，统计上不显著。故事+图书组的系数也都为负值，要比前两个组别的系数绝对值略小，统计上不显著。

进入2017年，故事组的系数仍然为负值，在-0.162与-0.219之间，不足2016年估计系数绝对值的一半，但统计上不显著。图书组的系数在-0.557与-0.626之间，绝对值比2016年增大，而且大多是统计上显著的。故事+图书组的系数，介于-0.365与-0.439之间，绝对值比2016年略有增大，但统计上不显著。在寄宿生样本里，与全样本的系数符号一致，2016年绝对值略小于总样本。在2017年，寄宿生的估计系数绝对值大于总样本。故事组系数绝对值，几乎是总样本的2倍；图书组的估计系数绝对值比总样本更大，而且统计显著性更高。在故事+图书组，寄宿生的样本系数绝对值略大于总样本，但统计上不显著。

可以说，不同的干预组对外化都有负的系数，降低了外化得分，但不同项目的效果有大有小，图书组有显著为负的系数，降低外化得分的效果大且显著；而图书对寄宿生样本的影响效果，比总样本更大且统计显著。

表 2-8　睡前故事项目对学生非认知技能的影响：外化

分类	全样本				寄宿生			
	(1)	(2)	(3)	(4)	(5)	(6)	(7)	(8)
窗格 A:2016 年								
故事组	-0.482	-0.436	-0.419	-0.510	-0.245	-0.232	-0.238	-0.305
	(0.328)	(0.306)	(0.299)	(0.309)	(0.342)	(0.331)	(0.327)	(0.343)
图书组	-0.377	-0.433	-0.421	-0.402	-0.358	-0.351	-0.340	-0.327
	(0.335)	(0.327)	(0.328)	(0.314)	(0.399)	(0.403)	(0.402)	(0.388)
故事+图书组	-0.346	-0.260	-0.256	-0.318	-0.247	-0.180	-0.198	-0.281
	(0.291)	(0.280)	(0.280)	(0.271)	(0.319)	(0.315)	(0.314)	(0.311)
样本数	15740	15738	15728	15728	10045	10045	10038	10038
窗格 B:2017 年								
故事组	-0.219	-0.191	-0.162	-0.188	-0.393	-0.394	-0.381	-0.386
	(0.345)	(0.322)	(0.322)	(0.322)	(0.443)	(0.412)	(0.413)	(0.397)
图书组	-0.557	-0.620*	-0.590*	-0.626**	-0.752**	-0.734**	-0.700*	-0.715**
	(0.340)	(0.321)	(0.323)	(0.304)	(0.367)	(0.352)	(0.354)	(0.336)
故事+图书组	-0.439	-0.388	-0.365	-0.401	-0.464	-0.402	-0.396	-0.442
	(0.337)	(0.316)	(0.314)	(0.306)	(0.333)	(0.316)	(0.317)	(0.315)
样本数	15469	15463	15455	15455	10327	10327	10321	10321

注：括号内为聚类到学校层面的稳健标准误；*、**、*** 分别表示在 10%、5%、1% 的水平上显著。

（四）对自尊的影响

自尊得分代表着人们的一种自我判断，包括是否自信，能否以积极正面的态度评价与环境的关系等，得分越高，代表越有积极正面的自我认知。我们预期三个干预项目能有效提高学生的自尊得分。估计结果报告在表 2-9 中。在 2016 年的全样本里，故事组的系数为正，介于 0.099 与 0.148 之间，与理论预期相一致，但统计上不显著。而图书组的系数为负值，统计上不显著。故事+图书组，系数为负，统计上不显著。到2017年，随着干预时间的延长和强度的增加，发现故事组的系数增大，介于0.296与0.357之间，而且多在10%水平上统计显著：这意味着，故事组的自尊得分要比控制组高出0.3~0.6分。图书组仍然为负值，但系数绝对值变小，只有2016年系数的1/4到1/2。故事+图书组的系数由负值改变为正值，而且增大为0.087到0.133，但统计上不显著。

在寄宿生样本里，2016年的估计结果显示，故事组的系数大多为负值，介于-0.022和0.036之间，但统计上不显著；图书组的系数与全样本有一致的符号和显著性；故事+图书组的系数接近于0，而且在正负间波动，统计不显著。2017年，寄宿生中的三个干预组，系数与全样本一致，但都不显著：故事组的系数只有全样本的一半；故事+图书组的系数，比总样本增大了，介于0.131和0.150之间。

从对自尊的测量结果可以看出，几个干预组的结果大多不理想，只有故事组在2017年有显著为正的影响，提高了0.3~0.6分；在寄宿生样本里，故事组的系数缩小而且统计显著性也消失了。我们对背后的原因，尚缺少理解。从故事组和故事+图书组系数都有正确的符号可以谨慎地判断，该项目对提高自尊得分有一定的正面影响。

表2-9 睡前故事项目对学生非认知技能的影响：自尊

分类	全样本				寄宿生			
	(1)	(2)	(3)	(4)	(5)	(6)	(7)	(8)
窗格A:2016年								
故事组	0.148	0.123	0.099	0.130	-0.032	-0.022	-0.028	0.036
	(0.176)	(0.175)	(0.167)	(0.167)	(0.228)	(0.232)	(0.224)	(0.215)
图书组	-0.127	-0.089	-0.093	-0.111	-0.145	-0.134	-0.143	-0.140
	(0.181)	(0.186)	(0.179)	(0.178)	(0.225)	(0.228)	(0.221)	(0.226)
故事+图书组	-0.025	-0.056	-0.059	-0.060	0.013	-0.003	0.005	0.009
	(0.148)	(0.155)	(0.153)	(0.154)	(0.186)	(0.191)	(0.184)	(0.182)
样本数	15769	15767	15756	15756	10071	10071	10063	10063

续表

分类	全样本				寄宿生			
	(1)	(2)	(3)	(4)	(5)	(6)	(7)	(8)
窗格 B:2017 年								
故事组	0.357*	0.327*	0.296	0.310*	0.152	0.155	0.143	0.172
	(0.194)	(0.186)	(0.180)	(0.183)	(0.211)	(0.217)	(0.211)	(0.214)
图书组	-0.059	-0.022	-0.044	-0.033	-0.112	-0.105	-0.129	-0.110
	(0.179)	(0.182)	(0.176)	(0.179)	(0.206)	(0.208)	(0.204)	(0.207)
故事+图书组	0.133	0.108	0.090	0.087	0.150	0.136	0.131	0.139
	(0.155)	(0.155)	(0.152)	(0.149)	(0.157)	(0.162)	(0.158)	(0.151)
样本数	15468	15461	15453	15453	10328	10327	10321	10321

注：括号内为聚类到学校层面的稳健标准误；*、**、*** 分别表示在 10%、5%、1%的水平上显著。

（五）对抑郁的影响

抑郁是一种内在的负面情绪，其得分通过一组对问题的回答计算出来。我们预期这些干预项目能降低抑郁得分。结果报告在表 2-10 中。在 2016 年的全样本里，故事组的系数为正值，但统计上不显著。图书组的系数小且符号敏感，统计上不显著。在故事+图书组，系数都为正，但波动较大，统计上不显著。当项目延续到 2017 年，三个干预组的系数，都与预期相一致：降低了抑郁得分。故事组的系数介于-0.310～-0.477，绝对值大于 2016 年的系数，但统计上不显著。图书组的系数介于-0.403～-0.559，统计上不显著。故事+图书组的系数为-0.371～-0.447，统计上不显著。

寄宿生样本显示，在 2016 年，三个干预组的系数都是正数，统计上不显著。在 2017 年，故事组系数仍然为正，但比 2016 年显著缩小。图书组和故事+图书组的系数都变为负值，但绝对值要小于全样本组，这两组的估计系数统计上都不显著。随着干预时间的延长，三个干预组的系数都由 2016 年的正值，在 2017 年变为负值，这与理论预期相一致。图书组和故事+图书组的系数，虽然不显著，但是稳健的，寄宿生和全样本的估计结果，基本一致。

表 2-10　睡前故事项目对学生非认知技能的影响：抑郁

分类	全样本				寄宿生			
	(1)	(2)	(3)	(4)	(5)	(6)	(7)	(8)
窗格 A:2016 年								
故事组	0.088	0.234	0.269	0.082	0.711	0.662	0.655	0.381
	(0.444)	(0.386)	(0.367)	(0.386)	(0.439)	(0.424)	(0.415)	(0.440)
图书组	0.100	-0.012	0.006	0.037	0.176	0.122	0.137	0.141
	(0.407)	(0.397)	(0.396)	(0.405)	(0.479)	(0.479)	(0.476)	(0.470)
故事+图书组	0.043	0.165	0.173	0.071	0.138	0.153	0.118	-0.054
	(0.397)	(0.379)	(0.371)	(0.357)	(0.467)	(0.462)	(0.455)	(0.411)
样本数	15575	15573	15563	15563	9934	9934	9927	9927
窗格 B:2017 年								
故事组	-0.477	-0.357	-0.310	-0.316	0.062	0.006	0.019	0.040
	(0.423)	(0.355)	(0.343)	(0.349)	(0.352)	(0.338)	(0.337)	(0.342)
图书组	-0.403	-0.548	-0.511	-0.559	-0.083	-0.140	-0.098	-0.144
	(0.395)	(0.358)	(0.355)	(0.340)	(0.409)	(0.402)	(0.398)	(0.382)
故事+图书组	-0.447	-0.395	-0.371	-0.407	-0.333	-0.345	-0.351	-0.384
	(0.393)	(0.355)	(0.345)	(0.324)	(0.384)	(0.373)	(0.365)	(0.347)
样本数	15391	15384	15376	15376	10283	10282	10276	10276

注：括号内为聚类到学校层面的稳健标准误；*、**、*** 分别表示在 10%、5%、1%的水平上显著。

从以上对五个非认知技能结果的测量看，三个干预组在不同的年份，对不同的产出结果有一定的影响：估计系数与预期相一致且统计上显著。寄宿生样本对睡前故事的反应并不比总样本系数增大或更显著，从理论上预期，直接接受了睡前故事干预者，应该有更大更显著的测量效果，但这样的结果并未显现。可以谨慎地推断，随着干预时间的延长，各个干预组的寄宿生非认知技能，比 2016 年的测量结果还是有所改善。由于观察的样本量大，如果结果不显著，我们就会推测，干预的强度不够，比如，时间不够长，或者执行过程没有得到严格的控制。ITT 的估计结果虽然看起来是一种粗略的测量，却更接近于政策模拟：政府施行某个政策，也会在执行的各个环节遇到干扰，削弱政策的效果。

四 回归估计：对实际干预的测量

在干预组内，因各个学校执行项目的时长不一样，每个学生实际接受干预的长度和力度都是有差异的，为了实现准确区分和测量，我们进一步探讨实际接受各种干预时长对各项非认知技能得分产生的影响。表 2-11 展示了故事播放的时间和配备图书的时间，以及覆盖的学生样本数量。从这个差异里可以判断，从简单分组拓展到测量实际干预时间是必要的。

如果项目得到最圆满地执行，到 2016 年 5 月开展第二轮调查时，应该达到 18 周，由于课题组与各个学校协商安装设备、分发图书等需要时间，真正能达到 18 周者是少数，尤其是故事播放时间。到 2017 年 5 月，项目已经正常开展，最长能达到 44 周者，播放故事组和配发图书组，干预分别达到了 90%和 86%。可以说，干预项目在这些学校得到很好地开展与执行。

表 2-11 睡前故事项目实际干预情况

干预周数	播放故事实际情况		配备图书实际情况	
	学生数(人)	比例(%)	学生数(人)	比例(%)
窗格 A:2016 年				
0 周	830	10.67	942	13.45
2 周	381	4.90	235	3.36
4 周	227	2.92	—	—
6 周	1518	19.21	183	2.61
8 周	—	—	134	1.91
10 周	749	9.62	—	—
12 周	397	5.10	—	—
14 周	3017	38.77	2031	29.00
16 周	—	—	1816	25.93
18 周	663	8.52	1662	23.73

续表

干预周数	播放故事实际情况		配备图书实际情况	
	学生数(人)	比例(%)	学生数(人)	比例(%)
窗格 B:2017 年				
0 周	64	0.85	308	4.47
6 周	250	3.34	—	—
8 周	153	2.04	—	—
9 周	—	—	123	1.79
10 周	252	3.36	—	—
16 周	—	—	532	7.73
44 周	6770	90.40	5922	86.01

经过对实际干预执行时间的准确区分，我们再次估计了不同干预项目对5个非认知技能指标的影响。结果报告在表2-12中。模型的设定与表2-6的第（4）列相同，将个人特征、家庭特征和学校特征等三组控制变量都放入模型。可以看出，在2016年样本中，故事干预周数的增加，显著改善了抗逆力，每增加1周播放时间，抗逆力得分会提高0.079分，在10%水平统计上显著；故事干预时间延长也显著降低了内化得分，增加1周的故事播放，内化得分能降低0.075分，在5%水平上显著；故事播放也有效降低了外化得分，估计系数为-0.061，且在1%水平上统计显著；故事播放有效提高了自尊得分，增加一周播放，自尊得分提高0.032分，且在1%水平上统计显著。而且，故事播放周数延长降低了抑郁得分，估计系数为-0.062，在5%水平上统计显著。

到2017年，干预组执行项目的范围扩大，时间得到保证。仅6.23%的学生所在学校只播放了8周及以下，3.36%学生所在学校播放了10周，其他学校都播放了44周。干预组睡前故事播放周数没有太大差异。因此，2017年的回归结果显示，对5个非认知技能产出结果的影响不仅系数降低，而且全部变得不再有统计显著。这是因为2017年得到正常执行后，大多数学校都完全开展睡前故事项目，增量的效果反而不显著了，类似于一种估计上的高度共线性：自变量集中在44周，缺少变异，估计系数也就不显著了。

表 2-12 睡前故事项目：实际干预

被解释变量	抗逆力	内化	外化	自尊	抑郁
	(1)	(2)	(3)	(4)	(5)
窗格 A:2016 年					
故事干预周数	0.079* (0.046)	-0.075** (0.034)	-0.061*** (0.022)	0.032*** (0.010)	-0.062** (0.030)
控制变量	是	是	是	是	是
县固定效应	是	是	是	是	是
样本数	7537	7542	7541	7551	7485
窗格 B:2017 年					
故事干预周数	0.047 (0.035)	-0.018 (0.018)	-0.020 (0.020)	0.004 (0.007)	-0.018 (0.021)
控制变量	是	是	是	是	是
县固定效应	是	是	是	是	是
样本数	7264	7281	7282	7275	7241

注：括号内为聚类到学校层面的稳健标准误；*、**、*** 分别表示在 10%、5%、1% 的水平上显著。

学生听故事和看图书，是不同的行为：听故事是相对被动的接受，而阅读图书则是主动行为。那么，为干预组的班级配发图书，是否影响了非认知技能的产出结果呢？估计结果报告在表 2-13 中。在 2016 年，图书配发周数，对抗逆力，内化，外化和自尊的影响方向，与预期相一致，配发图书对抑郁的影响有正的系数，这五个系数在统计上都不显著。

到 2017 年，随着配发图书时间的延长，干预对抗逆力产生了显著为正的影响，对自尊产生了显著为正的影响。对内化、外化和抑郁，都有负的系数，但统计上不显著。这意味着图书配发时间延长，带来了我们预期会有的结果，有效改善了几个非认知技能指标。如果把前面的分组估计结果和准确测量干预强度的结果做个对比，应该说，准确测量后，带来的结果更加符合预期且更稳健。

表 2-13　配发图书项目：实际干预

被解释变量	抗逆力	内化	外化	自尊	抑郁
	(1)	(2)	(3)	(4)	(5)
窗格 A:2016 年					
图书干预周数	0.008 (0.074)	-0.006 (0.030)	-0.000 (0.034)	0.002 (0.016)	0.025 (0.043)
控制变量	是	是	是	是	是
县固定效应	是	是	是	是	是
样本数	6955	6961	6958	6969	6885
窗格 B:2017 年					
图书干预周数	0.082*** (0.028)	-0.006 (0.023)	-0.025 (0.019)	0.019** (0.008)	-0.022 (0.017)
控制变量	是	是	是	是	是
县固定效应	是	是	是	是	是
样本数	6862	6869	6871	6869	6830

注：括号内为聚类到学校层面的稳健标准误；*、**、*** 分别表示在 10%、5%、1% 的水平上显著。

五　干预项目对非认知技能的中长期影响

2020 年 6 月开展第四轮调查时，干预项目已结束 3 年，四川省的学生样本进入初中二、三年级，9 月，河北省的样本进入初三和高一年级，那么，三年前的干预项目对进入中学阶段的样本，产生了什么样的影响呢？我们按照同样的模型设定方式和测量指标，观察不同干预组在中学阶段的表现。

小学阶段结束进入中学阶段，不仅年龄增长，在升学体制下，青少年的心理和性格都会发生变化。从技术角度看，2020 年追踪到并填写第四轮问卷者共 13612 人，由于存在样本损失，我们先观察前文考察的 5 个非认知技能得分的变化。为了更准确测量这个变化，本文采用 2015~2017 年保持原有的测量结果，但是，将 2020 年的样本与 2017 年样本进行匹配，得到一个规模缩小的追踪样本，以 * 号标识，比较这两个样本的统计结果。这 5 个产出指标的统计结果分别报告在表 2-14 A 和表 2-14 B 中。这样设计的理由是，内化，外化和抑郁，得分高反映了负面性格；而自尊与抗逆力得分高则反映了正面性格。

表 2-14A 的统计结果，可以用歌曲《小小少年》的两句歌词来概括：随着年岁由小变大，他的烦恼增加了。窗格 A 显示了内化得分结果。首先，从小学 4~5 年级到升入小学 5~6 年级，不仅时间较短，而且没有经历真正意义上的升学竞争和筛选。2015~2016 年，除了对照县，其他组内化得分均呈下降态势，接着在 2017 年仅出现轻微反弹。其次，与 2017 年相比，各个分组的内化得分，在 2020 年都显著提高了。总样本里，内化得分上升了 5.77 分；对照组提高了 5.70 分。三个干预组，故事组提高了 5.99 分；图书组提高了 5.97 分；故事+图书组，提高了 5.80 分。都略高于对照组。

表 2-14A 非认知技能的统计结果及变化：内化、外化、抑郁

年份	对照县	故事+图书组	故事组	图书组	对照组	总计
窗格 A:内化得分						
2015	36.16	35.87	35.35	35.50	35.66	35.66
2016	35.98	34.90	34.58	34.91	35.17	35.02
2017	35.52	34.98	35.23	34.94	35.43	35.19
2017*	35.56	35.02	35.17	34.83	35.59	35.21
2020	40.69	40.82	41.16	40.80	41.29	40.98
窗格 B:外化得分						
2015	28.79	28.96	28.51	28.61	28.62	28.69
2016	29.56	28.23	28.05	28.16	28.36	28.36
2017	28.29	27.97	28.10	27.67	28.27	28.04
2017*	28.31	27.91	27.89	27.49	28.10	27.91
2020	34.95	34.12	34.49	34.01	34.58	34.39
窗格 C:抑郁得分						
2015	19.4	19.0	19.1	19.2	18.9	19.1
2016	20.7	19.0	19.1	19.2	18.8	19.2
2017	19.4	18.7	18.6	18.7	19.1	18.8
2017*	19.5	18.7	18.4	18.6	19.1	18.8
2020	20.9	20.7	21.3	20.7	20.9	20.9

注：2017* 代表 2020 年能追踪到的 2017 年样本。

窗格 B 显示了外化得分结果。外化得分越高意味着心理健康风险越大。2015~2017 年，外化得分呈现稳定下降趋势：对照组下降了 0.35 分。三个干预组，故事组下降了 0.41 分；图书组下降了 0.94 分；故事+图书组，下降了约 1 分。下降幅度都大于对照组。在 2017~2020 年，对照组的外化分数上升了 6.48 分；故事组上升了 6.60 分；图书组则上升了 6.52 分；故事+图书组上升了 6.21 分。故事+图书组，相对来说表现更好。

窗格 C 显示了抑郁得分结果。抑郁是一种内在的负面情绪，得分越高，表现出来的性格越缺少与人交往沟通的积极性。2015~2017 年，抑郁得分多项轻微下降。在对照组，2016~2017 年，抑郁得分轻微上升了 0.3 分；在干预组，故事组和图书组，都分别下降了 0.5 分；故事+图书组，下降了 0.3 分。2017~2020 年，对照组提高了 1.8 分；故事组提高了 2.9 分；图书组提高了 2.1 分。故事+图书组，提高了 2.0 分。都高于对照组。

旺苍县样本是对照县，相当于一个附加的对照组。在此期间，其表现与对照组和总样本，几乎完全一致。

表 2-14B 的窗格 D 显示了自尊得分。这代表一种积极的性格，是非认知技能的重要指标。可以看出，在 2015~2017 年，各个分组内的样本，自尊得分都在显著提高且具有一致性：对照组得分提高了 2.4 分；故事+图书组，提高了 2.6 分；故事组提高了 2.8 分；图书组提高了 2.7 分。三个干预组的表现都略高于对照组。2017~2020 年，对照组的自尊得分减少了 0.9 分。故事组，下降了 1.3 分；图书组下降了 0.6 分；故事+图书组，下降了 0.7 分。可以看出，故事组下降幅度最大，而图书组下降幅度最小。

窗格 E 报告了抗逆力得分。这代表人的坚韧性或者耐挫力。在 2015~2017 年，除了控制县样本有波动，其他各个分组内的样本，都在稳定地提高抗逆力得分。在对照组，提高了 1.3 分；在三个干预组，故事组提高了 2.7 分；图书组提高了 1.9 分；故事+图书组提高了 2.4 分。2017~2020 年，对照组下降了 4.2 分；故事组下降 6.2 分，这是下降幅度最大的一组；图书组下降了 3.6 分，是下降幅度最小的一组；故事+图书组下降了 4.2 分。

在 2017 年，故事组的抗逆力得分是所有分组里最高的，但是，到 2020 年，故事组的得分为 125.8 分，与对照组的 125.7 分相当，低于故事+图书组和图书组。对这两个测量积极性格的得分变化，可以说，这群青少年听故事后，抗逆力提高了，但三年后，抗逆力又恢复到与对照组无差异的水平上。在 2020 年 6 月，四川的样本为初二和初三，正在忙于迎接中考；9 月，河北省的样本刚经历了中考升入高中，低年级开始进入初三。都是经历了冲击或即将迎来挑战的时间，在应试体制的压力下，中学生不如小学生快乐，是符合经验认知的。什么原因导致了这样的变化，我们还不得而知。一些干预组的非认知技能得分，在三年后出现衰减并恢复到对照组水平，也与大多数人力资本研究结论相一致（Heckman and Mosso，2014）。

表 2-14B　非认知技能的统计结果及变化：自尊、抗逆力

年份	对照县	故事+图书组	故事组	图书组	对照组	总计
窗格 D:自尊得分						
2015	15.7	15.7	15.8	15.5	15.7	15.7
2016	17.8	18.1	18.3	18.0	18.0	18.0
2017	18.8	18.3	18.6	18.2	18.1	18.4
2017*	18.8	18.2	18.7	18.2	18.2	18.4
2020	17.6	17.5	17.4	17.6	17.3	17.5
窗格 E:抗逆力得分						
2015	128.0	127.9	128.5	128.1	128.3	128.2
2016	126.2	129.0	129.6	128.7	129.0	128.7
2017	131.1	130.3	131.2	130.0	129.6	130.3
2017*	130.9	130.3	132.0	130.2	129.9	130.7
2020	126.1	126.1	125.8	126.6	125.7	126.1

注：2017* 代表 2020 年能追踪到的 2017 年样本。

表 2-14 显示的描述性统计结果是粗略的测量，我们将样本限定为 2020 年追踪到的 2017 年样本，观察项目干预结束后，不同项目的中长期影响。

模型设定为双差分估计，2017 年为干预前，赋值为 0，2020 年为干预后，赋值为 1；2017 年的对照组赋值为 0，各个干预组赋值为 1。在模型设定中，主变量为学生分组、时间变化以及两者的交互项。经验方程里控制了样本县的固定效应。这是对表 2-14 统计结果的精炼化测量，估计结果报告在表 2-15A 中。

故事组的抗逆力和自尊得分，显著高于对照组；图书组的内化和外化得分，要显著低于对照组。与表 2-14 显示的结果相一致：时间变化的系数不仅大而且统计显著：2020 年，抗逆力与自尊得分，显著为负值；内化、外化和抑郁得分，在 2020 年显著提高了。交互项体现了双差分结果，是干预组在时间变化中，相对于对照组呈现出来的“额外的变化”幅度。故事组与时间的交互项，对抗逆力有显著为负的系数；对抑郁有显著为正的系数。可以解释为，故事在当期有效提高了抗逆力得分，三年后，抗逆力得分下降幅度更显著，这时，听故事对抗逆力的影响几乎全部消失了。听故事对降低当期抑郁得分有负的系数，但统计上不显著；三年后，故事组的抑郁得分反而显著增长了，不仅有时间趋势的影响，还有额外的影响。

图书组和故事+图书组，与时间的交互项系数都不显著。

表 2-15A　干预对非认知技能的影响（被解释变量：非认知技能得分）

项目	抗逆力 (1)	内化 (2)	外化 (3)	自尊 (4)	抑郁 (5)
故事组	2.030** (0.815)	-0.441 (0.398)	-0.212 (0.370)	0.502** (0.232)	-0.629 (0.445)
图书组	0.272 (0.661)	-0.786* (0.400)	-0.588* (0.328)	0.026 (0.179)	-0.459 (0.396)
故事+图书组	0.376 (0.647)	-0.566 (0.368)	-0.216 (0.317)	0.064 (0.175)	-0.358 (0.372)
时间	-4.229*** (0.624)	5.701*** (0.307)	6.489*** (0.307)	-0.821*** (0.191)	1.884*** (0.372)
故事×时间	-1.974** (0.991)	0.292 (0.474)	0.120 (0.473)	-0.434 (0.287)	1.047* (0.552)

续表

项目	抗逆力 （1）	内化 （2）	外化 （3）	自尊 （4）	抑郁 （5）
图书×时间	0.548 （0.844）	0.272 （0.458）	0.038 （0.429）	0.175 （0.235）	0.242 （0.500）
故事+图书×时间	0.102 （0.845）	0.106 （0.444）	-0.274 （0.420）	0.115 （0.221）	0.158 （0.530）
样本数	22134	22052	22052	22147	22079
R^2	0.026	0.114	0.140	0.011	0.018

注：括号内为聚类标准误，在学校层面聚类。下同。

为了进一步实现准确区分和准确测量，我们对表 2-15A 的基础方程进行扩展：控制了样本的个人特征，包括年龄、性别、年级、是否寄宿、是否留守儿童等；控制了样本的家庭特征，包括父母受教育年限、兄弟姐妹数量、父母婚姻状况等，得到表 2-15B。为了展示的简洁，没有报告各个控制变量的估计值。但年龄、性别、是否寄宿以及父母的受教育年限等变量，都有显著的系数。

对基础方程做扩展后，三个主变量的估计系数大小和显著性，与表 2-15A 基本上是一致的。但是，大多数测量指标的时间变化系数绝对值更大：抗逆力、外化、自尊和抑郁，都显著大于基础方程的数值。由于标准差的变化，抗逆力、自尊和抑郁等测量结果中，故事组与时间的交互项系数统计显著。图书组、故事+图书组与时间的交互项系数都不显著，系数大小和方向，与表 2-15A 的结果一致。这体现了大样本特征下，估计结果的稳健性：3 年后，小学生升入初中或高中，每一项非认知技能的得分都朝“负向”发展了，这是最突出的特征；故事组的中长期影响更不利，更多地缩减了正向指标的得分，更多地增加了负向指标的得分。

这体现了非认知技能形成和时间变化的复杂性，以及认识它们的困难：干预和产出之间，大多没有简单的线性关系；在时间变化中，原有效果的衰减速度也是不同的。背后的机制是什么，还有待探讨。

表 2-15B　干预对非认知技能的影响（被解释变量：非认知技能得分）

项目	抗逆力 (1)	内化 (2)	外化 (3)	自尊 (4)	抑郁 (5)
故事组	2.058*** (0.723)	-0.364 (0.403)	-0.230 (0.343)	0.479** (0.213)	-0.557 (0.385)
图书组	0.362 (0.640)	-0.810** (0.393)	-0.675** (0.323)	0.044 (0.174)	-0.567 (0.372)
故事+图书组	0.312 (0.618)	-0.533 (0.358)	-0.203 (0.317)	0.051 (0.172)	-0.373 (0.353)
时间	-8.532*** (1.072)	3.493*** (0.560)	7.583*** (0.577)	-1.966*** (0.288)	2.489*** (0.696)
故事×时间	-2.019** (0.884)	0.285 (0.476)	0.133 (0.439)	-0.443* (0.266)	1.062** (0.499)
图书×时间	0.572 (0.803)	0.334 (0.452)	0.090 (0.417)	0.165 (0.222)	0.351 (0.482)
故事+图书×时间	0.006 (0.799)	0.102 (0.437)	-0.207 (0.409)	0.088 (0.212)	0.241 (0.508)
样本数	22128	22046	22046	22140	22072
R^2	0.058	0.122	0.161	0.021	0.033

注：括号内为聚类标准误。

为了更加清晰认识三年后，不同干预组和对照组之间的测量指标差异，我们与前面的测量口径保持一致，只观察 2020 年不同组别在非认知技能上的差异，回归结果报告在表 2-16 中。故事组对抗逆力的系数为正，但统计上不显著；对内化和外化，系数为负，统计上不显著；对自尊系数为正，统计上不显著；对抑郁系数为正，统计上不显著。可以说，故事组的样本，还保留一些轻微的影响。图书组则有显著的影响：进入中学阶段后，图书组的样本有显著提高的抗逆力；有显著下降的内化和外化得分；也显著提高了自尊得分。这比 2016 年和 2017 年的干预效应更大，更显著。图书组的样本，对抑郁得分系数为负，但统计上不显著。故事+图书组的样本，无论是系数绝对值大小还是显著性，都介于图书组和故事组之间：对抗逆力和自尊系数为正，统计上不显著；对内化和外化系数为负，统计上不显著；对抑郁系数为负，统计上不显著。

从中学阶段的表现看，图书组样本，还有显著的中长期影响，甚至比短期影响更大；而故事+图书组，与短期效果有一致的系数，但均不显著；睡前故事组，中期影响的效果最弱。从这个结果可以谨慎地判断：综合短期和中长期的估计结果，就影响非认知技能的各个指标来说，给寄宿制学校配发图书的干预效果是更显著的。

表 2-16　干预对中长期影响（2020 年分组估计）

项目	抗逆力 (1)	内化 (2)	外化 (3)	自尊 (4)	抑郁 (5)
故事组	0.266 (0.467)	-0.106 (0.289)	-0.166 (0.321)	0.114 (0.154)	0.424 (0.318)
图书组	1.147** (0.489)	-0.508** (0.251)	-0.648** (0.308)	0.285** (0.141)	-0.297 (0.325)
故事+图书组	0.431 (0.570)	-0.423 (0.259)	-0.418 (0.319)	0.169 (0.152)	-0.193 (0.391)
样本数	10919	10825	10825	10923	10903
R^2	0.029	0.007	0.034	0.012	0.023

注：括号内为聚类到学校层面的稳健标准误；*、**、*** 分别表示在 10%、5%、1%的水平上显著；控制变量包括年龄、性别、年级、住校情况、留守情况、父母受教育年限、婚姻状况、兄弟姐妹数。

接着，我们又测量了到 2017 年实际接受项目干预的不同时间长度下，对 2020 年非认知技能的影响，结果报告在表 2-17 中。可以看出，播放故事的时间延长，对三年后的抗逆力得分有显著为正的系数，每增加一周的故事播放，抗逆力得分可以提高 0.062 分，在 5%水平上统计显著；另一个显著的结果是对外化的影响，3 年后，外化的系数为-0.036，在 1%水平上统计显著。内化与自尊的系数变得很小，且统计上不显著；抑郁的系数为-0.02，但统计上不显著。

图书干预时间的延长，对内化的影响为 0.015，在 10%水平上显著。对其他四个测量指标的影响都不显著。我们推测，在 2015～2017 年配发图书的班级，可能更容易养成阅读习惯，影响三年后的非认知技能。2015～2017

年的图书组，配书时间早晚，会影响当期的非认知技能，对三年后非认知技能得分没有显著影响，因为配书早晚产生的时间差，会被后面的三年时间所补偿，产生了衰减性偏差①。从这个意义上看，用配书干预时间做解释变量，反而测不到滞后的效应。

表 2-17　对非认知技能的中长期影响（2020 年）：实际干预

项目	抗逆力 (1)	内化 (2)	外化 (3)	自尊 (4)	抑郁 (5)
窗格 A:故事干预周数					
故事干预周数	0.062** (0.024)	-0.001 (0.008)	-0.036*** (0.013)	0.008 (0.006)	-0.020 (0.015)
控制变量	是	是	是	是	是
县固定效应	是	是	是	是	是
样本数	5116	5072	5072	5119	5104
窗格 B:图书干预周数					
图书干预周数	-0.017 (0.020)	0.015* (0.008)	0.005 (0.011)	-0.004 (0.006)	0.017 (0.016)
控制变量	是	是	是	是	是
县固定效应	是	是	是	是	是
样本数	4971	4926	4926	4975	4959

注：括号内为聚类到学校层面的稳健标准误；*、**、*** 分别表示在 10%、5%、1%的水平上显著。

我们使用 2017 年和 2020 年的匹配样本，采用双差分的估计方法，测量配书时间和听故事时间，对各项非认知技能产生的影响，在三年期间发生的变化。控制变量为学生的个人特征和家庭特征。估计结果报告在表 2-18 中。先观察故事组的估计结果，首先，与分组估计的结果一

① 如果两所学校的配书时间相差 1 个月，在 2017 年测量时，那个配书 18 个月的学校样本会比 17 个月者显示出显著的优势。到 2020 年，中间经历了 36 个月，因为阅读会形成习惯，第一个学校样本有了 54 个月的阅读积累，而第二个学校样本有 53 个月。2020 年的阅读时间差异要小于 2017 年。当然，这是一个推测性解释。阅读对形成非认知技能的影响机制是不同于听故事的：听故事随着项目结束而终止，但阅读会被学生坚持下去。

致，最显著的是时间变化系数，既大又显著。抗逆力得分在 3 年后，降低了 9.047 分；自尊得分降低了 2.09 分；而内化、外化和抑郁得分，则分别提升了 3.504 分、7.445 分和 2.943 分。其次，听故事的时间延长，让内化和外化的得分相对于对照组都发生了显著下降，这体现了听故事缓解了负面情绪。再次，交互项系数不仅都很小，而且统计上不显著。可以判断，听故事样本形成的非认知技能，在三年期间的变化趋势，与对照组没有显著差异。

配书时间产生的中长期影响，与听故事的效果相似：最显著的是时间变化，三年后，抗逆力和自尊得分显著下降，分别下降了 8.436 分和 1.952 分；而内化、外化和抑郁得分则分别上升了 3.48 分、7.468 分和 2.749 分。但配书时间增加一周，使三年后的抗逆力得分仍有 0.03 分的优势，统计显著。然而，配书时间延长产生的影响，在时间变化中也有更快的衰减趋势，交互项系数为-0.03，在 5%水平上统计显著。

表 2-18 对非认知技能的中长期影响（2017~2020 年）：实际干预

项目	抗逆力 (1)	内化 (2)	外化 (3)	自尊 (4)	抑郁 (5)
窗格 A：听故事的时间					
故事周数	-0.007 (0.012)	-0.011* (0.007)	-0.012* (0.006)	-0.003 (0.003)	-0.006 (0.007)
时间	-9.047*** (1.086)	3.504*** (0.572)	7.445*** (0.570)	-2.090*** (0.276)	2.943*** (0.651)
故事周数×时间	0.019 (0.016)	0.004 (0.008)	0.001 (0.008)	0.007 (0.004)	-0.002 (0.009)
样本数	21362	21281	21281	21374	21304
窗格 B：配图书的时间					
配书周数	0.030** (0.013)	-0.004 (0.007)	-0.002 (0.006)	0.006 (0.004)	-0.010 (0.006)
时间	-8.436*** (1.032)	3.480*** (0.524)	7.468*** (0.566)	-1.952*** (0.271)	2.749*** (0.641)
配书周数×时间	-0.030** (0.015)	0.004 (0.008)	-0.002 (0.007)	-0.005 (0.004)	0.014 (0.009)
样本数	21427	21349	21349	21438	21372

2020 年第四轮调查时，我们在学生问卷里增加了大五人格的测量，报告在表 2-19 中。三个干预组样本在外向性和责任心得分上，略高于对照组。在开放性得分上，故事组和故事+图书组，略高于对照组；图书组得分略低于对照组。随和性得分上，三个干预组得分都略低于对照组。在神经质得分上，图书组和故事+图书组，都低于对照组；故事组得分略高于对照组。大五人格得分提供的信息，说明三个干预组在性格方面略有优势。要结合其他测量结果，才能对大五人格的经验内容，做进一步的分析。

表 2-19　不同组别的大五人格得分（2020 年）

大五人格得分	故事组	图书组	故事+图书组	对照组	对照县
外向性得分	24.89	24.88	25.01	24.86	25.01
随和性得分	31.56	31.76	31.80	31.83	31.23
责任心得分	26.81	26.81	26.75	26.54	27.39
神经质得分	24.03	23.79	23.68	23.87	23.48
开放性得分	32.47	32.16	32.27	32.24	32.28

六　非认知技能对升学的影响

中国是应试教育体制，在升学阶梯上不断有学生跟不上学业，但是，近年来实行“控辍保学”政策，青少年不会在完成初中阶段学业前离开学校。当高中阶段教育接近普及时，青少年完成初中学业后会参加中考，升入高中阶段或者辍学，这是一次重要的分流。在 2020 年 9 月做第四轮调查时，河北省高年级样本已经升入高中阶段，发生了分流。分流意味着部分青少年的学业终止，更多青少年会在普通高中或中职学校之间作选择，我们在此探讨中考后选择的决定因素。

2017 年，高年级样本共有 8718 人，经过课题组的电话追访，找到了所有样本的去向，样本分布如表 2-20。升入普高者，共有 5184 人，占

59.5%；升入中职学校者，有 2495 人，占 28.6%，辍学者共 806 人，占 9.2%。升入高中阶段者达到 88.1%，高于 2020 年人口普查数据中高中阶段的在学率。进入中职学校者占比显著高于 2015 年 1%人口抽样调查数据，可以推断，2019 年，中央政府开放了职教高考，而且高职院校连续两年扩招，提高了初中生的升学率。5 个项目县都是原国定贫困县，农村寄宿校学生正是中职和高职学校的主要生源对象，所以，进入中职学校的比例高于全国的平均水平。

各个县升入普高和中职的比例差异显著，反过来就是各个县的初中后辍学率差异较大：苍溪县的初中后辍学率只有 3.6%；蔚县却达到 17%。升学结果的差异显著，值得进一步探讨升学或辍学的影响因素。

表 2-20　高年级样本初中后的去向

单位：人

去向	普高	中职	留级	辍学	转学遗失	总计
苍溪县	2098	972	95	117	9	3291
旺苍县	571	323	22	109	7	1032
蔚县	1270	465	36	365	8	2144
涿鹿县	847	530	16	133	5	1531
沽源县	398	205	34	82	1	720
总计	5184	2495	203	806	30	8718

我们从技能产生技能假说出发，用小学阶段的学业成绩来解释初中阶段的升学选择结果，构建了两个被解释变量：第一个结果，升入普通高中，定义为 1；其他，定义为 0；第二个结果，辍学定义为 1，其他定义为 0。解释变量为 2017 年样本中六年级的语文和数学成绩，5 个非认知技能指标的得分。模型设定为最小二乘估计，估计结果报告在表 2-21 中。

第（1）和（2）列为基础方程，除了我们关注的学业成绩和非认知技能得分，模型里只控制了县固定效应。第（1）列结果显示，六年级的语文成绩和数学成绩，都显著提高了三年后升入普高的概率，而数学成绩的系数更大，几乎是语文成绩的 2 倍。抗逆力和自尊，代表一种积极的性格，可以预期会对学业成绩和升学产生正向的影响。估计结果与预期一致，抗逆力得分提高 10 分，升入普高的概率提高 2%；自尊得分提高 10 分，则升入普高的概率提高 4%。三个负向指标的得分，对升学的影响方向是不确定的：内化得分的影响与自尊得分相同，每提高 10 分，升入普高的概率反而提高了 4%；但外化得分提高 10 分，则让升入普高的概率下降了 3%；抑郁得分提高 10 分，会让升入普高的概率下降 1%。

内化意味着在挑战面前产生了负面情绪，但个体会将压力转为认真和尽责地做事，带来更积极的结果。如孔子所言：临事而惧，好谋而成。以这样的态度来应对外部挑战或事件，反而产生了更积极的结果。外化则是将负面情绪向外表达，对升学选择产生了负面效应，抑郁的结果与外化相同。这与我们的经验认知是相吻合的。

升入普高是初中生所希望的，而辍学则是大多数初中生力争避免的。然而，学习成绩决定了初中后的分流。可以预期，前一阶段的学习成绩对辍学有负面的效应。第（2）列的估计结果显示，六年级的语文成绩和数学成绩，都显著降低了辍学概率。语文成绩提高 10 分，辍学率会下降 2%；数学成绩提高 10 分，辍学率会下降 3%。数学成绩对辍学的影响更大，背后的经验事实为，数学的内容更具内在连续性，一旦在某个年级数学成绩下滑，很难再追赶上来，可能会摧毁青少年的自信心；其他科目，如语文和英语，都没有这样的“把门”效果。非认知技能指标对辍学的影响方向和显著性，不同于第（1）列的升入普高：抗逆力和自尊得分的提高，对辍学几乎没有任何影响，系数很小且不显著；内化得分显著降低了辍学概率，而外化得分则显著提高了辍学概率，抑郁得分的系数为 0。

第（3）和（4）列是（1）和（2）列的扩展方程，增加了个人特征和家庭特征控制变量，可以看出，第（3）列的系数大小和显著性，与第（1）列几乎没有差异，抗逆力的系数略有下降，而自尊得分的系数则略有上升。外化得分的系数绝对值略有下降，内化和抑郁得分则保持不变。第（4）列的系数大小与显著性，与第（2）列也几乎完全一致。语文和数学成绩的系数完全相同。抑郁与自尊得分系数都是接近 0；内化和外化的系数绝对值略小于基础方程，但统计显著。抗逆力系数接近 0。

我们从表 2-21 提供的信息可以判断：前一阶段的学业成绩显著影响了升学选择。就追求更高的升学目标来说，抗逆力、自尊和内化得分提高，有利于升入普通高中；而外化和抑郁得分提高不利于升入普高。对初中后辍学来说，抗逆力、自尊和抑郁得分没有影响，内化得分提高有利于减少辍学，而外化得分提高则增加了辍学。

表 2-21　小学六年级学业成绩和非认知技能对高中入学类型的影响

项目	普高 (1)	辍学 (2)	普高 (3)	辍学 (4)
语文成绩	0.005*** (0.001)	-0.002*** (0.001)	0.004*** (0.001)	-0.002*** (0.001)
数学成绩	0.009*** (0.000)	-0.003*** (0.000)	0.009*** (0.000)	-0.003*** (0.000)
抗逆力得分	0.002*** (0.001)	-0.001 (0.000)	0.001** (0.001)	-0.000 (0.000)
内化得分	0.004*** (0.001)	-0.002*** (0.001)	0.004*** (0.001)	-0.001** (0.001)
外化得分	-0.003*** (0.001)	0.003*** (0.001)	-0.002** (0.001)	0.002*** (0.001)
自尊得分	0.004*** (0.001)	0.000 (0.001)	0.005*** (0.001)	-0.000 (0.001)
抑郁得分	-0.001* (0.001)	0.000 (0.000)	-0.001* (0.001)	0.000 (0.000)
控制变量	否	否	是	是
县固定效应	是	是	是	是
样本数	8090	8090	8089	8089
R^2	0.263	0.127	0.279	0.137

2020 年的升学选择是一个重要产出结果，我们最后回到基本问题上来：不同的干预项目对升学选择是否有显著影响。以 2017 年的高年级学生样本为基准，观察各个分组样本后来的去向。这里舍弃了控制县旺苍的样本。在

学校层面做聚类估计，结果报告在表 2-22 中。第（1）列的被解释变量为二分变量，升入普高定义为 1，其他为 0。结果显示，相对于参照组，三个干预组的系数都为正，故事+图书组的系数为 0.018，相当于故事组和图书组的 2 倍。但是三个干预组的系数都不显著。

第（2）列的被解释变量为初中后是否辍学，辍学定义为 1；其他为 0。故事组和图书组系数为负，但统计上不显著。故事+图书组系数为正，但不显著。第（3）列增加了个人特征与家庭特征作为控制变量，估计结果与第（1）列基本一致，系数大小接近且统计上不显著。第（4）列是对辍学选择的估计结果，与第（2）列一致。从以上的结果可以判断：小学阶段的项目干预，对三年后的初中分流，没有产生显著的影响，不仅系数很小，而且都不显著。

表 2-22　不同干预项目对学生高中入学类型的影响

项目	普高 (1)	辍学 (2)	普高 (3)	辍学 (4)
故事+图书组	0.018 (0.029)	0.022 (0.018)	0.013 (0.028)	0.023 (0.018)
故事组	0.009 (0.032)	-0.010 (0.014)	0.010 (0.031)	-0.011 (0.013)
图书组	0.008 (0.028)	-0.025 (0.016)	0.008 (0.027)	-0.024 (0.015)
控制变量	否	否	是	是
县固定效应	是	是	是	是
样本数	7686	7686	7680	7680
R^2	0.005	0.041	0.065	0.072

七　结论与讨论

从经济学视角看，教育是人力资本投资和形成的过程，它发生在生命周期各个阶段甚至每一个时点上，那么，我们测量干预项目的影响时，首先遇到的是干预时间是否足够长，强度是否足够大，让接受干预者充分接收到了干预信息并作出有效反馈和自身改变。这既包括项目设计的内容和干预方式，也要重视项目的执行，确保接受干预者真正准确且足量受到了项目的影响。由于第四轮数据刚刚完成与前三轮数据的清理和匹配，本研究对数据的开发和分析刚起步，因此对项目执行和效果的评估是初步的。

本章内容显示，三个干预组，针对不同的非认知技能指标，在不同的时间，产生了不同的影响。大致说来，几乎都有符合预期的系数，但只有部分干预项目的结果是统计显著的。一旦改进了对干预的测量，比如，观察实际干预时间对产出的影响，发现结果的统计显著性提高了。经济学的方法论，深受物理学机械论影响，对一个物体施加力量，这个物体会直线移动。对青少年的学习和成长施加一个影响呢？我们发现，播放睡前故事的影响，似乎不是线性的，在短期内有显著影响，但随着时间延长，变量反而变小且不显著。为学生配发图书，则有显著的累积效应，时间越长，效果越显著，尤其是 3 年后，对各个非认知技能的结果，仍然有显著影响。这意味着，人的知识技能形成，其机制和路径，都是值得进一步探讨的。

干预项目对高年级样本初中后的分流选择，虽然有正的系数但统计不显著，可以判断为没有产生影响。但小学阶段的学业成绩和非认知技能得分，都显著影响了分流选择，更高的正向得分有利于升入普高，也有利于减少辍学。这样的结果，不仅与“技能产生技能假说”是完全一致的，也为探索第一阶段的技能形成如何影响第二阶段的技能形成，探索了路径选择：第一阶段成绩好的同学，通过升学考试的选择，跳到一条更高的人力资本投资与积累路径上，两个在第一阶段差异不大的个体，在未来会产生更大的分化和差距。

能够从本项目的初步结论中引申出来的含义为：人力资本的形成过程，是复杂的，但就长期而言，教育产出的结果又是大致确定的，在党的二十大上，中央政府要求建立终身学习的社会，这是希望找到促进教育高质量发展的办法。如果让学生养成阅读习惯并坚持下去，学生就有了自我教育和主动发展的能力，青少年阶段知识范围狭窄，或者处于不利的家庭环境而人力资本积累水平较低，都会在生命周期的以后阶段得到补救，虽然是个次优选择，但可能是一个有效且可行的应对方案。由此可以引申出，社区应该为青少年成长创造更加便利的条件，让青少年有更多的体育锻炼、阅读和交往的环境，帮助青少年同步提高认知技能和非认知技能。

第三章

手机使用与农村地区儿童的认知发展

内容提要： 数字技术不断发展在弥合数字鸿沟的同时，也给农村青少年人力资本的形成提出了新挑战。本文基于 2015 年、2016 年、2017 年及 2020 年四期农村青少年调查数据，分析了手机使用对青少年认知发展的影响。研究发现，手机使用显著降低了农村青少年的认知发展，这一结果在使用基于倾向得分匹配的双重差分法、替换被解释变量、使用平衡面板数据后，结果依旧保持稳健。异质性分析发现，手机使用对男生、非寄宿生和非留守青少年的认知发展负向影响更大。机制分析表明，手机使用对青少年身心健康、睡眠质量、阅读习惯和注意力的负向冲击是其影响认知发展的重要途径。另外，手机使用对青少年中长期的认知发展有持续的负面影响，且长时间使用及高频率访问娱乐性内容，不利于认知水平的提高，但家长监管有助于缓解不合理的手机使用方式。研究结论表明，手机使用对农村青少年的负面影响较大，相关部门及家长需要加强对青少年手机使用的引导和监管。

关 键 词： 手机使用　认知发展　父母监管

一　问题的提出

随着互联网及移动互联网技术的快速发展，国内青少年（6~18 岁）互联网使用人数飞速增加。中国互联网络信息中心等发布的《2021 年全国未成年人互联网使用情况研究报告》的数据显示，中国青少年网民的规模已达到 1.91 亿人，互联网普及率为 96.8%。手机是中国青少年接入互联网的主要设备，也是青少年拥有比例最高的上网设备。与传统的上网设备相比，青少年使用手机参与的活动内容也更加多样化，从在线教育、社交应用、网络视频到网络游戏，这无疑会重塑青少年人力资本形成的方式。然而手机使用对认知发展的影响存在较大的不确定性：一方面，信息渠道的改善、便捷的交流方式及在线教育的普及会对青少年的认知发展产生积极影响；另一方面，长时间的屏幕使用、接触低劣或错误的信息、过度互联网娱乐会对其认知发展产生消极影响。

对于农村地区而言，数字基础设施的改善、智能手机的普及弥合了互联网接入端的鸿沟，城乡青少年互联网普及率已基本持平，在一定程度上可缩小城乡教育资源差距，对农村地区青少年的认知发展产生积极影响。然而，受限于父母及主要抚养人受教育程度低、网络素养低等原因，城乡青少年的互联网使用方式仍存在较大差异。与前者相比，农村地区青少年拥有手机、持有手机上网的比例更高，且上网时间更长，上网玩游戏、看短视频的比例更高（田丰和王璐，2022）。这意味着，手机使用对农村青少年的消极影响可能更大。近年来，尽管不少文献讨论父母外出务工、寄宿、回流等对农村青少年发展的影响（侯海波等，2018；孙文凯和王乙杰，2016；黎煦等，2018），但关于手机使用对农村青少年影响的文献仍然有限。

以往讨论多基于互联网使用视角进行分析，讨论手机使用的文献相对缺乏。一方面，随着互联网的不断普及，数字接入鸿沟已基本填平，仅从互联网使用的视角讨论，除手机端应用的丰富性外，无法捕捉手机使用带来的差异性影响。另一方面，手机尤其是智能手机便携、随时随地上网的优势使手机使用者受到更深刻的影响。相较于其他电子设备，使用手机时有更多的自主性，更容易发生过度使用的情况；且手机碎片化的使用方式更容易对拥有手机的青少年产生干扰；是否应该让儿童使用手机以及如何缓解其负面影响成为更为重要的研究问题。现有少数文献多基于个案观察和现象描述讨论手机使用的影响，对其影响效果、影响机制、干预路径等核心问题仍未达成共识（朱战辉，2023）。且直接将手机使用变量与儿童发展指标进行相关分析，忽视了同时影响两者的不可观测的异质性特征，手机使用的自选择性以及两者之间可能存在的反向因果关系，导致现有研究仅能发现相关关系，无法进行因果推断。

认知能力是人力资本的重要组成部分，在个体未成年前具有较强的可塑性（王春超和林俊杰，2021）。农村青少年是未来劳动力的重要群体，其认知发展状况直接关系中国经济发展的潜力和全体人民的共同富裕程度。基于此，本文利用 2015 年、2016 年、2017 年及 2020 年四期中国农村青少年调查数据，系统讨论手机使用对农村青少年认知发展的影响。与已有文献相比，本文可能的贡献主要体现在：（1）本文系统讨论手机使用对农村青少年认知发展的短期及中长期影响；（2）利用课题组亲自做的大样本追踪调查数据，综合使用固定效应模型、PSM-DID 准实验的设计，试图获取手机使用与青少年认知发展之间的因果效应；（3）聚焦于农村青少年这一特殊群体，关注手机使用在性别、寄宿及留守等不同群体中的异质性影响；（4）搭建了较为完整的实证分析框架，基于身心健康、睡眠质量、阅读习惯和注意力等角度考察了其中的潜在机制，同时，还深入研究了父母监管在手机使用与认知发展中的中介作用，为贫困地区青少年合理有效利用手机、减少负面影响提供经验借鉴。

二　文献回顾

自 20 世纪 70 年代个人电脑成为工作、家庭接受信息、学习新技术的重要工具后，不少文献探讨了学校和家庭中的电脑使用对认知发展的影响（Bulman and Fairlie，2016）。20 世纪 90 年代以来互联网的出现和高速发展，极大扩展了信息传播渠道，降低了信息传递成本，提高了信息传递效率，电脑的功能得到进一步的增强和扩展；除继续研究电脑使用的影响外，互联网接入差异对人力资本积累的影响成为新的讨论热点（UNICEF，2017）。21

世纪以来，移动互联网的发展及以智能手机为代表的便携设备的出现，使个体可以不受时空限制实现随时随地交流。而信息基础设施的不断完善及电子设备成本的不断下降，使互联网的覆盖趋于普及，手机已成为人们生活中不可或缺的通信技术或工具，青少年接触和使用手机的机会也大幅增加（黎藜和刘滔，2023），近年来的文献开始关注手机等智能电子设备对认知发展的影响（Amez and Baert，2020）。

与传统的数字技术相似，手机等智能电子设备对认知发展的积极影响主要体现在以下三个方面。（1）信息获取。互联网提供了大量的信息资源、共享知识、在线课程及平台，借助于新一代以手机为代表的智能电子设备，个体可以在任何时间和空间灵活地获取信息或进行在线学习。同时，借助互联网低成本带来的资源共享，可增加农村贫困地区教师和学生的学习途径，缩小地区、城乡教育资源差距，改善欠发达地区青少年的认知发展（Derksen et al.，2022）。（2）社会交往。以 QQ、微信等 App 为代表的交流工具提供了多样化的沟通方式，提高了家长和学校之间的沟通效率，方便家长及时了解学生的在校表现和问题（Fryer，2013）。尤其是在新冠疫情期间，互联网的重要性愈加凸显，借助于在线交流工具可以实现线上教学，能弥补无法线下教学的停顿（Bacher-Hicks et al.，2021）。（3）教育智能化。大数据、人工智能等新一代信息技术与教学过程、学习过程的融合，可以满足学生个性化和多样化的教育需求。课堂教学中电子设备的引入、课后个性化的辅助项目均有助于提高整个教学过程的效率和质量。而针对学习过程专门设计的项目，如基于游戏的数学学习模式等，有助于提高学生的参与度，降低学习负面情绪，改善认知发展（Werling，2020；Wang et al.，2023）。

但手机等智能电子设备的使用在提供新机遇的同时，也给儿童认知发展带来风险且变得愈加突出。一些学者担心不良的手机使用习惯（如频繁查阅、长时间的屏幕使用等）会直接损害个体的认知控制和执行能力（Wilmer et al.，2017；Toh et al.，2023），该能力包括记忆、抑制、调节等，对日常工作和学习有重要作用。除直接影响外，手机使用还会通过间接影响对认知发展产生不利影响。（1）身心健康。过量的手机使用时间，如看视频、打游戏等静坐活动时间的延长，会挤占个体的体育活动时间，养成坏的运动和饮食习惯，进而对青少年身心健康产生不利的影响（宁可等，2019）。而身心健康是认知发展的基础，与低抑郁程度、低水平的内化和外化问题行为、青少年的执行力强（高阶认知能力）、学业表现优密切相关（Wang and Liu，2021）。（2）睡眠质量。睡前手机使用会延迟入睡时间，增加睡眠潜伏期，减少睡眠持续时间，增加失眠，降低青少年睡眠质量（Lin and Zhou，2022）；且大量证据表明低质量的睡眠会影响到青少年的学习效率和注意力，进而对青少年的认知发展产生不利的影响。（3）阅读习惯。早期阅读习惯的培养不仅能提高青少年的表达、理解等技能，对青少年认知发展和学业表现也有重要的影响（Bano et al.，2018）。尽管互联网使用，尤其是移动互联网使用使得阅读更加便捷，但使用手机带来的短期愉悦感更强，手机使用对青少年阅读频数和阅读习惯的不利影响更大（Gezgin et al.，2023；Merga and Mat Roni，2017）。（4）注意力。手机在提升学习便捷性的同时也提高了娱乐的便捷性和丰富性，工作场所或教室使用手机，过量信息及多任务下的学习过程会降低注意力（Liebherr et al.，2020），对认知发展有不利影响（Levine et al.，2012），一些学者甚至认为即使不使用，手机存在本身也会分散注意力（Thornton et al.，2014）。

综合而言，因同时存在积极和消极的影响，基于现有理论无法推断手机使用与认知发展间的关系；实证文献研究中手机使用对认知发展影响的结论也并不一致（Malamud，2019；Amez and Baert，2020）。实证结论产生差异的原因主要来源于以下几个方面：（1）指标测度。多数文献中基于是否使用手机或其他电子设备进行定义，指标定义模糊。但个体使用手机的强度以及使用手机进行活动的内容存在差异，而不同活动内容对认知发展的作用并不一致。如果个体花费过多的时间停留在娱乐活动上，有利于提高青少年学业表现的活动将会被挤出，手机使用对青少年认知发展的影响无疑为负。（2）样本选取。手机使用的影响依赖于个体和家庭特征，如对男孩的认知能力和学业表现均有负向影响，但对女孩有积极影响（Macgowan and Schmidt，2021）；另外，对低收入家庭子女考试成绩负面影响更大。（3）研究方法。由于数据不足，不少研究利用截面数据使用最小二乘法进行分析，由于青少年是否使用电子设备的变量是非随机的，直接进行分析会存在遗漏变量偏误、反向因果关系等问题，无法准确获取两者的因果关系（Amez and Baert，2020）。尽管以往有不少研究利用互联网接入时间、接入速度的差异使用准实验的方法（Dettling et al.，2018；Colombo and Failache，2023；Sanchis-Guarner et al.，2021），或利用“一个孩子一台电脑（One Laptop Per Child，OLPC）”等类似的派发电子设备项目构造的实验讨论两者的关系（Cristia et al.，2017；Malamud，2019），但这些自然实验或实验多数讨论的是传统数字技术的影响，专门针对手机使用的因果推断分析较少。

需要注意的是，青少年阶段个体自控力、时间管理能力还处于发展阶段，更容易发生无节制、无规则的手机使用情况。不管是在学校，还是在家庭内部，简单给青少年配备电子设备提供互联网接入，无法对教育产生实质性影响（Perera and Aboal，2018）。只有增强学校、家长对青少年手机使用行为的了解，加强对使用时间、使用方式的管理，提升青少年的互联网使用技能，才能有效规避手机使用带来的负面风险，进而改善其对认知发展的影响。Beland and Murphy（2016）发现，当学校禁止使用手机后，学生的考试成绩会上升，尤其是成绩较差的学生提升更明显。但 Kessel et al.（2020）认为，尽管禁止使用手机的策略成本较低，但其积极影响可能只有在无规则使用手机的场景下才有效。如果在课程中规范定义电子设备的使用，增强教师和学生之间的关系，电子设备的使用会对认知发展有积极影响（Wang et al.，2023）。此外，父母有效的监管有助于缓解电子设备使用的负面影响。Malamud and Pop-Eleches（2011）发现，父母设置使用的规则会降低负面影响。青少年能迅速掌握新技术，而家长学习速度相对较慢，并不了解子女的手机使用情况；Gallego et al.（2020）认为，如果为父母提供子女手机使用的详细信息，父母会改变养育行为，降低子女的手机不良使用率。

综上，现有国内外文献已从理论上论证了手机使用可能对认知发展的影响，也有不少的文献从实证上讨论了两者的关系，但受制于数据，多数只能讨论相关关系，无法发现因果关系。国内有文献讨论农村青少年手机使用的现状，但尚无文献系统地实证分析手机使用对农村地区青少年认知发展的影响；对于农村地区青少年手机使用的具体内容，手机使用对认知发展的影响机制，家庭如何引导和监管青少年的手机使用行为以及可能的监管效果，现有文献的讨论也相对有限。基于此，本文利用课题组四期追踪调查数据分析手机使用对农村地区青少年认知发展的影响，对现有文献进行补充。

三 研究设计

（一）资料来源

本文使用的数据来自北京大学、中国社会科学院等多家单位联合开展的中国农村青少年追踪调查项目。为了解农村贫困地区青少年发展状况，课题组于 2015 年开始对河北和四川两个省份 5 个贫困县的 137 所农村寄宿制学校进行基线调查。调查采取分层整群随机抽样，在选定的样本学校中随机抽取 4 年级和 5 年级各 1~2 个班级作为抽样班级，抽样班级中的学生全部参与调研。农村寄宿制学校调查问卷不仅包含学生问卷，还包括家长问卷、班主任问卷、教师问卷和学校问卷；其中，学生问卷中的内容丰富，除包含个人基本信息、学习及生活情况外，还涉及睡眠、阅读习惯、学校生活经验、个体心理感受等多方面的内容。

课题组在四轮调研中均询问了个体是否拥有手机，在 2020 年第四轮调研中还详细询问了个体电子产品的使用情况及感受，如个体开始使用手机的时间，使用电子设备的时间、使用方式及父母或监护人是否限制其使用手机的情况。尽管数据地区覆盖范围有限，但较大的样本量、多年份的追踪调查及调查内容中手机使用的信息等，为了解农村青少年手机使用情况及影响提供了重要的分析数据。基于现有数据结构，在分析手机使用与认知发展的关系时，文章主要对 2015~2017 年前三次调查进行分析，但在拓展性分析部分，为了解手机日常使用时间、使用内容、父母监管及中长期影响，主要使用 2020 年第四次调查的样本进行分析。删除主要变量的缺失值后，前三次调研小学生有效使用的样本数为 47772 人，第四次调研中学生有效使用样本数是 15894 人。

（二）模型设定

本文的研究内容是探讨手机使用对农村青少年认知发展的影响。借鉴前期文献（Dempsey et al.，2019），并利用现有追踪调研数据，文中设定如下双向固定效应模型进行估计：

$$Cog_{it} = \alpha + \beta \times Phone_{it} + \gamma X_{it} + \mu_i + v_t + \varepsilon_{it} \qquad (3-1)$$

模型（3-1）中，下标 i 代表儿童，t 代表年份。Cog_{it} 表示儿童 i 在 t 年的认知发展；核心解释变量 $Phone_{it}$ 为学生 i 在 t 年是否拥手机；X_{it} 为学生的特征变量，包括个体特征、父母特征和家庭特征；μ_i 和 v_t 分别为个体和年份固定效应，分别用于消除不随时间变化的个体层面、不随个体变化的时间层面的不可观测因素对认知发展的影响；ε_{it} 为随机扰动项。

（三）变量构建

本文的被解释变量为青少年认知发展。课题组在 2015～2017 年前三轮调查中采用 PIRLS（国际阅读素养进展研究项目）的阅读测试题对学生的阅读能力进行测试。被调查者被要求回答一系列阅读题，测试题的内容和数量根据青少年所在年级进行设置，测试的最终得分为经过 IRT 计算得到的标准分。由于阅读成绩来自现场测试，被调查者使用的试卷较为统一，阅读成绩在三年调查数据中的标准一致方便进行比较，参考现有文献（王春超和林俊杰，2021），文中使用该指标来代表青少年的认知发展。具体而言，文中对阅读测试成绩的 IRT 标准分进行了标准化处理，并借鉴朱志胜等（2019）设定了测试成绩是否排序前 10%、前 20% 及前 50% 三个拓展性的指标来测度认知能力的相对排序。此外，因第四轮调研中没有阅读成绩，在拓展性分析中，使用期末考试成绩指标来进一步验证手机使用与认知发展之间的中长期关系以及手机使用内容与认知发展之间的关系。

本文的核心解释变量为手机使用，以个体是否拥有手机来定义；如果拥有手机，定义为1，反之为0。2015~2017年三轮调研中，被调研青少年的手机拥有率为26.56%。按年份来看，随着手机在农村地区的不断普及和青少年年龄增长，农村地区青少年手机拥有率不断提高；其中，2015年手机的拥有率仅有6%，2016年手机的拥有率为30%，2017年的手机拥有率达到44.27%。图3-1展示了三轮调研中两组青少年的阅读得分差异。通过对比拥有手机和没有手机青少年的阅读得分可初步发现，拥有手机青少年的阅读得分低于没有手机的青少年，这一结果初步表明手机使用可能会对农村地区青少年的认知发展产生不利影响。

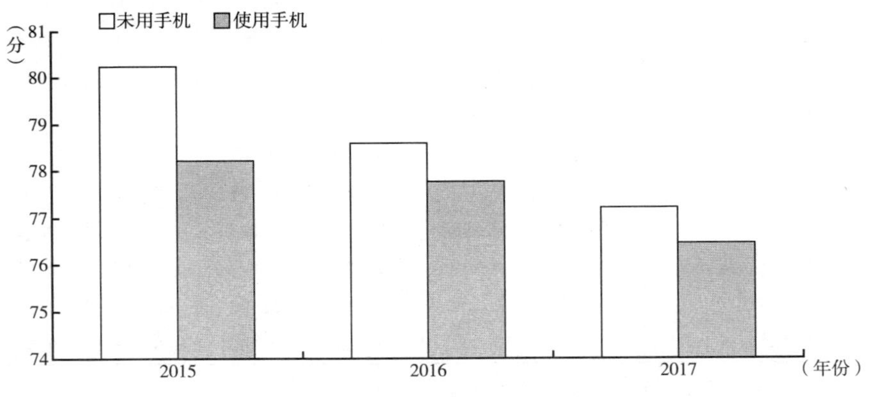

图3-1　手机使用与认知发展

资料来源：作者根据2015~2017年调查数据计算得到。

除上述变量外，文中还选取了一系列的控制变量：个体特征包括性别（男性为1，女性为0），年龄，年级（低年级为1），是否寄宿（寄宿为1，走读为0）等；父母特征包括父亲、母亲受教育年限，父亲是否外出，母亲是否外出，父母双方外出；家庭特征包括父母婚姻状况（在婚为1，其他为0），兄弟姊妹数量，家庭社会经济状况和是否享受过政府资助（享受过为1，未享受过为0）。表3-1给出了主要变量的描述性统计。

表 3-1 主要变量的描述性统计

变量	全部		使用手机		未用手机	
	均值	标准差	均值	标准差	均值	标准差
结果变量						
阅读得分	78. 545	7. 854	79. 119	7. 725	77. 238	7. 917
年级前 10%	0. 090	0. 286	0. 091	0. 288	0. 089	0. 285
年级前 20%	0. 180	0. 384	0. 184	0. 388	0. 173	0. 379
年级前 50%	0. 476	0. 499	0. 491	0. 500	0. 445	0. 497
控制变量						
年龄	10. 981	1. 062	10. 823	1. 039	11. 406	1. 008
性别	0. 497	0. 500	0. 466	0. 499	0. 575	0. 494
是否寄宿	0. 644	0. 479	0. 644	0. 479	0. 643	0. 479
年级	0. 495	0. 500	0. 506	0. 500	0. 460	0. 498
父亲受教育年限	8. 813	2. 112	8. 774	2. 093	8. 930	2. 161
母亲受教育年限	8. 306	2. 141	8. 233	2. 119	8. 505	2. 181
父亲外出	0. 181	0. 385	0. 178	0. 382	0. 188	0. 391
母亲外出	0. 032	0. 177	0. 030	0. 170	0. 038	0. 192
父母双方外出	0. 243	0. 429	0. 236	0. 425	0. 265	0. 441
父母婚姻状况	0. 902	0. 298	0. 911	0. 284	0. 878	0. 327
兄弟姊妹数量	2. 209	0. 901	2. 226	0. 892	2. 163	0. 921
家庭社会经济状况	0. 039	2. 189	0. 218	2. 123	-0. 425	2. 252
是否享受过政府资助	0. 485	0. 500	0. 485	0. 500	0. 488	0. 500

资料来源：作者根据 2015~2017 年调查数据计算得到。

四　实证结果分析

（一）基准估计结果

表 3-2 报告了手机使用对农村青少年认知发展的估计结果，所有的模型均控制了个体和时间固定效应。其中，第（1）、第（2）列报告了手机使用对青少年阅读得分的影响；第（1）列仅控制了个体特征，第（2）列添加了父

母及家庭特征。第（3）~（8）列报告了手机使用对青少年阅读成绩是否排序前 10%、20%及 50%的影响，第（3）、第（5）及第（7）列仅控制了个体特征，第（4）、第（6）及第（8）列同时控制个体和家庭特征。根据前两列的结果可知，在控制了个体、家庭特征变量以及个体和年份固定效应后，手机使用变量在 1%的显著水平上显著为负；这意味着，该时期手机使用不利于农村青少年的认知发展，与未使用手机的青少年的相比，使用手机的青少年阅读得分低 0.033 个标准差。第（3）~（8）列的结果亦表明，手机使用对青少年认知发展有较明显的负向影响，使用手机的青少年成绩排序前 10%、20%和 50%的概率分别降低了 0.8%、0.9%和 1.4%。该部分结果表明，对农村青少年而言，手机使用对其认知发展的负面影响远超过其带来的积极影响。

表 3-2 基准估计结果

变量	阅读得分	阅读得分	年级前 10%	年级前 10%	年级前 20%	年级前 20%	年级前 50%	年级前 50%
	(1)	(2)	(3)	(4)	(5)	(6)	(7)	(8)
手机使用	-0.033***	-0.033***	-0.008**	-0.008**	-0.009*	-0.009*	-0.014**	-0.014**
	(0.011)	(0.011)	(0.004)	(0.004)	(0.005)	(0.005)	(0.006)	(0.006)
个体特征	控制	控制	控制	控制	控制	控制	控制	控制
家庭特征	未控制	控制	未控制	控制	未控制	控制	未控制	控制
个体固定效应	控制	控制	控制	控制	控制	控制	控制	控制
年份固定效应	控制	控制	控制	控制	控制	控制	控制	控制
观测值	47772	47772	47772	47772	47772	47772	47772	47772
调整 R^2	0.552	0.553	0.224	0.224	0.300	0.299	0.375	0.375

注：***、** 和 * 分别表示 1%、5%和 10%的统计水平显著，括号内为稳健标准误。

（二）稳健性检验

1. 倾向得分匹配双重差分法（PSM-DID）

为了进一步验证研究结论的可靠性，文中使用基于倾向得分匹配的双重差分（PSM-DID）模型，重新考察手机使用对认知发展的影响。我们将

2015 年设定为干预前，2016 年和 2017 年设定为干预后；将 2015 年没有手机、2016 年和 2017 年两年均有手机的儿童定义为处理组，将前三轮调查中均未没有手机的个体定义为控制组。因个体层面上的手机使用并非外生事件，处理组和控制组的部分特征会有所不同，故在进行双重差分估计前，文中使用逐年倾向得分匹配的方法，尽可能筛选与处理组相似的控制组个体，减少特征差异带来的偏差。双重差分模型设定如下：

$$Cog_{it} = \alpha + \beta D_{it} + \gamma X_{it} + \mu_i + v_t + \varepsilon_{it} \qquad (3-2)$$

模型（3-2）中的 Cog_{it} 为个体 i 在 t 年的学业表现，D_{it} 为个体 i 在 t 年是否被干预（拥有手机），其余变量的含义与模型（3-1）中的变量含义相同。文中分别使用最近邻匹配、半径匹配和核匹配三种方法进行匹配，三种方法匹配后的结果差异不大，表 3-3 报告的结果为基于最近邻匹配后的 DID 结果。从第（1）列的结果中可以看出，在更严格的限定条件下，手机使用的系数略有上升，仍显著为负。第（2）~（4）列的结果显示，使用手机后青少年阅读成绩进入前 10%、前 20%的概率有明显下降，但进入年级前 50%的概率并未受到影响。这意味着，基于 PSM-DID 的结果进一步证实了手机使用对农村青少年认知发展的负面影响。

表 3-3　倾向得分-双重差分法

变量	阅读得分	年级前 10%	年级前 20%	年级前 50%
	(1)	(2)	(3)	(4)
手机使用	-0.045**	-0.014*	-0.022**	0.001
	(0.019)	(0.007)	(0.009)	(0.011)
控制变量	控制	控制	控制	控制
个体固定效应	控制	控制	控制	控制
年份固定效应	控制	控制	控制	控制
观测值	27036	27036	27036	27036

注：***、** 和 * 分别表示 1%、5%和 10%的统计水平显著，括号内为稳健标准误。

2. 替换被解释变量

为了更全面观察手机使用与农村贫困地区儿童认知发展的影响，文中使用学生问卷中期末考试成绩作为被解释变量，回归分析结果报告在表 3-4 中。第（1）（2）列为 2016 年 1 月的自报期末语文、数学考试成绩，第（3）（4）列为 2017 年 1 月的考试成绩。结果显示，手机使用对两个年份的语文、数学期末考试成绩均有显著的负向影响：与没有使用手机的青少年相比，使用手机的青少年期末语文成绩低 0.034~0.053 个标准差，数学成绩低 0.089~0.106 个标准差。总体而言，替换被解释变量后，手机使用依然对认知发展有负向影响，对数学成绩的负面影响更大。

表 3-4　替换被解释变量后的估计结果

变量	2016 年 1 月		2017 年 1 月	
	语文	数学	语文	数学
	(1)	(2)	(3)	(4)
手机使用	-0.053***	-0.089***	-0.034**	-0.106***
	(0.015)	(0.016)	(0.016)	(0.016)
控制变量	控制	控制	控制	控制
学校固定效应	控制	控制	控制	控制
观测值	15027	15013	14706	14705

注：***、** 和 * 分别表示 1%、5%和 10%的统计水平显著，括号内为稳健标准误。

3. 平衡面板

为了更全面观察手机使用与农村青少年认知发展的影响，文中继续使用学生问卷中三年同时出现的平衡面板样本进行回归，结果如表 3-5 所示。结果显示，手机使用对阅读成绩仍有显著的负向影响：与不使用手机的青少年相比，使用手机的青少年期末阅读成绩低 0.036 个标准差，与前文表 3-2 的结果差异不大。同时，进入年级前 10%及前 50%的概率分别低 0.8%及 1.4%，但对年级前 20%的影响并不大。

表 3-5 平衡面板样本的估计结果

变量	阅读得分	年级前 10%	年级前 20%	年级前 50%
	(1)	(2)	(3)	(4)
手机使用	-0.036***	-0.008**	-0.007	-0.014**
	(0.011)	(0.004)	(0.005)	(0.006)
个体/家庭特征	控制	控制	控制	控制
个体固定效应	控制	控制	控制	控制
年份固定效应	控制	控制	控制	控制
观测值	45131	45131	45131	45131

注：***、** 和 * 分别表示 1%、5%和 10%的统计水平显著，括号内为稳健标准误。

（三）异质性分析

手机使用对不同群体青少年认知发展的影响是否存在差异性？表 3-6 报告了不同性别、是否寄宿、是否留守分样本的估计结果，其中窗格 A 为阅读得分估计结果，窗格 B 为阅读得分是否排序前 10%的估计结果。第（1）、第（2）列的结果显示，无论是女生还是男生，手机使用对青少年的阅读成绩均有显著的负向影响，两者差异不大；但在年级前 10%的估计结果，仅对男生样本的影响显著，相较于未使用手机的男生，使用手机的男生进入年级前 10%的概率下降 0.9%。这与已有研究结论较为一致，发现看电视、屏幕使用对男性认知能力和学业表现的负面影响更大（Hernæs et al., 2019；Macgowan and Schimidt，2021）。

第（3）、第（4）列报告了是否寄宿样本的估计结果。结果表明，寄宿、非寄宿条件下的手机使用均对学业表现出不利影响；其中，手机使用对寄宿青少年的负面影响略低于非寄宿青少年，可能原因在于寄宿学校对学生手机使用管理更加严格。最后，第（5）、第（6）列报告了父母是否外出分样本的估计结果。相较于不使用手机的青少年，使用手机对于父母双方均在家的青少年在阅读成绩上的负面影响，超过了对留守青少年的影响。多数文献发现留守对青少年发展有诸多不利影响，易推断手机使用的负面冲击更大。文中利用 2016 年父母调查问卷中的内容进一步分析发现，对于父母双方任意一方外出的青少年，手机使用增加了其与父亲或母亲打电话的频率；但对于父母双方均未外出的样本，手机使用未改善父母对青少年的关心程度，除增加睡前故事外，未改善父母与子女间的亲子活动，如陪做作业、陪伴读书或陪伴玩耍；这表明，亲子联系的增加可能有效缓解了手机使用对留守青少年的负面影响。

表 3-6　异质性分析

变量	女生	男生	非寄宿	寄宿	非留守	留守
	(1)	(2)	(3)	(4)	(5)	(6)
窗格 A:阅读得分						
手机使用	-0.031**	-0.036**	-0.043**	-0.025*	-0.050***	-0.025
	(0.015)	(0.014)	(0.018)	(0.013)	(0.016)	(0.017)
个体/家庭特征	控制	控制	控制	控制	控制	控制
个体固定效应	控制	控制	控制	控制	控制	控制
年份固定效应	控制	控制	控制	控制	控制	控制
观测值	23931	23810	15733	29751	21975	18943
窗格 B:年级前 10%						
手机使用	-0.008	-0.009*	-0.012*	-0.006	-0.014**	-0.007
	(0.006)	(0.005)	(0.007)	(0.005)	(0.006)	(0.006)
个体/家庭特征	控制	控制	控制	控制	控制	控制
个体固定效应	控制	控制	控制	控制	控制	控制
年份固定效应	控制	控制	控制	控制	控制	控制
观测值	23931	23810	15733	29751	21975	18943

注：***、** 和 * 分别表示 1%、5%和 10%的统计水平显著，括号内为稳健标准误。

（四）机制检验

手机使用是如何影响认知发展的？结合现有的文献和课题组的调查问卷，本节讨论了手机使用对身心健康、睡眠质量、阅读习惯及注意力的影响。对于作用机制的检验，参考江艇（2022）运用手机使用变量对个体身心健康、睡眠质量等机制变量进行回归。

1. 身心健康

表 3-7 报告了手机使用对农村青少年身体健康和心理健康的影响。第 (1)、第 (2) 列为手机使用对身体健康的影响。文中选取了调查问卷中"比起其他同龄人，你觉得你的身体健康怎么样"及"你因为生病或身体不舒服而没有上学的时间"两个问题来测度；自报健康的选项有"非常不好"、"不好"、"一般"、"好"及"非常好"五个类别，文中将"好"及"非常好"定义为 1，其他为 0；而因病未上学的时间中，文中将"从来没有过"定义为 1，其他为 0。结果显示，手机使用显著降低了儿童的自报健康水平，且增加了因病未上学的概率。第 (3) ~ (5) 列为对心理健康的影响。文中选取抑郁、内化问题和外化问题三个指标得分来度量心理健康，其中，内化问题包括焦虑、抑郁和退缩三个因子，外化问题包括破坏性行为、冲动、攻击性和过度活跃四个因子。结果显示，手机使用提高了儿童的抑郁得分和外化问题得分；庆幸的是，手机使用对儿童内化行为的影响并不明显，与内化行为问题相比，外化行为问题更容易被家长或教师观察到，更容易被干预。

表 3-7 机制分析 1：身心健康

变量	身体健康		心理健康		
	自报健康	因病未上学	抑郁	内化	外化
	(1)	(2)	(3)	(4)	(5)
手机使用	-0.012*	0.019***	0.034***	0.011	0.031**
	(0.007)	(0.007)	(0.013)	(0.013)	(0.013)
个体/家庭特征	控制	控制	控制	控制	控制
个体固定效应	控制	控制	控制	控制	控制
年份固定效应	控制	控制	控制	控制	控制
观测值	47043	45546	41151	40929	41750

注：***、** 和 * 分别表示 1%、5%和 10%的统计水平显著，括号内为稳健标准误。

2. 睡眠质量

表 3-8 报告了手机使用对儿童睡眠质量的影响。其中，第 (1)、第

（2）列为手机使用对总睡眠时间的影响。结果显示，手机使用对儿童睡眠时间有显著的负向影响；与未使用手机的儿童相比，使用手机儿童周一到周五一晚上的睡眠时间低0.041个标准差，周六/周日的睡眠时间少了0.09标准差。第（3）、第（4）列报告了手机使用对入睡时间的影响：手机使用延长了儿童的入睡时间，对周六/周日入睡时间的延长更为明显，提高了0.038个标准差，且在1%的显著水平上统计显著。第（5）列的结果显示，手机使用提高了睡眠困难的概率，与未使用手机的儿童相比，使用手机的儿童睡眠困难概率高1.6%。

除入睡时间外，前三轮调查中课题组还设置了睡眠习惯主观量表，该量表共有23道题；每题的选项有3个，分别为：很少、有时和经常；对反向题调整后，总得分越高，睡眠习惯越差。第（6）列报告了手机使用对睡眠习惯得分的影响，结果表明，手机使用的系数显著为正，这意味着使用手机的儿童睡眠习惯更差。上述结果从睡眠的多个维度证明了手机使用对贫困地区农村青少年的睡眠质量有不利的影响。

表3-8　机制分析2：睡眠质量

变量	睡眠时间（周一到周五）	睡眠时间（周六/周日）	入睡时间（周一到周五）	入睡时间（周六/周日）	睡眠困难	睡眠习惯
	（1）	（2）	（3）	（4）	（5）	（6）
手机使用	-0.041***	-0.090***	0.016	0.038***	0.016***	0.042***
	（0.016）	（0.015）	（0.013）	（0.014）	（0.005）	（0.014）
个体/家庭特征	控制	控制	控制	控制	控制	控制
个体固定效应	控制	控制	控制	控制	控制	控制
年份固定效应	控制	控制	控制	控制	控制	控制
观测值	43635	43188	47390	47296	47217	34270

注：***、**和*分别表示1%、5%和10%的统计水平显著，括号内为稳健标准误。

3. 阅读习惯

表3-9报告了手机使用对阅读习惯的影响。根据问卷设计的内容，我

们选取了“每天会有多长时间出于兴趣和爱好读课外书”①、“上周看课外书的天数”②、“阅读课外书籍是否困难”③ 及阅读兴趣四个指标。其中，前 3 个指标，每题各有 5~6 个选项，详见脚注；第 4 个指标来自调查问卷中的阅读兴趣量表④，该量表共有 11 道题，每题有 4 个等级，分别为完全不同意、不同意、同意及完全同意；经反向调整后，所有题目的加总得分为阅读兴趣得分，得分越高，阅读兴趣越好；具体使用中，对阅读兴趣得分进行了标准差处理。可以看出，第（1）、第（2）列中，手机使用对儿童每天的阅读时间以及每周课外书的阅读天数的影响并不显著。第（3）列中，核心变量的系数为正，且在 1%的统计水平上显著，这意味着手机使用提高了儿童阅读困难的程度。第（4）列的结果显示，手机使用对儿童阅读兴趣有不利影响。上述结果表明，阅读困难、阅读兴趣降低可能是手机使用影响贫困地区农村青少年认知发展的重要机制。

表 3-9　机制分析 3：阅读习惯

变量	阅读时间	阅读天数	阅读困难	阅读兴趣
	(1)	(2)	(3)	(4)
手机使用	0.009	-0.007	0.054***	-0.043***
	(0.013)	(0.013)	(0.014)	(0.012)
个体/家庭特征	控制	控制	控制	控制
个体固定效应	控制	控制	控制	控制
年份固定效应	控制	控制	控制	控制
观测值	45721	47541	47597	40880

注：***、** 和 * 分别表示 1%、5%和 10%的统计水平显著，括号内为稳健标准误。

① 调查问卷中“每天的阅读时间”的选项有 6 项，分别为“不爱读课外书”、“少于 30 分钟”、“30 分钟~1 小时”、“1~2 小时”及“2 小时以上”。

② “上周看课外书的天数”的选项有 6 项，选项设置分别为“每天必读”、“基本每天读”、“一周大约读 3~4 次”、“一周大约读 1 次”与“基本不读”。

③ “阅读困难”的选项分别为：“很难”、“有一点儿难”、“一般”、“不太难”到“一点儿都不难”。

④ 阅读兴趣量表的主要题目来自 PISA 背景测试。

4. 注意力

注意力对青少年认知发展有重要影响，但注意力的测度较为复杂，常用生理检测法、实验室测量法等（王称丽等，2012）。新近研究发现，问卷的填写质量不佳也能在一定程度上反映出个体的注意力缺乏（Meade and Craig，2012），参考 Zamarro et al.（2018），本节使用个体调查问卷填写质量构造漏填和乱填两个指标来代表注意力。漏填和乱填是被调查者注意力缺乏下不认真填答问卷的两种常见行为；其中，漏填是指被调查者没有完成问卷中的所有问题；乱填则为被调查者未经思考胡乱填写答案，如所有的题目回答都填一个答案、填写过多极端值或者随机填写答案等。农村贫困地区寄宿制学校调查问卷中学生自报问卷内容丰富，包括 A 卷和 B 卷两部分：A 卷为被调查者的基本信息，B 卷包括个体的睡眠、阅读、生活及心理感受等多组多项目量表。基于此，文中选取 B 卷中阅读、霸凌、自尊、抑郁等多个指标组中的 150 道题构造了漏填指标；另外，使用 Zamarro et al.（2018）提出的基于多项目量表内部一致性方法构造了乱填指标。其中，漏填指标为 0~1 变量；乱填的值越高，个体的注意力越不集中。表 3-10 报告了手机使用对青少年注意力的影响。结果显示，使用手机青少年的漏填概率更高，且更容易发生胡乱填答的情况。

表 3-10　机制分析 4：注意力

变量	漏填	乱填
	（1）	（2）
手机使用	0.015** （0.007）	0.044*** （0.007）
个体/家庭特征	控制	控制
个体固定效应	控制	控制
年份固定效应	控制	控制
观测值	47811	47811

注：***、** 和 * 分别表示 1%、5%和 10%的统计水平显著，括号内为稳健标准误。

五　拓展性分析

（一）手机使用的中长期影响

为了解手机使用对儿童认知发展的中长期影响，本节利用个体手机使用时间及中学阶段的学业表现进行分析。结合调查问卷中的问题设置，具体实证分析中设置了三个指标来代表个体的手机使用时间。（1）小学阶段是否使用手机，将 2015 年、2016 年和 2017 年三轮调查中任意一年有手机定义为 1，没有手机定义为 0；（2）小学阶段手机使用时间，使用第四轮调查开始的时间减去前三轮调查中手机拥有的年份得到小学阶段的持有时间，三轮调查中均没有手机拥有时间为 0 年，2015 年拥有手机的使用时间为 6 年，依此类推，2016 年、2017 年拥有手机的使用时间为 5 年、4 年。（3）自报手机使用时间，第四轮调查中询问了个体“几年级开始配备手机”，结合被调查者当前的年级可计算出手机拥有的总年数，最终样本手机使用时间的最小值为 0 年，最大值为 10 年。最后，学业表现为 2020 年个体报告的中学阶段的期末考试总分和各分项成绩，实证分析中对考试成绩进行了标准化处理。

表 3-11 报告了中长期影响的估计结果。窗格 A 为小学阶段是否使用手机对中学阶段认知发展的影响；除第（4）列英语成绩外，前 3 列的系数均为负，且在 1%或 10%的水平上显著，这表明小学阶段的手机使用对个体中长期认知发展有明显负向影响。窗格 B 为小学阶段手机使用时间（三轮调查计算得到）的影响，结果显示，手机使用时间越长，期末成绩表现越差。窗格 C 为自报手机使用时间的估计结果，可以发现手机使用时间额外增加 1 年，期末总分降低 0.016 个标准差。小学阶段手机使用时间的系数与自报手机使用时间的估计系数略有差异，造成该结果的原因主要来自两个部分：（1）自报开始使用手机的时间为回顾性问题，被调查者的回答准确度略有不足；（2）小学阶段手机使用时间的计算缺少 2015 年前及 2017 年后的信息。结合自报使用时间发现，基于调查数据计算得到的使用时间分布中 1

年、2年的信息缺失更为严重，本章推断小学阶段手机使用时间的估计系数可能存在高估的现象，单位年份增加对期末总分的影响系数在-0.023～-0.016个标准差。

表 3-11　手机使用与中学阶段学业表现

变量	期末总分	语文成绩	数学成绩	英语成绩
	(1)	(2)	(3)	(4)
窗格 A:小学阶段是否使用手机				
手机使用	-0.076***	-0.027*	-0.070***	-0.022
	(0.016)	(0.016)	(0.017)	(0.017)
控制变量	控制	控制	控制	控制
学校固定效应	控制	控制	控制	控制
观测值	10889	11163	11104	11105
窗格 B:小学阶段手机使用时间				
手机使用	-0.023***	-0.010**	-0.022***	-0.011***
	(0.004)	(0.004)	(0.004)	(0.004)
控制变量	控制	控制	控制	控制
学校固定效应	控制	控制	控制	控制
观测值	9794	10042	9984	9985
窗格 C:自报手机使用时间				
手机使用	-0.016***	-0.012**	-0.018***	-0.013**
	(0.005)	(0.005)	(0.005)	(0.005)
控制变量	控制	控制	控制	控制
学校固定效应	控制	控制	控制	控制
观测值	11940	12257	12183	12175

注：***、**和*分别表示1%、5%和10%的统计水平显著，括号内为稳健标准误。

（二）考虑手机使用时长

第四轮调查问卷中询问了个体每天使用电子设备的时间。基于该截面数据信息，文中进一步讨论了手机使用时间和认知发展之间的关系，结果如图3-2所示。图中依次报告了周一至周五、周六至周日手机使用时间对期末考试成绩的影响系数，各模型中的解释变量为日均手机使用时间，结果变量为期末考试成绩的标准差。从图 3-2 中可以看出，不论是对于期末总分，还是对于各分项语文、数学或英语成绩而言，周一至周五、周六至周日手机使用时间的影响系数均显著为负；且与周六至周日使用时间相比，周一至周五的手机使用时间对中学阶段儿童认知发展的负向影响更为明显。

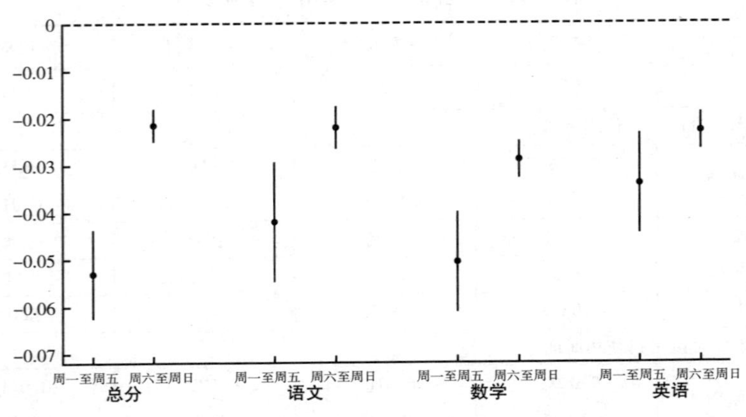

图 3-2 手机使用时间与认知发展

（三）区分手机使用内容

不同的手机使用内容对儿童认知发展可能存在差异。第四轮调查中询问了个体使用电子设备进行各类活动的频数，如浏览新闻或查找知识、上网课、看视频、玩游戏等，本节将各种活动使用频率对认知发展的影响作进一步的检验，结果如图 3-3 所示；各模型的解释变量为各项手机使用内容，结果变量为期末考试总分的标准差。结果表明，浏览新闻或查找知识、课余时间上网课、听书或听音乐、看书等非娱乐活动的使用频率对儿童学业表现有显著的正向影响；但玩游戏、看短视频或看长视频等娱乐活动的使用频率显著降低了儿童的认知发展。这表明，过多娱乐功能的使用，挤占儿童投入学习的时间，降低了学习效率，给认知发展带来了不利的影响；对于青少年时期的手机使用，不能“一刀切”地禁止使用，合理有效地引导可能更有助于避免其负面影响。

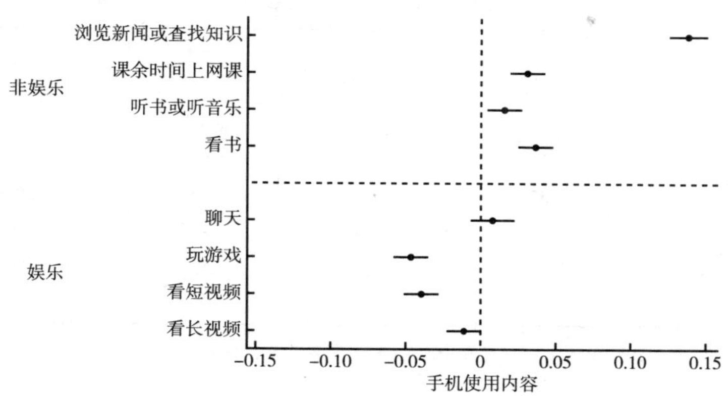

图 3-3　手机使用内容与认知发展

（四）父母监管与手机使用“学业惩罚”的缓解

如何才能缓解手机使用对儿童认知发展的负面影响？基于调查问卷中可得的数据，本节从父母监管的视角进行分析，对现有措施的有效性进行评估。表 3-12 报告了父母监管与手机使用时间、使用内容之间的关系。第（1）、第（2）列为父母监管对手机使用时间的影响，结果显示，父母监管减少了儿童周一至周五、周六至周日的使用时间，且父母监管对周末使用时间的影响更大。第（3）、第（4）列为对手机使用内容的影响，简洁起见，表 3-12 将各分项非娱乐活动和娱乐活动进行了加总平均。可以发现，父母监管显著增加了儿童使用手机进行非娱乐活动的频率，同时，显著降低了儿童使用手机进行娱乐活动的频率。如果从分项来看，父母监管显著降低了儿童使用手机聊天、玩游戏、看短视频、看长视频及听书或听音乐的频率，增加了儿童使用手机浏览新闻或查找知识、上网课及看书的频率；除个别应用外（听音乐或听书），父母监管能够有效降低儿童使用手机进行不利于认知发展活动的频率。

表 3-12　父母监管与手机使用“学业惩罚”的缓解

变量	使用时间		使用内容	
	周一至周五	周六至周日	非娱乐	娱乐
	(1)	(2)	(3)	(4)
父母监管	-0.217***	-1.660***	0.064***	-0.255***
	(0.032)	(0.073)	(0.012)	(0.014)
控制变量	控制	控制	控制	控制
学校固定效应	控制	控制	控制	控制
观测值	14517	14451	15524	15521

注：***、**和*分别表示1%、5%和10%的统计水平显著，括号内为标准误。

六　结论与含义

基于2015年、2016年、2017年及2020年四期中国农村青少年调查数据，本文考察了手机使用对农村青少年认知发展的影响。研究发现，手机使用对农村青少年的认知发展有不利影响；这一结果在使用基于倾向得分匹配的双重差分法、替换被解释变量和平衡面板检验后，依然保持稳健。异质性分析结果表明，手机使用对男性、非寄宿、非留守儿童的负面影响更大，值得注意的是，寄宿制学校更为严格的手机管理及亲子联系的增加可能是寄宿、留守儿童负向影响更弱的原因。机制分析发现，手机使用通过对儿童身心健康、睡眠质量、阅读习惯和注意力的负面影响，进而对认知发展产生不利影响。拓展性分析显示，手机使用对农村青少年中长期的认知发展有负面影响，且负面影响随手机使用时间延长而增加，但主要来源于玩游戏、看短视频、看长视频的高使用频率，而父母监管有助于减少儿童的手机使用时间，以及降低使用手机进行娱乐功能的频率。

尽管互联网基础设施不断改善有助于减少数字接入鸿沟，但数字技术使用方式和使用习惯的差异仍可能加大而非缓解城乡教育的不平等。手机使用对农村贫困地区青少年认知发展明显且持续的负面影响意味着，不管是政府、学校还是家庭，都要重视对农村青少年手机使用的管理。据此，本章提出如下对策建议：第一，政府应加强对互联网平台的监管，屏蔽不利于青少年身心健康的服务和内容，持续推广青少年模式，为家长提供应用软件管理权限，建议家长设置青少年手机使用时长管理。第二，学校应提高教师的信息素养，为学生开设网络素养教育课程，引导学生合理使用手机，培养学生的数字素养和数字技能；提供更加多样化的课外活动，激发学生参与线下活动的兴趣，降低对手机的依赖；因父母相关知识缺乏，建议学校加强对家长的指导，提供家长学习平台，增强家校沟通，协同对儿童手机使用的管理。第三，家长需要意识到放任儿童自主使用手机不利于其人力资本积累，需关注儿童手机使用情况，通过制定手机使用规则而非完全禁止使用，增加亲子读书、户外活动等父母陪伴的方式防范手机使用对认知发展带来的负向冲击。

第四章

农村青少年的同伴效应

内容提要： 性格和非认知技能在人力资本中扮演关键角色，然而关于性格如何发展的可信证据还很有限。本文利用在中国农村寄宿学校进行的随机受控实验，测量了干预效应和溢出效应。该项目通过宿舍内的扬声器播放音频睡前故事，使寄宿制学校青少年的平均抗逆力得分、成人关系和情绪控制能力分别增加了 0.073 个、0.057 个和 0.075 个标准差。本文还发现，未直接受到干预的走读学生提高了抗逆力、人际敏感度和自尊心得分，干预项目存在溢出效应。本研究的发现，不仅提供了性格和非认知技能可以在学龄儿童之间转移的因果证据，而且表明在评估此类干预对性格发展的整体收益时，溢出效应不容忽视。结果的异质性表明，干预对低年级学生的效果好于高年级学生，因此，对儿童非认知技能的干预越早越好。

关 键 词： 性格发展　心理健康　同伴效应　人力资本

大量实证研究表明，人力资本对经济发展和劳动力市场表现（如就业状况和工资水平）具有重要影响。虽然认知技能如数学成绩、阅读能力等，在我们理解干预措施影响的过程中占据中心地位，但越来越多的证据表明，非认知技能和性格特质也发挥着同样关键的作用（Balart et al.，2018）。有新的证据表明，非认知技能可以通过干预措施改变（Cohen et al.，2014）。尽管如此，已有文献中关于非认知技能和性格发展的溢出效应，以及被干预青少年如何影响他们同伴的研究还很有限。对处于叛逆期的青少年，家长和老师对学生的教育作用效果有限，但同伴的影响在促进学生性格发展和行为规范中起着重要作用（Rubin et al.，2008）。关于非认知技能发展及其在同伴间的可转移性的经验证据缺乏，使我们对此类干预措施和相关政策的评估变得困难。在同伴效应这一领域，本章利用中国农村青少年的实验数据，尝试做一个探索。

在同伴效应的文献中，一个主要的挑战是人们基于不可观测的异质性特征选择同伴，因此很难区分真实的同伴效应与相关效应（Manski，1993）。换句话说，难以确定一个学生是因为受到优秀同学的影响而变好，还是因为他本身是优秀学生所以结交了优秀同学。为了研究性格是否可以在学生之间传递，我们对中国 137 所农村寄宿制学校进行了随机受控实验。我们将学生随机分为三个干预组和两个对照组。

在干预组中，我们提供三种干预方案：（1）在宿舍播放睡前故事音频；（2）在教室里设置图书角并配发设定的图书；（3）使用这两种干预措施的结合。本章重点关注“播放睡前故事音频”干预组（以下简称“睡前故事组”或“干预组”）和对照组。在这个干预组中，寄宿生因为晚上住学校宿舍，可以通过学校宿舍的扬声器听到睡前故事，从而直接受到干预影响。而干预组的走读生因为晚上回家住，并不会直接受到干预影响，但会从他们寄宿生同学的同伴效应中受到间接的影响。因此，本干预实验的设置为我们研究同伴效应提供了有利条件。

当前，关于同伴效应的研究文献，广泛探讨了各种因素（例如同伴的性别、种族或学业成就）如何影响观测个体的学业表现、行为（例如犯罪、饮酒）及其职业选择路径（Hoxby and Weingarth，2005；Sacerdote，2014）。然而，值得注意的是，探讨同伴的性格发展和非认知技能，对学生个体的性格发展和非认知技能影响的深入研究还非常有限，而且，已有研究在非认知技能的同伴效应方面依然具有很大的争议。比如，Bietenbeck（2021）发现，被更有积极性的同龄人围绕，对小学生的学习积极性没有任何统计显著的影响。相反，Shan and Zölitz（2025）则发现同伴对大学生非认知技能，如竞争性和开放性，产生了持久影响。因此，我们对寄宿学校小学生在非认知技能的同伴效应的研究，包括抗逆力、自尊、内化、外化、抑郁情况等，将为这个问题的争论提供新的证据。

本研究强调，青少年时期的非认知技能和性格具有潜在的可塑性和可转移性。很多文献发现，有针对性的干预措施可以对社会情感技能产生影响（Alan et al.，2019；Kosse et al.，2020）；越来越多的文献开始关注如何利用同伴效应实现干预目的（Booij et al.，2017）。本研究对现有文献起到补充和拓展作用，强调旨在增强非认知技能的干预措施，可能通过点对点的溢出效应产生显著的乘数效应。List et al.（2020）的研究发现，在幼儿期（特别是3~4岁）的干预会对个体的非认知技能产生溢出效应。此外，Shan and Zölitz（2025）发现，在大学阶段，同伴对个体性格发展产生影响。通过对中国农村青少年非认知技能溢出效应的研究，综合前人的发现，我们推断，提高非认知技能项目所带来的总收益，在以前的文献中可能被低估了。

我们认为，已有研究在干预措施影响性格和心理健康的途径方面，缺少有力证据，本章关注性格发展的传递渠道和心理健康的决定因素。我们的研究结果表明，为了有效解决学生的心理健康问题，政府教育部门和学校应更关注学生在学校的同伴互动状况。促进父母对学生的关怀和加强师生之间的互动，会更有效地改善学生的非认知技能并帮助其形成良好的性格。

一　文献回顾

由于人口在持续地乡城迁移，中西部农村地区的中小学生数量在减少，许多地方政府在2001~2012年实施“撤点并校”计划，这一措施使小学数量减少，众多教学点向乡镇中心学校集中合并，学生要比“撤点并校”前走更远的路去上学，因此更多小学生选择寄宿。到2017年为止，有1066万名小学生和 2074 万名初中生选择了寄宿，分别占全体小学生和初中生的 10.6%和 46.7%。在中国西部和中部的农村地区，这一比例更高。

对农村寄宿生的研究发现，寄宿对农村学生的非认知技能产生了显著的负面影响；寄宿生更容易出现焦虑、抑郁以及人际关系问题，整体的人际信任水平较低（姚松、豆忠臣，2018）。寄宿学校的青少年在社会情感技能方面的表现也较差（Wang et al.，2017）。父母外出工作，对青少年的社会情感发展产生了严重的负面影响，而寄宿生中留守儿童比例较高，是个特殊的弱势群体。大多数农村父母的教育水平为初中或以下，他们通常缺乏协助孩子完成学业的知识和能力，陪伴缺失，也使得孩子学习社交等非认知技能的机会更少。农村寄宿生与父母的互动少于城市寄宿生，父母对孩子的内心需求了解不足，也较少察觉到孩子情感变化。因此，农村寄宿生常常面临亲子关系恶化、情感支持缺失以及非认知技能发展困难的问题（叶敬忠、潘璐，2007）。

农村寄宿学校数量增长导致更多留守儿童的出现，对儿童的心理健康和学业表现都产生了不良影响。这在一定程度上提高了学生在初中阶段辍学的风险，影响了高中阶段教育的普及。非认知技能与认知技能之间存在密切的相互支持关系，与“技能产生技能”的假说一致；具体来说，一个阶段的非认知技能发展促进了下一个阶段认知能力的发展（Hou et al.，2018）。在对中国西部农村中小学生的研究中，发现也存在认知技能与非认知技能的相互依赖（Glewwe et al.，2017）。农村寄宿学生和留守儿童的非认知技能发展，也会直接影响他们在初中甚至高中的学业表现，这与他们个人的成长和未来福祉息息相关，更重要的是，与社会经济发展对人才的需求有关。

本章的探索和贡献体现在以下方面。首先，它丰富了关于学生发展干预措施的文献。以往的研究表明，针对提高学生认知能力的干预措施是有效的。例如 Gordanier et al.（2019）指出，早期的支持措施，包括辅导和技能训练，能显著提高期末考试成绩，对数学成绩低于平均水平的学生尤其有利。还有研究表明，对社会情感技能的形成来说，那些有针对性的干预措施产生了显著效果（Alan et al.，2019；Kosse et al.，2020）。另外，以教育和劳动力市场表现来衡量，学生间的竞争也起了显著的作用（Buser et al.，2021）。然而，并非所有的干预措施都是有效的。一些针对数学和语言技能的评估显示，某些干预措施没有显著的效果（Barrers-Osorio and Lindeu，2009）。本章通过学生接受干预措施展现出来的结果，证明那些低成本和易于执行的干预措施，可以显著影响学生的性格发展。

其次，本章还为同伴效应和社交网络的研究，增添了新的内容和证据（Booij et al.，2017）。Calvó-Armengol et al.（2009），从理论上提出了有趣的同伴效应的纳什均衡。存在同伴效应时，每个参与者的策略选择与他们的 Katz-Bonacich 中心性相一致，并通过理论建模加以阐述。在实证检验方面，Barrera-Osorio and Linden（2009）讨论了识别网络互动中内源性和外源性同伴影响的先决条件和要求。Hsieh 和 Lee（2016）指出，同伴效应在实证研究上遇到的最大挑战，是友谊形成的内生性。为了解决内生性问题，Evans et al.（1992）使用了工具变量，另一些研究者采用了自然实验方式来揭示同伴效应对教育结果影响的因果关系（Sacerdote，2014；Whitmore，2005；Carrell and Hoekstra，2010；Booij et al.，2017）。这些研究，考虑了种族和性别等因素（Hoxby，2000；Angrist and Lang，2004；Hoxby and Weingarth，2005；Lavy and Schlosser，2011；Oosterbeek and Van Ewijk，2014；List et al.，2020）。本章通过随机对照试验（RCT），发现学生的非认知技能在同伴间有可转移性的新证据。本章还拓展分析了性别的异质性效应，以及这种效应从短期到长期的变化。

最后，本章探讨与成年人的互动和与同伴的互动对学生行为的影响，扩展了已有文献的研究范围（Hoferichter et al.，2022）。Jackson（2018）的研究表明，学生在日常课堂互动中，更看重教师的人际交往能力而不是其学术能力。本章还展示了教师对测试成绩以及诸如缺课、停课、成绩和及时进展等社会行为方面的影响。Redding（2019）研究发现，学生与教师是同一种族时，学生在学术和行为上会有更好的表现。本章考察与成年人的互动和与同伴的互动产生的溢出效应，扩展了现有文献。

二　数据介绍

（一）项目介绍

睡前故事项目在宿舍安装了扬声器，晚上为寄宿生播放睡前故事，以改善学生的睡眠状况和身心健康。所有的干预措施都由北京歌路营基金会执行，这是一个服务于中国农村寄宿学校和农村儿童成长教育的公益组织。项目初期，专业机构精心挑选针对寄宿留守儿童常见心理问题、高度契合教育部中小学生心理健康教育内容、回应孩子成长过程中的心理和情绪问题的经典故事。故事由中央广播电台、北京人民广播电台、中国传媒大学播音系等专业主持人录制并分享。歌路营基金会购买了高质量的扬声器，并分发给接受实验的学校。干预组中的每个学生宿舍都配备了一个扬声器，以确保学生能清晰地听到睡前故事。

该项目的一个显著特点是运营成本低。2017 年，根据重庆市江津区滩盘小学的项目执行报告，购买 75 个新扬声器及其后续运营成本的总支出为 9255.76 元，为 503 名寄宿生提供音频睡前故事。每月每位学生的初始运营成本为 18.4 元。随着设备的到位，此后的运营费用显著减少，每位学生每月仅需 10.49 元。成本低廉使该项目具有在寄宿制学校大面积推广的可行性。截至 2020 年 6 月底，“新一千零一夜”项目服务了全国 29 个省区市的 948 个县的 10039 所学校，陪伴超过 400 万儿童度过睡前时光。

研究设计中采取明确的责任分离，以防止潜在的偏误并保证调查的完整性。首先，负责调查操作的团队，与负责问卷设计和数据处理的团队相独立。其次，北京歌路营基金会和学校负责项目的具体实施，这些单位与研究团队保持分离。调查团队负责基线调查和后续的调查。最后，每轮的调查团队都是项目开展前组建，独立于以往的团队，被调查的学生样本，每一轮都面对新的调查人员，这样避免互动和产生偏见。所有调查团队成员，都接受了研究团队的培训。这种方法有效地最小化了潜在的偏误来源，保护了实验的整体完整性（Banerjee and Duflo，2007）。

人们在意识到自己正在参加实验时，可能会改变自己的行为和反应（Franke and Kaul，1978）。为了解决这个问题，我们特意让干预组和对照组不知道这种比较的存在或彼此的存在。这种预防措施既防止了污染和溢出效应，也使得确定干预结果变得更容易。然而，我们知道，如果控制组学生与干预组学生有私人联系，要完全消除潜在溢出效应是很难的。因此，我们还选择了旺苍县的学校作为独特的对照组，我们称之为“对照县”。在“对照县”中，没有学生接受任何形式的干预，最大限度地减少了溢出效应。

一些实验研究，如 Banerjee et al.（2015）的研究中所采用的方法，可能会引发关于选择性迁移的问题，尤其是当干预中包括金钱激励时。选择性迁移指的是受访者可能决定移居到实施干预的地区，以便利用干预带来的相关好处，导致统计结果出现偏差。然而，在我们的项目设计中，选择性迁移的可能性很小，我们的干预没有货币激励，并严格遵循了双盲方法，只在学校层面区分干预组和控制组，不宣传干预可能带来的影响，对寄宿生来说，只是宿舍内悄悄地出现了扬声器和晚间播放睡前故事。考虑到转学适应新老师和同学的成本，为了听睡前故事而做出转学决策，对家长和学生都不大可能。

我们的项目在农村寄宿制小学中开展，这些学校中的学生，发生同伴互动是常见的。基线和追踪的调查都以标准的学生问卷形式呈现，分发给课堂上的所有学生，不管他们是否属于干预组。因此，参与者不知道他们自报的性格选项、记分、好朋友姓名会被用于分析性格发展和同伴影响。我们在本章中调查的变化源于群体组成的自然波动，类似于在各种其他环境中自然发生的情况。从本质上看，我们做了一项自然设计的田野实验，没有人为的干扰。

（二）数据描述

本章重点关注“仅宿舍播放睡前故事音频”干预组和对照组。如表 4-1

所示，其中睡前故事干预组有 30 所学校 3911 名学生，对照组有 33 所学校 4325 名学生。

表 4-1　基线学生分布

组别	学校数(所)	样本量(名)	寄宿生数(名)	寄宿生占比(%)
睡前故事组	30	3911	2174	55.59
控制组	33	4325	2675	61.85
总样本	63	8236	4849	58.88

资料来源：歌路营睡前故事项目 2015 年基线调查。下同。

基于学生自报的 5 个最好朋友姓名，表 4-2 展示了歌路营项目中所有实验组和对照组的同伴社交网络分析中，不同中心性指标和网络特征的统计数据。出度中心性（Out-degree Centrality）代表一个人关注他人的程度，出度中心性高的人在社交网络中积极交际，与他人取得关联。紧密中心性（Closeness Centrality）代表节点与图中所有其他节点之间的接近程度。介数中心性（Betweenness Centrality）代表了某节点和其他节点之间的互动程度，也就是该点对其他点相互连接所起到的中介作用，比如女生之间互动紧密，同时男生之间也互动紧密，但是介数中心度高的学生将会打破这种男生小团体与女生小团体之间的边界，在网络中，将男生与女生连接在一起，使之形成一个整体的大网络。

表 4-2　同伴社交网络分析

统计指标	出度中心性	紧密中心性	介数中心性
样本量	61574	61574	61574
均值	0.11	0.20	0.03
标准差	0.15	0.14	0.13
最小值	0.01	0	0
中位数	0.07	0.17	0.01
最大值	3	1	1

这些统计数据为我们提供了网络结构和特性的综合视图，有助于理解网络的复杂性和连接模式。数据集包含 61574 个观察点，其中有 61100 个观察点，同时包含特征信息，可用于分析节点同配性。出度中心性的平均值为 0.11，考虑到班级规模和提名限制 5 人，说明学生社交积极性高。紧密中心性的平均值为 0.20，说明网络整体连通性良好。而介数中心性的平均值为 0.03，说明小团体现象明显且缺乏足够的中介学生来打破小团体边界。显然，这些网络关系会影响同伴效应。

基于以上农村寄宿制学生社交网络数据分析，我们提出以下促进学生社交网络健康发展和发挥同伴效应积极作用的建议。

1. 举办跨班级、跨年级的集体活动以促进网络多样性

学校应鼓励并定期组织跨班级、跨年级的集体活动，例如兴趣小组、全校性社团或主题日活动。这些活动以兴趣爱好、竞技输赢为共同目标，不仅能够有效打破小团体间的以人际关系为核心设置的排他性壁垒，促进学生与不同年级和背景的同伴互动，为学生提供多样化的社交机会，拓宽他们的社交网络边界，还能增强整体校园氛围的凝聚力和包容性。

2. 通过关键节点学生担任联络员角色促进社交网络连接

建议基于社交网络分析的结果，选择网络中的关键节点学生担任班级或学校层面的“联络员”（比如班委角色）。这些学生可以充当不同小团体之间的桥梁，让每个小团体有学生代表发声和集体活动参与感，促进跨圈层的有效沟通与协作。这种角色安排有助于减少学生社交网络的碎片化，提升班级内部以及班级间的整体连接度，为培养学生的领导力和协调能力提供实践平台。

3. 定期动态调整班级社交模式以增强网络适应性

学校可定期开展班级内的动态调整活动，例如“随机同伴学习法”，通过随机分组的方式促使学生打破既有社交关系的固化状态，建立新的连接。这种策略不仅有助于提升学生的社交灵活性，还能够减少潜在的孤立现象，进一步优化学生间的社交网络结构，同时为教师提供观察学生动态互动模式的机会，以便后续的教育干预措施更加精准。

（三）损耗率和新增率检验

在2015年10月的17798名基线调查样本中，有603名学生未出现在2016年5月的调查样本中，流失率为3.4%。2015年10月的调查样本中，有1383名学生未出现在2017年5月的调查中，流失率为7.8%。到2020年，基线调查中的4933名学生未出现，面对面调查的流失率为27.7%。除了面对面调查学生外，我们还通过网络问卷调查、通过电话获取信息以及查看当地教育局的记录来跟踪他们。如果考虑到除现场问卷调查以外的其他调查来源，2020年的流失率是15.3%。与针对小学生的其他类似研究20.6%（Muralidharan et al.，2019）、16.1%（Kosse et al.，2020）和20%（Leaver et al.，2021）相比，2016年和2017年的流失率相对较低。此外，在项目实施期间加入了新增学生样本。以2015年为基期，在2016年的追踪调查中，新增样本为680名，占比3.8%；在2017年，新增样本为1115名，占比6.4%。到2020年，新增样本为4887名，占比27.5%。新增样本旨在替换缺失的样本，以保持总样本的规模稳定。

然而，必须承认，2020年的流失率仍然不容忽视。为了解决这一流失问题并确保统计分析的稳健性，项目组使用Optimal Design软件进行事前功效分析（Power analysis），计算了推荐的样本大小。如果设定检验力（Power）为0.80，当效应量（Effective Size）为0.1时，两组需要3170人，四组则需6340人；效应量为0.2时，两组需800人，四组需1600人。因此，我们在所有四次调查中追踪到的样本量大于计算所需阈值，有足够的统计检验力以进行分析。

表4-3显示，对2016年和2020年的寄宿生以及所有轮次的走读生，干预组与对照组之间的流失没有显著差异。因此，2016年和2017年的溢出效应、2016年的干预效应以及2020年的所有结果均不受流失问题的影响。

表 4-3　损耗率在干预组和对照组之间是否平衡

年份	寄宿生	走读生	寄宿生	走读生
2016	0.244	0.758	0.154	0.569
	[0.284]	[0.787]	[0.295]	[0.823]
2017	0.000	0.138	0.000	0.054
	[0.001]	[0.333]	[0.001]	[0.184]
2020	0.151	0.368	0.531	0.713
	[0.284]	[0.625]	[0.504]	[0.823]
是否加入控制变量	否	否	是	是

三　实证方法

我们使用以下经验方程来估计睡前故事学生非认知技能和性格的影响及其溢出效应：

$$Y_{is,t} = \beta_0 + \beta_1 T_{s,0} + \sigma Y_{is,0} + \gamma CV_{is,0} + \alpha_c + \in_{ist} \quad (4-1)$$

式（4-1）中，$Y_{is,t}$表示个体 i 在时间 t 的被解释变量，由调查表设计的非认知技能测量得分来表示。$T_{s,0}$是干预组别，如果个体 i 的学校 s 被分配到干预组，则取值为 1。$Y_{is,0}$是被解释变量的基线值，$CV_{is,0}$是控制变量，包括干预组和对照组之间不平衡的一组变量的基线值，个体特征（年龄、性别、年级、身高）、家庭特征（父母受教育年限、兄弟姐妹数）的基线值。α_c取县固定效应，因为不同干预组及对照组是在县内随机抽取的。聚类标准误差在学校层面。此外，我们引入随机误差项$\in_{ist}$以考虑与时间和随机化单位的相关性。

β_1是模型关注的检验变量系数，在样本损耗与实验状态独立的情况下，$T_{s,0}$与$\in_{ist}$不相关。在这种情况下，β_1揭示了基于意向干预（ITT）分析的干预效应。没有明显迹象表明，流失样本与干预分组相关。那些存留样本的基线数据在对照组和干预组的分布是平衡的。对实证检验的有效性来说，最重要的基本假设是随机分组的有效性。为了验证这一假设，我们检查学生的基线特征是否能够预测其被分配到干预组或对照组。我们通过平衡性检验来评估这一点，自变量是表示学生是否属于干预组的 0~1 变量。

表 4-4 分别对寄宿生和走读生进行了平衡性检验，并使用 Romano and Wolf（2016）介绍的逐步降低方法①，来解决与多重假设检验②相关的问题。这里使用 Romano and Wolf（2016）介绍的程序，计算逐步降低多重检验的校正 P 值。从表 4-4 的结果可以看出，寄宿生所有变量均表现出良好的平衡性，走读生除了性别和父亲受教育水平，其他所有变量也均表现出良好的平衡性。我们将把这两个不平衡变量的基期值加入控制变量。

表 4-4　分寄宿状态的平衡性检验

变量	寄宿学生			走读学生		
	对照组	干预组	P 值/RW P 值	对照组	干预组	P 值/RW P 值
个人特征						
年龄	10.316 (0.828)	10.266 (0.866)	0.610 [0.975]	10.146 (0.798)	10.108 (0.792)	0.757 [0.978]
性别	0.529 (0.499)	0.517 (0.500)	0.550 [0.998]	0.443 (0.497)	0.499 (0.500)	0.004 [0.709]
年级	4.527 (0.499)	4.512 (0.500)	0.650 [0.998]	4.461 (0.499)	4.456 (0.498)	0.844 [0.997]
身高	138.912 (7.701)	138.81 (7.885)	0.912 [1.000]	139.078 (7.740)	138.316 (7.606)	0.387 [0.810]
体重	33.367 (8.293)	32.844 (7.344)	0.528 [0.968]	33.555 (8.635)	32.911 (7.489)	0.521 [0.857]
家庭特征						
父母迁移	0.430 (0.495)	0.456 (0.498)	0.627 [0.982]	0.408 (0.492)	0.423 (0.494)	0.788 [0.993]
母亲受教育水平	8.137 (2.004)	8.111 (2.067)	0.837 [1.000]	8.587 (2.118)	8.794 (2.201)	0.213 [0.815]

① 该方法通过重抽样技术模拟多个检验统计量的联合分布，更准确地反映它们之间的相关性。基于此，方法采用逐步拒绝（Stepdown）程序，依次剔除不显著的假设，以控制在所有原假设为真时“至少误判一个为显著”的概率，即所谓的家族错误率（Family-Wise Error Rate，FWE）。

② 多重假设检验问题指的是，用同样的数据检验一组多个假设时，即便所有原假设实际上都应被接受，多次独立检验仍可能因偶然误差而错误地拒绝其中一个，从而导致部分变量在统计上看似显著。

续表

变量	寄宿学生			走读学生		
	对照组	干预组	P 值/RW P 值	对照组	干预组	P 值/RW P 值
父亲受教育水平	8.605 (2.013)	8.618 (2.027)	0.906 [1.000]	8.998 (2.192)	9.37 (2.187)	0.026 [0.551]
父母婚姻状况	0.134 (0.341)	0.130 (0.337)	0.762 [1.000]	0.087 (0.281)	0.098 (0.297)	0.465 [0.978]
结果变量						
抗逆力	-0.015 (0.996)	0.002 (0.956)	0.780 [1.000]	0.046 (1.003)	0.046 (0.971)	0.999 [0.999]
自尊	-0.374 (0.909)	-0.339 (0.865)	0.427 [0.997]	-0.382 (0.866)	-0.376 (0.897)	0.883 [0.997]
睡眠得分	0.134 (0.961)	0.120 (0.925)	0.746 [1.000]	-0.051 (0.995)	0.068 (0.964)	0.792 [0.997]
抑郁	0.024 (1.000)	0.074 (0.983)	0.417 [0.982]	-0.114 (0.978)	-0.127 (0.958)	0.858 [0.997]
数学成绩	0.185 (0.827)	0.125 (0.804)	0.100 [0.964]	0.154 (0.815)	0.376 (0.709)	0.025 [0.170]
阅读得分	-0.402 (0.816)	-0.428 (0.779)	0.750 [0.997]	-0.435 (0.807)	0.022 (0.757)	0.383 [0.854]

注：本表展示了按干预组别的平均值，括号内是标准差。P 值测试了各实验组平均值与对照组之间是否存在显著差异（双边检验）。RW P 值使用 Romano-Wolf 方法来考虑多重假设检验的相关性问题。表中所有的结果变量是测量分数，保留其原始量纲，未进行标准化处理。

四 回归结果

（一）对抗逆力和性格的影响

表 4-5 显示了对睡前故事组的寄宿生，在性格和非认知技能上的 ITT 估计结果。2016 年，听了 4 个月睡前故事后，考察各个指标，如抗逆力等性格特质，没有产生统计学上显著的干预效应，这表明改变一个人的性格和非认知技能需要时间。

2017 年 5 月，在接受 14 个月的干预后，听睡前故事的寄宿生，抗逆力提高了 0.073 个标准差（P=0.099，RW P=0.700），这意味着与对照组均值 0.056 相比，抗逆力的标准化得分显著增加了。在问卷中我们从乐观、自我效能、成人关系、同伴关系、人际敏感和情绪控制等六个纬度测量抗逆力，其中成人关系和情绪控制分别提高 0.057 个标准差（P=0.051，RW P=0.878）和 0.075 个标准差（P=0.007，RW P=0.641），表明学生抗逆力的增加主要由这两个维度产生。这个结果和睡前故事的设计预期相一致：形式上弥补父母的陪伴缺失，内容上回应孩子成长过程中的心理需要和情绪安抚问题。

然而，我们发现干预组学生的自我效能下降了 0.066 个标准差（P=0.017，RW P=0.764）。我们推测，可能原因在于，学生在故事中听到的角色，常表现出高度的能力和勇气，学生可能会不自觉地将自己与这些角色进行比较，觉得自己没有那些角色那么出色，从而影响自我效能感。这可能对之后的睡前故事选择或者更广泛的儿童干预，提供了一定的借鉴意义：干预时应选择一些更贴近学生实际生活的故事，或者在故事后组织讨论，帮助学生将故事中的经验教训和现实生活联系起来。尽管在 95%的置信水平上调整多重假设检验问题后，这一结果并不具有统计学意义，但它表明对性格的干预效果可能是复杂的。总体而言，干预对学生的性格发展有显著的正面效应。

表 4-5　睡前故事对寄宿生的干预效果：抗逆力和性格

变量	对照组均值	干预效果	P 值/RW P 值	样本数
窗格 A：2016 年				
抗逆力	0.001	0.030 (0.051)	0.565 [0.981]	5056
乐观	0.041	-0.031 (0.044)	0.488 [0.990]	5056
自我效能	-0.107	-0.044 (0.036)	0.221 [0.986]	5067

续表

变量	对照组均值	干预效果	P 值/RW P 值	样本数
成人关系	0.006	0.060 (0.044)	0.182 [0.643]	5056
同伴关系	0.007	-0.024 (0.043)	0.584 [0.997]	5056
人际敏感	-0.131	0.037 (0.047)	0.429 [0.929]	5060
情绪控制	0.107	0.031 (0.037)	0.411 [0.931]	5057
内化	-0.158	-0.039 (0.048)	0.421 [0.967]	4420
外化	-0.158	-0.027 (0.040)	0.503 [0.997]	4488
自尊	0.099	0.010 (0.049)	0.839 [0.997]	4746
窗格 B：2017 年				
抗逆力	0.056	0.073* (0.048)	0.099 [0.700]	5085
乐观	0.033	0.041 (0.029)	0.154 [0.969]	5085
自我效能	-0.049	-0.066** (0.027)	0.017 [0.764]	5097
成人关系	0.050	0.057* (0.029)	0.051 [0.878]	5085
同伴关系	0.062	0.025 (0.028)	0.374 [0.990]	5086
人际敏感	0.066	0.029 (0.029)	0.318 [0.997]	5085
情绪控制	0.052	0.075*** (0.028)	0.007 [0.641]	5090
内化	-0.112	-0.013 (0.029)	0.653 [0.997]	4812

续表

变量	对照组均值	干预效果	P 值/RW P 值	样本数
外化	-0.126	-0.044 (0.027)	0.102 [0.990]	4836
自尊	0.126	0.034 (0.031)	0.267 [0.990]	4906

注：表格呈现了与对照组相比睡前故事组的 OLS 系数，括号内是标准误。因变量为标准化后的测量分数。* P<0.10，** P<0.05，*** P<0.01。RW P 值使用 Romano-Wolf 方法来考虑本章所有结果度量中的多重假设检验。估计控制了实证策略回归部分的所有控制变量。

表 4-6 报告了对没有直接接受干预的走读生（因为他们不住在学校宿舍）的性格和非认知技能的相应溢出效应。在 2016 年，对寄宿生的干预效果并不显著，走读生的抗逆力提高了 0.064 个标准差（P=0.100，RW P=0.632），主要来源于情绪控制能力提高了 0.088 个标准差（P=0.035，RW P=0.343）。可能是因为 2016 年寄宿生群体内部，存在较大的个体差异，导致总体上没有显著的干预效果。但部分寄宿生在情绪控制方面的提升，通过与走读生的互动，放大了这些积极影响。2017 年，他们的寄宿生同伴在接受 14 个月的干预后，虽然走读生没有直接接受干预，他们的抗逆力得分却提高了 0.095 个标准差（P=0.054，RW P=0.235），自尊得分提高了 0.110 个标准差（P=0.054，RW P=0.250）。抗逆力得分的提高，很可能是由人际敏感度提高了 0.101 个标准差驱动的（P=0.033，RW P=0.354）。这个结果表明，寄宿生增加的抗逆力和情绪控制能力，可能对走读生同伴的抗逆力、人际敏感度和自尊心有积极影响。这个结果不仅表明性格和非认知技能在同伴间是可传递的，比如寄宿生抗逆力对走读生抗逆力的影响，而且说明性格和非认知技能的传递是可以跨维度的，比如寄宿生情绪控制能力对走读生人际敏感度和自尊的影响。

表 4-6 睡前故事对走读生的溢出效应：抗逆力和性格

变量	对照组均值	干预效果	P 值/RW P 值	样本数
窗格 A：2016				
抗逆力	0.100	0.064* (0.044)	0.100 [0.632]	3123
乐观	0.151	0.056 (0.035)	0.113 [0.593]	3123
自我效能	-0.122	-0.049 (0.031)	0.123 [0.666]	3128
成人关系	0.063	0.022 (0.041)	0.601 [0.973]	3123
同伴关系	0.085	0.050 (0.037)	0.183 [0.616]	3123
人际敏感	-0.020	0.000 (0.051)	0.995 [0.980]	3123
情绪控制	0.160	0.088** (0.041)	0.035 [0.343]	3123
内化	-0.259	-0.069 (0.062)	0.273 [0.365]	2729
外化	-0.246	-0.067 (0.049)	0.177 [0.354]	2795
自尊	0.198	0.058 (0.040)	0.152 [0.662]	2940
窗格 B：2017				
抗逆力	0.113	0.095* (0.048)	0.054 [0.235]	2894
乐观	0.116	0.051 (0.045)	0.270 [0.740]	2894
自我效能	-0.105	-0.021 (0.042)	0.609 [0.924]	2902
成人关系	0.063	0.078 (0.059)	0.186 [0.354]	2894
同伴关系	0.125	0.052 (0.054)	0.339 [0.740]	2894

续表

变量	对照组均值	干预效果	P 值/RW P 值	样本数
人际敏感	0. 079	0. 101** (0. 046)	0. 033 [0. 354]	2894
情绪控制	0. 112	0. 013 (0. 033)	0. 700 [0. 924]	2896
内化	-0. 189	0. 021 (0. 052)	0. 687 [0. 980]	2710
外化	-0. 243	0. 049 (0. 041)	0. 235 [0. 924]	2894
自尊	0. 195	0. 110* (0. 056)	0. 054 [0. 250]	2894

注：表格呈现了与对照组相比睡前故事组的 OLS 系数，括号内是标准误。因变量为标准化后的测量分数。* P<0. 10, ** P<0. 05, *** P<0. 01。RW P 值使用 Romano-Wolf 方法来考虑本章所有结果度量中的多重假设检验。回归模型中均控制了实证策略回归部分的所有控制变量。

表 4-7 展示了 2017 年不同性别的学生、是否在四年级首次接受干预、是否为留守儿童（父母至少有一位离开家乡外出工作）等情况下，干预措施对抗逆力的异质性干预效果及其溢出效应。干预前，男生的抗逆力低于女生，低年级学生抗逆力低于高年级学生，但留守儿童和非留守儿童的抗逆力在基期没有显著差别。在抗逆力方面，干预效应和溢出效应在性别、留守状态之间没有差异。经过 14 个月的干预，从五年级开始首次接受干预的寄宿生没有显著的干预效果。然而，从四年级开始首次接受干预的寄宿生，其抗逆力由于干预而增加了 0. 159 个标准差。由这个结果可以判断，在抗逆力发展方面，学生在较早阶段接受干预效果更好。因为低年级学生初始状态的抗逆力弱于高年级学生，干预效果的异质性表明，睡前故事项目有助于减少学生在非认知技能上的不平等。

表 4-7　睡前故事对抗逆力的异质性影响

协变量	学生身份	干预效果	协变量值	交互项	样本量
性别(男=1,女=0)	寄宿生	0.090* (0.050)	-0.288*** (0.041)	-0.008 (0.054)	4644
	走读生	0.079 (0.050)	-0.224*** (0.035)	0.023 (0.063)	2723
2015 年所在年级 (四年级=1,五年级=0)	寄宿生	0.010 (0.059)	-0.157*** (0.052)	0.159* (0.081)	4644
	走读生	0.041 (0.057)	-0.168** (0.066)	0.092 (0.087)	2723
留守情况 (留守=1, 非留守=0)	寄宿生	0.049 (0.062)	-0.024 (0.045)	-0.010 (0.065)	4644
	走读生	0.049 (0.062)	-0.026 (0.043)	0.095 (0.070)	2723

（二）对抑郁程度的影响

表 4-8 和表 4-9 显示，在抑郁得分或学生自我报告的抑郁状况方面，总体上没有发现干预效应或溢出效应。在 2016 年，尽管在多重假设检验的考虑下该结果不具统计显著性，但数据显示，接受干预的寄宿生在干预后的抑郁水平比对照组高出 0.081 个标准差（P=0.028，RW P=0.471），这一发现是出人意料的。寄宿生可能本身就有一些未表达或未处理的情感问题，听故事可能唤起这些潜在情绪，使他们的抑郁得分增加。比如一些寄宿生可能因为离家而感到孤独和思乡，故事中的情节可能进一步放大了这些情绪。因此，这一结果提醒项目设计者，需要进一步研究干预方法和环境对不同学生群体心理健康影响的差异性，要考虑到个体差异和具体情境因素对干预结果的影响。此外，这也表明了在实施此类心理健康干预措施时，必须仔细监控和评估干预效果，以确保它们对所有参与者都有积极的影响。在 2017 年并没有发现抑郁得分或不幸福程度的增加，说明睡前故事对寄宿生的心情即使有负面影响，也不是持续的。

表 4-8 睡前故事对寄宿生的干预效果：抑郁

指标	对照组均值	干预效果	P 值/RW P 值	样本数
窗格 A：2016 年				
抑郁	-0.016	0.081** (0.036)	0.028 [0.471]	4997
不幸福程度	3.323	-0.043 (0.034)	0.218 [0.939]	4983
窗格 B：2017 年				
抑郁	-0.003	-0.003 (0.036)	0.932 [0.997]	5074
不幸福程度	1.670	0.019 (0.034)	0.580 [0.990]	5062

注：括号内为稳健标准误。抑郁为标准化的抑郁测量得分。不太快乐是从 1 到 4 的幸福评分（1=非常快乐，2=快乐，3=不快乐，4=非常不快乐）。干预为虚拟变量，指是否随机分配到音频睡前故事干预组。所有回归都控制了实证策略回归部分指定的变量。

表 4-9 睡前故事对走读生的溢出效应：抑郁

指标	对照组均值	干预效果	P 值/RW P 值	样本数
窗格 A：2016 年				
抑郁	-0.016	0.005 (0.047)	0.909 [0.980]	3093
不幸福程度	3.447	-0.020 (0.027)	0.459 [0.980]	3080
窗格 B：2017 年				
抑郁	-0.125	-0.070 (0.058)	0.233 [0.250]	2883
不幸福程度	1.568	-0.020 (0.031)	0.525 [0.506]	2877

注：括号内为稳健标准误。抑郁为标准化的抑郁测量得分。不太快乐是从 1 到 4 的幸福评分（1=非常快乐，2=快乐，3=不快乐，4=非常不快乐）。干预为虚拟变量，指是否随机分配到音频睡前故事干预组。所有回归都控制了实证策略回归部分指定的变量。

五　影响机制

从表 4-10 展示的估计结果可以看出，总体而言，在 2017 年走读生中，那些没有寄宿生做朋友的走读生，其抗逆力并没有显著提升；有寄宿生做朋友的走读生，抗逆力则比控制组提高了 0.090 个标准差（P=0.082）。这个结果证实了走读生的溢出效应是由内生交互作用（endogenous interaction）引起的，即寄宿生的行为改变影响了走读生，而不是外生交互作用（exogenous interaction）引起的，比如因为加入干预组，学校、老师、班级环境的变化，否则没有寄宿生做朋友的走读生的抗逆力也应该有所提升。

表 4-10　2017 年睡前故事对不同走读生抗逆力的溢出效应

指标	(1)	(2)
干预效果	0.077 (0.082)	0.090* (0.051)
P 值	0.354	0.082
样本数	877	2017

注：(1)(2) 分别代表没有寄宿生做朋友的走读生和有寄宿生做朋友的走读生的回归结果。表格呈现了与对照组相比睡前故事组的 OLS 系数，括号内是标准误差。因变量为标准化后的测量分数。* P<0.10，** P<0.05，*** P<0.01。RW P 值使用 Romano-Wolf 方法来考虑本章所有结果度量中的多重假设检验。所有回归都控制了实证策略回归部分指定的变量。

那么，睡前故事是如何影响学生在同伴间的互动呢？睡前故事项目可能通过影响学生的交友行为来发挥作用：学生通过分享睡前故事结识了新朋友，同时渐渐疏远了旧朋友。但表 4-11 表明，干预对学校寄宿生朋友数的变化、朋友性别占比的变化和自报朋友姓名的改变（即 2015 年提名的朋友在 2017 年再次被提名的占比）都不显著，因此可以排除学生因为听睡前故事改变了自己已有的同伴网络。表 4-11、表 4-12 的结果表明，睡前故事的溢出效应是寄宿生沿着同伴网络跟自己的走读生朋友分享故事实现的。

表 4-11　睡前故事对交友的影响

指标	干预效果	P 值
△寄宿生朋友数	-0.004 (0.113)	0.974
△朋友性别(男性占比)	-0.002 (0.007)	0.811
△自报朋友姓名	-0.044 (0.125)	0.727

表 4-12　分寄宿状态的睡前故事分享情况

故事分享对象	寄宿生	走读生	差异显著性(P 值)
室友	48.31	15.49	0.000
走读生	21.10	25.95	0.000
父母	42.94	46.09	0.022
哥哥姐姐	25.47	32.09	0.000
弟弟妹妹	27.44	35.38	0.000

图 4-1 展示了提名同伴数量对抗逆力的边际干预效应，反映个体社会网络结构对干预效果的重要影响。结果表明，当提名同伴数量较少时（0 或 1 名），干预效应为负，这可能源于社会关系的单一性导致的负面同伴效应或不稳定的社会支持。当提名同伴数量逐渐增加（2~5 名），干预效应呈现显著改善并趋于稳定，说明多样化和稳定的社会网络能够有效提升个体的抗逆力。

基于上述发现，本研究提出以下政策建议以优化干预策略并提升其效果。首先，学校应通过组织多样化的集体活动和团队合作项目，帮助学生拓宽社会网络，避免过度依赖单一或封闭的小团体关系。其次，对于提名同伴数量较少（0 或 1 名）的学生，应优先通过个性化心理支持和班级活动设计帮助其融入集体，以减少孤立现象和负面同伴效应的影响。同时，学校应重点关注建立和强化高质量的同伴关系，例如通过设立班级互助机制、鼓励表现积极的学生发挥支持作用来提升班级整体的社会凝聚力和心理支持功能。

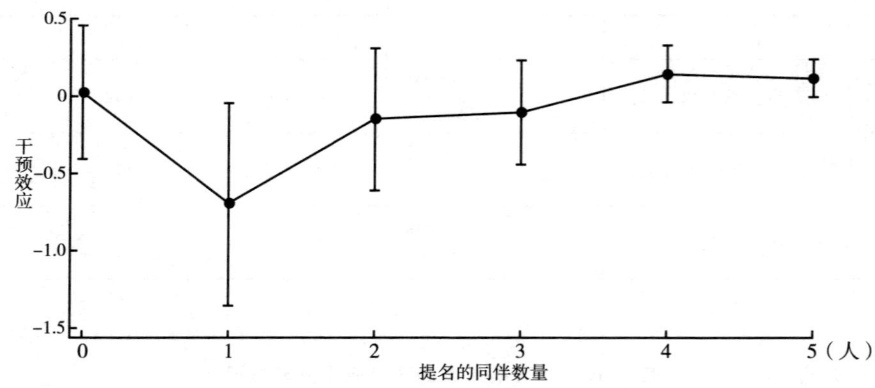

图 4-1　不同提名同伴数量对抗逆力的不同边际干预效应

此外，建议教育机构定期监测学生的社交网络特征，以动态优化干预措施，确保政策能够精准应对学生的实际需求。

另外一个值得讨论的结果是，总体而言，走读生从干预中的受益大于寄宿生，而寄宿生才是受到直接干预的群体。因为被解释变量是标准化后的分数，回归方程系数 β_1 可以解读为，相对于自己基期的表现，走读生从干预中获得的收益大于寄宿生。这可能是因为，第一，走读生每天回家，可以与家人进行互动，这些家庭互动可能增强了他们的人际敏感度。家庭成员之间的沟通和交流能够提供不同于学校环境的情感支持和社交反馈，帮助走读生更好地理解和感知他人的情绪和需求。通过分析表 4-12 干预组的走读生和寄宿生跟室友、走读生、父母、兄弟姐妹分享故事的比例差距，可以看到走读生跟同学分享的比例低于寄宿生，跟父母兄弟姐妹分享故事的比例却更高。而寄宿生的社交圈相对单一，主要局限在学校和寄宿环境中，这可能限制了他们的人际敏感度发展。寄宿生需要适应离开家庭生活的环境，可能会经历更多的心理压力和适应挑战，这可能导致他们在应对这些压力时，减少了对他人情绪和行为的关注度，从而没有显著提升人际敏感度。这也导致他们的认知资源更多地用于自我管理和应对环境变化，而不是用于提高人际敏感度。

六 结论与讨论

本章通过实证研究，评估了在中国农村寄宿学校进行的音频睡前故事干预的效果及其同伴溢出效应。研究表明，这个干预项目对寄宿生的抗逆力、成人关系和情绪控制能力均有显著的积极影响，同时，在未直接受到干预的走读生中也观察到了显著的溢出效应。本文的研究结果显示，低成本的干预措施（每月每名学生不到 11 元）能够有效提升寄宿学生的抗逆力、成人关系和情绪控制能力。特别是对低年级学生的效果更为显著，这意味着，提升青少年非认知技能的干预应尽早进行。研究发现，尽管走读学生未直接接受干预，但由于同伴效应，其抗逆力、人际敏感度和自尊心也显著提升。表明非认知技能和性格特质可以通过同伴互动沿同伴网络进行传递。

进一步结合农村寄宿制学生社交网络的分析，本研究对如何利用学生的同伴效应提出了优化干预的策略。通过实证数据分析发现，学生社交网络的结构特征对同伴效应的传递具有重要影响。例如，学生小团体现象明显，但干预效果随着同伴数量的增加呈现显著改善并趋于稳定。基于此研究发现，促进网络多样性和增强学生社交网络的适应性是优化干预效果的重要途径。具体而言，建议学校通过举办跨班级、跨年级的集体活动打破人际关系的排他性壁垒，帮助学生拓宽社交网络；基于社交网络分析选取关键节点学生担任“联络员”角色（比如班干部），促进小团体间的有效沟通与协作；制定定期开展随机分组活动等动态调整策略，提升学生的社交灵活性，优化整体网络结构。这些措施不仅可以强化直接受益者的干预效果，还能通过改善社交网络的传递机制扩大溢出效应的范围。

从本文的研究结论可以引申出一些重要的政策含义。首先，在评估干预项目产生的效果时，不仅要考虑直接受益者，还需考虑项目对未直接受干预同伴的间接影响。其次，中小学教育应重视非认知技能和性格发展的早期干预，并注重同伴效应在教育中的作用。通过鼓励学生间的互动与合作，可以实现更有效的教育效果。教育政策制定者应考虑将心理健康教育、情感技能训练和社交能力提升等内容纳入教育体系，创建一个支持学生相互学习和成长的教育环境。最后，学校的教育很难替代家庭教育，应加强家校合作，组织家庭互动活动，或提供家庭教育指南和相关资源，可帮助家长更有效地支持和指导孩子的成长。

第五章

非认知技能对农村学生学业表现的影响

内容提要： 新人力资本理论强调了非认知技能对个体发展的重要性。本章使用四期中国农村青少年发展调查数据，考察非认知技能对农村学生学业表现的影响。研究发现，非认知技能对农村学生的学业表现具有显著影响：抗逆力和自尊对学业表现具有促进作用，而内化、外化和抑郁对学业表现则有抑制效应。机制分析表明，非认知技能会通过影响农村学生的学习积极性、睡眠以及卷入校园欺凌的可能性，进而影响学业表现。本章还发现小学阶段的非认知技能可以预测中学阶段的学业表现，证实了非认知技能的影响具有持续性。本章的研究结论表明，新人力资本理论的“技能产生技能”假说在中国背景下是成立的。

关 键 词： 非认知技能　农村学生　学业表现　技能产生技能

一　引言

学校教育和人力资本投资一直是各个国家政策的核心（Hanushek and Woessmann，2012）。教育形成人力资本具有累积性特征，青少年时期的教育质量影响未来的受教育水平。义务教育阶段学生的学业表现是学校、教师、家长和学生共同关心的话题。中国在完成九年义务教育普及任务后，普及高中阶段教育成为教育发展的重点。由于教育质量在地区之间、城乡之间和校际均存在显著差异，农村青少年在义务教育阶段时，学业就开始处于不利地位，在高中阶段，则不成比例地进入中职学校或者初中后辍学，这是他们在未来劳动力市场上难以避免脆弱性的直接原因。本章从非认知技能的角度，探讨学业表现的影响因素，这是对教育生产函数研究的深化。

《中国教育统计年鉴（2022）》显示，2021 年，农村地区义务教育阶段共有在校生 7461.41 万人，占全国义务教育阶段在校生总数的 47.23%。如果农村青少年顺利完成高中阶段的教育，不仅能提高自身在未来劳动力市场的竞争力，也有利于全国普及高中阶段教育目标的实现。从长期看，农村学生的受教育水平直接影响未来劳动力人力资本积累的水平，也是影响经济增长的重要因素。农村地区的教育水平一直落后于城市地区，农村地区存在大量留守儿童，是重要的学业困难群体。教育部数据显示，2022 年，义务教育阶段农村留守儿童的规模为 1086.6 万人①。这个群体由于家庭教育和父母陪伴的缺失，在人力资本积累上处于更加不利的地位。

传统的人力资本理论主要关注认知技能和学业程度。在过去半个多世纪里，认知技能对个体教育水平和劳动力市场表现的影响，已得到许多经验研究的证实。然而，早期关于人力资本的文献忽略了非认知技能，大多数估计教育回报的文献都将遗漏的技能视为认知技能。Heckman et al.（2006）发现，认知技能与非认知技能对解释个体在社会和经济生活中的成功是同等重要的②。

非认知技能在最近的应用研究中受到更多关注，劳动经济学、教育学和心理学等不同学科都认为，认知技能以外的技能对人与人之间行为和结果的异质性，具有重要的解释作用（Humphries and Kosse，2017）。但是到目前为止，关于非认知技能的研究仍处于起步阶段，对于哪些技能是最重要的，尚未达成共识，国际上只对少数几种非认知技能作了初步测算和研究。非认

① 参见：http：//www.moe.gov.cn/jyb_sjzl/moe_560/2022/quanguo/index_3.html。

② 非认知技能也被称为社会情感技能以及软技能等，每个名称都有自己的相关领域和学科，见 Jones & Doolittle（2017）的说明以及吴要武和宋映泉（2019）的综述。

知技能对学校教育和劳动力市场结果影响的证据，远不如认知技能多。

学生在校期间的学业表现是一种复杂的现象，受学生自身及外部环境因素的影响。已有文献对青少年学业表现影响因素的研究，主要集中于父母的教育参与、教师职称、学校资源等方面。近年来，一些研究开始关注非认知技能对学生学习成绩的影响，但并未得出一致的结论。Liu（2019）使用结构方程模型，研究了非认知技能在家庭经济条件影响美国儿童学习中的调节作用，发现非认知技能可以帮助儿童克服家庭经济条件方面的劣势。但 Kevenaar et al.（2023）基于荷兰 4891 对双胞胎数据的研究发现，非认知技能对学习成绩的影响小于遗传因素。Farrington et al.（2012）将与学习成绩相关的非认知技能划分为：学习行为、学习毅力、学习心态、学习策略和社会技能，在对相关研究进行总结后，认为尚不清楚各种非认知技能如何影响学习成绩。总体上，对于非认知技能在多大程度上能预测学生的成绩，仍然存在争议。因此，从经验上对这一争论进行辨识是非常重要的。

本章基于新人力资本理论框架，研究非认知技能对农村学生学业表现的影响。在经验层面准确估计非认知技能对农村学生学业表现的影响，需要解决两个方面的困难。其一，对非认知技能进行准确定义和测量。当前针对非认知技能指标的测量存在“碎片化”特征，缺乏有效的测量方法（Lindqvist and Vestman，2011）。一些研究仅根据调查问卷中的少数几个问题来测度非认知技能，可信度不高。目前，发展中国家很少有关于非认知技能的数据集（Glewwe et al.，2022）。其二，非认知技能在影响农村学生学业表现的同时，其学业表现也会反作用于非认知技能。两者互为因果关系的特征会使最小二乘法估计结果出现偏误。

本章利用 2015~2020 年中国农村青少年发展调查数据，探讨非认知技能对农村学生学业表现的影响。本章采用适当的方法来克服上述难题。首先，我们根据国际研究中权威的量表，设计学生问卷中的相应题目，通过学生的回答来测度其非认知技能。具体来说，本文的非认知技能包括抗逆力、自尊、内化、外化和抑郁等单项指标，还使用主成分分析法合成非认知技能的综合指标。其次，本章根据数据结构的面板特征，使用固定效应模型进行基准回归估计，这能控制个体不随时间变化的异质性特征，减少无法观测的异质性造成的偏误。本章还尝试使用价值增值模型来解决内生性带来的估计偏差。

本章的实证结果表明，抗逆力和自尊对学业表现具有促进作用，而内化、外化和抑郁对学业表现则有抑制效应。非认知技能对农村学生学业表现的影响在多种稳健性检验后仍然显著。非认知技能对不同特征学生的学业表现的影响存在异质性。机制分析表明，非认知技能会通过影响农村学生的学习积极性、睡眠以及卷入校园欺凌的可能性，进而影响学业表现。本章进一步考察了小学阶段的非认知技能对中学阶段学业表现的影响，发现小学阶段的非认知技能可以预测中学阶段的学业表现。

本章的贡献有以下三点：第一，将非认知技能引入人力资本分析框架，在中国背景下检验“技能产生技能”假说，为非认知技能的重要性提供经验证据。第二，基于面板数据的结构特征，用固定效应模型估计非认知技能对农村学生学业表现的影响，拓展了学业表现影响因素的相关研究。第三，本章探讨了非认知技能对学生学业表现的中长期影响。知识技能的获得是一个持续过程，已有研究通常是考察非认知技能的短期作用。在追踪调查期间，样本学生从小学升至初中（河北省高年级学生升至高中），可以分析非认知技能对升学的影响。本章还进一步分析了非认知技能影响学生学业表现的机制，在现有文献中缺少这方面的研究。通过研究非认知技能对学生学业表现的影响，本章的研究为改善农村教育质量、提高学生成绩以及促进城乡教育公平提供了经验证据支撑。

本章其余部分安排如下：第二部分进行理论分析并提出研究假设；第三部分介绍本章使用的数据；第四部分报告基准回归结果并做异质性分析；第五部分分析非认知技能对农村学生学业表现的影响机制；第六部分探讨小学阶段的非认知技能对中学阶段学业表现的影响；第七部分对全章进行总结并引申政策含义。

二　理论分析与研究假设

传统的人力资本理论通常把受教育水平视为人力资本的代理变量，只强调了认知技能。人力资本理论在劳动经济学、教育经济学以及宏观经济学中，都具有重要地位，人力资本也是各个国家公共政策的重要关注对象。自新人力资本理论提出以来，非认知技能开始受到学术界的关注，被认为与认知技能具有同样的重要性（Heckman，2000）。在劳动经济学中，非认知技能通常被视为除认知技能以外，衡量个体异质性的第二个维度（Humphries and Kosse，2017）。从内涵上看，非认知技能是指个体在思想和行为上表现出的社会心理特征（Liu，2019）。新人力资本理论对知识技能做了更准确的区分，在科学探索的意义上是一个进步（吴要武和宋映泉，2019）。

众多经验研究的结果显示，劳动力市场对非认知技能的需求在不断增加，雇主与合作者，都重视非认知技能与认知技能的结合，而不是只关注认知技能。非认知技能可预测工作绩效，对就业和工资均有显著影响（Forrest and Swanton，2021）。在过去 30 年里，非认知技能的经济回报率大约翻了一番，而认知技能的回报则相对稳定（Edin et al.，2022），对处于收入分布底端的劳动力来说，其非认知技能甚至比认知技能更重要（Lindqvist and Vestman，2011）。

2017 年，由脑神经科学、医学、经济学、心理学和教育学领域的 28 名美国科学家组成的杰出科学家委员会发表了一份联合声明，强调非认知技能具有基础性地位，是学前阶段至高中阶段教育的重要内容（Jones and Kahn，2017）。声明指出，当儿童和青少年能够管理情绪、集中注意力、正确处理与同龄人和成年人的关系以及面对困难能坚持不懈努力时，他们的课堂学习效果也会更好。教育学和心理学领域的社会情感学习，包括五个组成部分：自我意识、自我管理、社会意识、关系技能以及负责任的决策（Osher et al.，2016）。

根据社会情感学习理论，社会情感学习对学生的学习成绩具有显著的积极影响，其机制在于，社会情感学习能培养学生设定合理学习目标的能力，并通过自我激励，为实现目标而努力。社会情感学习强调人际交往中的沟通与合作技能，这些技能可以帮助学生建立正常的人际关系，减少对伙伴产生负面影响的行为；通过社会情感学习，可以认识并管理自己的情绪，保持积极的态度，以应对学习中的压力和挫折。可以推断，非认知技能会对学生学业表现产生影响，从影响学习动机到加强自我约束，在学习过程中遇到困难时不轻易放弃，能持续投入时间和精力克服困难，减少与同学间的矛盾和冲突，这都是获得学业成功的前提条件。基于上述分析，本章提出第一个待检验的研究假设：

假设 1：改善非认知技能对农村学生的学业表现具有正面影响。

青少年的早期学习能力是其学业表现的重要预测因素。知识技能的形成和发展是一个动态过程，早期知识技能的形成为后期知识技能的发展提供了基础。传统的人力资本理论没有关注人力资本的动态互补性，假设技能在个体很小的时候就固定了。这种静态的技能概念已被经验事实所否定。后来的研究发现，技能是个体在各种环境中通过学习获得的（Heckman，2000；Heckman and Kautz，2012）。非认知技能具有可塑性，并非由基因先天决定（Jones and Kahn，2017）。非认知技能可以通过学校教育来教授（Jones and Doolittle，2017），家庭的作用也同样重要（Grönqvist et al.，2017）。

根据“技能产生技能”假说，早期投资有更高的收益率，还能给个体带来更大的长期回报。为了说明这一点，我们将 Heckman（2006）的人力资本生命周期模型扩展到人力资本的形成和积累，见图 5-1。亚当·斯密在《国富论》中指出，“挑夫与哲学家”知识技能的差异来自分工和不同的形成路径。受此启发，我们将其与新人力资本理论结合起来，构建一个积累路径。图 5-1 横轴表示个体年龄或生命周期，上方的纵轴表示人力资本投资回报率，下方的纵轴表示人力资本积累水平。向右下方倾斜的投资收益曲线，表示个体在婴幼儿和青少年时期的投资回报率高于成年后的回报率，即年龄越大，收益率越低。收益率不仅取决于学习知识技能的成本大小，

Becker（1964）还关注到，老年人在整个生命周期中剩余的时间短，收回投资的时间也少，因而降低了收益率。新人力资本理论强调生命周期和收益率差异，从而有了人力资本投资的窗口期。有些技能就像搭积木一样，前期学习和掌握的知识技能，成为后期进一步学习与提高的基础。这种技能并不限于认知技能，非认知技能同样具有累积性，经验研究还表明，认知技能与非认知技能的互补性日益增强。"技能产生技能"假说指出，对儿童早期人力资本的投资可以带来长期的回报，从生命周期的角度看，人力资本积累可以持续下去。

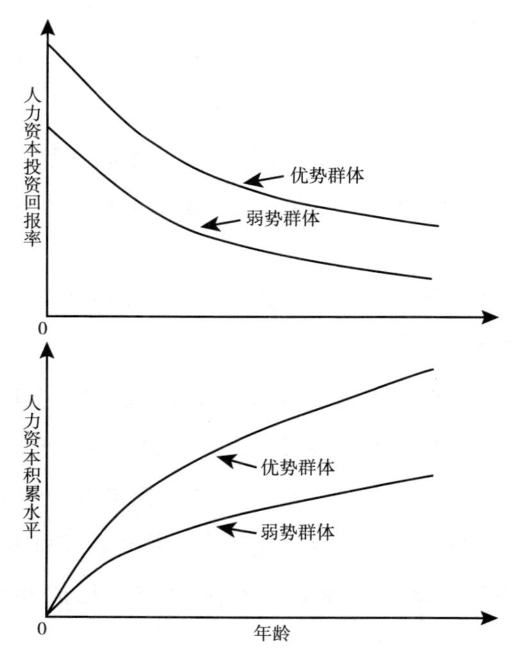

图 5-1　人力资本投资回报率与人力资本积累水平

研究表明，非认知技能的代际关联几乎与认知技能一样高（Grönqvist et al.，2017）。图 5-1 提供的另外一个信息是，那些父母人力资本水平高、家庭经济条件好的儿童，他们的初始技能禀赋高，人力资本投资回报率高，沿着一条更高的增长路径，终生积累的人力资本禀赋也更高。应用到中国环境下，由于城乡差距的存在，农村教育水平和经济条件均落后于城镇，因此，可假定农村儿童的人力资本投资收益率和累计曲线更低，是图 5-1 中的低曲线。

众多经验研究为“技能产生技能”假说提供了证据。Ross and Broh（2000）利用美国 1988~1992 年的 3 期全国教育纵向研究数据，发现 8 年级学生的学业成绩可以预测 12 年级时的学业成绩，10 年级的非认知技能（自控力）也会影响 12 年级的学业成绩。Chetty et al.（2011）将美国田纳西州 STAR 项目与行政记录数据相匹配，研究儿童早期教育对成年后经济成果的长期影响。结果表明，班级质量对考试成绩的影响到 8 年级时会消失，但在成年后会重新出现影响。他们给出的解释为：非认知技能的存在是部分原因。一些干预项目发现考试分数有淡出效应，并不意味着项目的长期效应不存在，尽管项目只在短期内提高了考试分数，但可能会改善参与者的后期成果（Heckman，2000）。基于上述分析，本文提出第二个待检验的研究假设：

假设 2：非认知技能的影响具有持续性，小学阶段的非认知技能会影响中学阶段的学业表现。

上述假设不仅能加深对人力资本形成过程的认识，也具有积极的政策意义，或者为长期执行的教育政策或教育思想，提供科学性论证。比如，政府一直坚持“德智体美劳全面发展”和反对“片面追求升学率”。可以从人力资本形成和积累角度给予解释：片面追求升学率忽视了非认知技能，是一种低效的人力资本投资，降低了个体一生人力资本形成和积累所能达到的高度。

三　数据与描述统计

对以上假说，本章使用 2015~2020 年中国农村青少年发展调查数据进行检验。调查由中国社会科学院人口与劳动经济研究所、北京大学中国教育财政科学研究所和首都经济贸易大学联合课题组在河北和四川两省的五个县展开。2015 年基线调研的对象是 137 所农村寄宿制学校的 4 年级和 5 年级学生①，有效样本为 17798 人。课题组分别在 2016 年、2017 年和 2020 年进行了追踪调查，有效样本分别为 17875 人、17530 人和 17752 人②。学生问卷主要了解学生的人口学特征（性别、年龄、民族、户口）、家庭背景（父母受教育程度、父母外出务工情况、家庭物品拥有情况等）、上学经历、睡眠状况、心理健康（抗逆力、自尊、内化、外化、抑郁等）以及阅读习惯等信息。课题组还调查收集了家长、班主任以及学校的基本信息。

本章关注非认知技能对学业表现的影响。在学生问卷中，询问了学生最近一次期末考试的语文成绩和数学成绩。在模型设定时，我们用语文成绩和数学成绩的加总来衡量学生的学业表现③。由于不同学校的试题难度和阅卷标准可能存在差异，为了保证成绩的可比性，本章将学生成绩按照调查期在学校和年级层面进行标准化（均值为 0，标准差为 1）④。

经验方程中的主要解释变量为非认知技能。对非认知技能的测量，调查问卷设计了成熟且得到广泛认可的人格特征量表。非认知技能由一系列指标来表征，包括抗逆力、自尊、内化、外化和抑郁等，参照对成绩的处理方式进行标准化⑤。抗逆力是指个体在面对外部压力时能适应压力，或遭遇挫折

① 基线调研时 5 个调研县的小学抽样分布见附录 1。

② 不同年份的观测值变化，是因为存在样本的退出和新增。如，603 名参与基线调研的学生在 2016 年没有被追踪到（其中，有 370 名学生在 2017 年或 2020 年被追踪到），2016 年有 680 名学生为新增样本。

③ 在对语文成绩和数学成绩进行清理时，发现部分学生的语文成绩或数学成绩存在缺失，一旦某一门课程的成绩缺失，则会造成样本损失。为了减少样本损失，我们依据学生自报的信息，如在班级同学中所处的分位，对成绩缺失样本进行了填补。填补原则和填补前后样本的情况见附录 2。

④ 本章认为，学生的学业表现是一个综合概念，仅以期末考试中的语文成绩和数学成绩可能无法全面衡量学生的学业表现。本文在稳健性检验部分考虑了其他衡量方式，包括成绩排名和现场调研的阅读测试分数（课题组采用国际阅读素养进展研究项目试题对调研学生进行了阅读测试）。我们还掌握了学生的辍学情况以及 2020 年的升学情况，也将在后文作为学生学业表现的衡量方式进行具体分析。

⑤ 每一项非认知技能的得分均根据学生对相应量表中每一道题目的回答计分加总得到，如果学生漏答某道题目，则会使相应指标出现缺失。针对存在缺失的指标，我们在数据清理环节做了填补处理。见附录 3。

时能恢复过来的能力；自尊是指对自我价值的认可，包括自信、自我肯定等能力；内化主要测量学生在日常学习、生活中的焦虑状况以及面对困难时的退缩程度，如恐惧、沮丧、自我否定等；外化度量学生破坏性行为和攻击性行为发生的频率以及是否存在行为过度活跃等状况；抑郁的突出表现为情绪低落、意志消沉以及认知障碍。表 5-1 列出了各项非认知技能指标的测量工具。参考 Forrest and Swanton（2021）的研究，我们在后文还采用主成分分析法将非认知技能的五项指标进行合并，生成非认知技能的综合指标。

表 5-1　非认知技能测量工具

指标	测量工具	正/负向说明
抗逆力	Song(2003)抗逆力量表	正向
自尊	Rosenberg(1965)自尊量表	正向
内化	“甘肃基础教育跟踪调研项目”内化量表	负向
外化	“甘肃基础教育跟踪调研项目”外化量表	负向
抑郁	美国儿童抑郁研究中心 CES-DC 抑郁风险量表	负向

注：正向指标是指得分越高，学生的心理健康状况越好；负向指标是指得分越高，学生的心理健康状况越差。

本章将各年份的学生数据与家长数据、班主任数据匹配后，获得 4 期面板数据。表 5-2 为本章主要变量的描述性统计结果，被解释变量和解释变量均为标准化前的原始分数。需要指出的是，本章并没有以家庭收入来衡量家庭经济条件，而是用家庭资产指数作为替代衡量指标。家庭资产指数是基于学生问卷中询问学生家中是否有电视、电冰箱等 26 种农村家庭常用物品，利用因子得分法计算得到。可以看到，农村学生在学习成绩和非认知技能指标方面均存在差异。表 5-2 还表明，如果按照保守的定义界定留守儿童，即父母均外出务工的儿童，在本文使用的样本中，留守儿童的比例为 23.9%。

表 5-2　变量描述性统计

变量	观测值	均值	标准差
总成绩	67683	152. 859	32. 932
抗逆力	67331	128. 381	15. 294
自尊	67500	17. 372	4. 511
内化	67267	36. 614	8. 399
外化	67272	29. 751	8. 404
抑郁	67066	19. 437	9. 176
性别(男:1;女:0)	67683	0. 495	0. 500
年龄	67683	11. 860	2. 011
父亲受教育年限	67683	8. 794	2. 061
母亲受教育年限	67683	8. 283	2. 081
家庭资产指数	67683	0. 005	2. 164
父亲外出务工(%)	67683	0. 185	0. 388
母亲外出务工(%)	67683	0. 033	0. 178
父母均外出务工(%)	67683	0. 239	0. 426
兄弟姐妹数量	67683	1. 167	0. 858

接下来，本章观察学习成绩与非认知技能指标之间的相关性。表 5-3 表明，在各年份，抗逆力、自尊与农村学生的学习成绩呈正相关，内化、外化和抑郁与学习成绩呈负相关。从绝对值看，抗逆力与学习成绩的相关性更强（相关系数从 0. 166 上升到 0. 334）。抗逆力和自尊为正相关，内化、外化和抑郁这三项非认知技能为正相关。在所有指标中，内化与外化的相关性最强，这与 Glewwe et al. （2017） 基于 2000 名 9~12 岁甘肃农村儿童数据的发现一致。从表 5-3 的结果可以看出，在 4 个测量年份，5 个指标之间的相关系数在符号和大小上都是稳健的，年份之间的变化很小。这意味着，虽然各项非认知技能得分是通过不同的题目计算得到的，但它们与总成绩以及相互之间，总是有稳定的数量关系。这增强了我们使用合成指标的信心：从个体的测量结果看，这些指标具有客观性和稳定性。

表 5-3　学习成绩与非认知技能的相关性

2015 年	总成绩	抗逆力	自尊	内化	外化	抑郁
总成绩	1					
抗逆力	0. 318 ***	1				
自尊	0. 138 ***	0. 265 ***	1			
内化	−0. 087 ***	−0. 340 ***	0. 204 ***	1		
外化	−0. 215 ***	−0. 523 ***	0. 087 ***	0. 697 ***	1	
抑郁	−0. 223 ***	−0. 435 ***	0. 023 ***	0. 406 ***	0. 386 ***	1
2016 年	总成绩	抗逆力	自尊	内化	外化	抑郁
总成绩	1					
抗逆力	0. 334 ***	1				
自尊	0. 209 ***	0. 601 ***	1			
内化	−0. 053 ***	−0. 375 ***	−0. 261 ***	1		
外化	−0. 188 ***	−0. 534 ***	−0. 278 ***	0. 725 ***	1	
抑郁	−0. 225 ***	−0. 491 ***	−0. 385 ***	0. 455 ***	0. 421 ***	1
2017 年	总成绩	抗逆力	自尊	内化	外化	抑郁
总成绩	1					
抗逆力	0. 297 ***	1				
自尊	0. 211 ***	0. 632 ***	1			
内化	−0. 014 ***	−0. 401 ***	−0. 296 ***	1		
外化	−0. 131 ***	−0. 520 ***	−0. 279 ***	0. 719 ***	1	
抑郁	−0. 184 ***	−0. 518 ***	−0. 448 ***	0. 491 ***	0. 412 ***	1
2020 年	总成绩	抗逆力	自尊	内化	外化	抑郁
总成绩	1					
抗逆力	0. 166 ***	1				
自尊	0. 141 ***	0. 627 ***	1			
内化	−0. 067 ***	−0. 422 ***	−0. 374 ***	1		
外化	−0. 129 ***	−0. 456 ***	−0. 283 ***	0. 721 ***	1	
抑郁	−0. 096 ***	−0. 506 ***	−0. 499 ***	0. 524 ***	0. 359 ***	1

说明：*** 表示在 1%的水平上显著。

四 实证分析

（一）经验方程设定

为了测量非认知技能对农村学生学业表现的影响，根据本文的数据结构特征，使用面板固定效应模型进行实证检验，经验方程如下：

$$Performance_{ist} = \beta_0 + \beta_1 Nonc_{ist} + \gamma X_{ist} + \delta_s + \theta_t + \varepsilon_{ist} \quad (5-1)$$

方程（5-1）中，$Performance_{ist}$表示 s 学校的学生 i 在第 t 期的学业表现，在基准回归中，学业表现采用标准化的语文和数学加总成绩。在拓展性分析中，本文还使用了其他指标来衡量学业表现。$Nonc_{ist}$表示学生的非认知技能，是方程的主变量。X_{ist}为控制变量，包括学生个人特征和家庭特征（见表 5-2）。δ_s为学校固定效应，θ_t为年份固定效应，ε_{ist}为随机误差项①。β_1是本章关注的估计系数，代表非认知技能对农村学生学业表现的影响。

（二）基准回归方程的估计结果

表 5-4 报告了基于经验方程（5-1）的估计结果。被解释变量均为标准化加总成绩（语文+数学），第（1）~（5）列的解释变量依次为抗逆力、自尊、内化、外化和抑郁，第（6）列的解释变量为根据上述 5 项非认知技能合成的非认知技能综合指标。窗格 A 呈现了基础方程的结果（未加入控制变量）。在基础方程里，各项非认知技能指标对农村学生学习成绩的影响均与预期方向相同，且都在 1%的水平上统计显著。抗逆力和自尊对农村学生的学习成绩具有正向影响。其中，抗逆力每增加 1 个标准差，学习成绩会提升 0.278 个标准差；自尊每增加 1 个标准差，学习成绩会提升 0.174 个标准差。内化、外化和抑郁对农村学生的学习成绩具有负向影响，这三项指标

① 不同学校的管理方式可能存在差异，同一所学校的学生在不可观测特征方面可能存在相关性，因此会导致随机误差项不相关的假设无法得到满足。与侯海波等（2018）使用的方法一致，本文将标准误在学校层面聚类，以提高面板固定效应估计的有效性。

得分每提高 1 个标准差，学习成绩分别下降 0.055 个标准差、0.165 个标准差和 0.182 个标准差。抑郁得分对学习成绩的负向影响最大。第（6）列的结果表明，非认知技能综合指标每增加 1 个标准差，学习成绩会提升 0.256 个标准差①。这些结果表明，研究假设 1 得到经验证据的支持，非认知技能对学生学习成绩产生了显著的影响。

表 5-4　非认知技能对农村学生学业表现的影响

变量	(1) 抗逆力	(2) 自尊	(3) 内化	(4) 外化	(5) 抑郁	(6) 综合指标
窗格 A：基础方程						
非认知技能	0.278*** (0.007)	0.174*** (0.005)	-0.055*** (0.006)	-0.165*** (0.006)	-0.182*** (0.006)	0.256*** (0.006)
观测值	67331	67496	67264	67269	67066	66612
R^2	0.080	0.031	0.003	0.028	0.034	0.068
窗格 B：扩展方程						
非认知技能	0.260*** (0.006)	0.164*** (0.005)	-0.048*** (0.006)	-0.148*** (0.006)	-0.172*** (0.006)	0.239*** (0.006)
观测值	67331	67496	67264	67269	67066	66612
R^2	0.097	0.057	0.032	0.052	0.060	0.087

说明：*、**、*** 分别表示在 10%、5%、1% 的水平上显著。括号内数值为学校层面聚类的稳健标准误。表中所有回归都控制了学校固定效应和年份固定效应。若无特殊说明，以下各表同。

窗格 B 报告了扩展方程的估计结果。在基准方程里加入控制变量后，各项非认知技能指标的方向和显著性没有变化②。控制变量提供了一些有价

① 非认知技能综合指标根据主成分分析法生成，在 5 项非认知技能中，抗逆力和自尊为正向指标，内化、外化和抑郁为负向指标。为了便于理解，我们将内化、外化和抑郁转为正向指标后，再使用主成分分析法生成非认知技能综合指标。因此，非认知技能综合指标为正向指标。即，该综合指标得分越高，说明学生的非认知技能水平越高。

② 班主任的个人特征和班级特征也是影响农村学生学业表现的重要因素。在 2020 年调研时，学生分散到更多的学校，课题组没有获得全部的班主任个人特征和班级特征数据，为了减少缺失值，基准回归未控制这些特征。为了检验结果的稳健性，我们尝试在基准回归中加入了班主任性别、班主任年龄和班级人数，结果表明，非认知技能各项指标的系数仍在 1% 的水平上显著。另外，我们发现，班主任的年龄越大，学生的学习成绩越好。年长的班主任教龄更长，拥有丰富的教学经验和技巧，更了解学生的需求和心理，可以给予学生更有效的学业指导与帮助。

值的信息[①]：从家庭特征看，父母的受教育年限越长，学生的学习成绩越好，这与经验事实相吻合。家庭资产指数对学生学习成绩具有显著的正向影响。家庭资产指数越高，代表家庭经济状况越好，越有能力为子女提供更好的学习条件并进行更多的人力资本投资。兄弟姐妹数量越多，学生学习成绩越差。兄弟姐妹数量增加，不仅会稀释个体成员能获得的家庭资源，而且，生育更多子女的父母，本身就存在人力资本不高以及其他无法观测的异质性，是社会脆弱性程度更高的群体。

母亲外出务工会显著降低子女的学习成绩，而父亲外出务工对子女学习成绩的影响不显著。父亲外出务工会得到更多的收入，会用于对孩子的教育投资，可以替代陪伴缺失。但母亲外出务工，与传统文化习俗背离，背后是一种脆弱性：这个家庭经济困难，或者家庭破裂，迫使母亲外出务工来挣得收入。父母均外出务工会提高子女的学习成绩，可能有两种解释：一是父母均外出务工意味着家庭有额外经济收入，从而能够为子女提供更好的学习条件；二是与其他类型的外出务工不同，父母选择同时外出务工，通常是由其他家庭成员照护孩子，比如，孩子的祖父母仍然年轻健康。

（三）稳健性检验

1. 使用未经填补的数据

为了减少样本损失，我们对学习成绩和非认知技能指标进行了填补。如果对关键变量的填补规则不合理，可能会影响本章的估计结果。我们在表 5-5第（1）列使用未填补的学习成绩和非认知技能数据重新估计，发现非认知技能对学习成绩的影响系数仍然在1%的水平上显著，与填补后的估计结果基本一致。这验证了基准回归结果的稳健性，也说明我们的填补方式

① 包含控制变量的完整结果见附表 5-4。

是合理的①。

2. 使用平衡面板数据

本章使用的数据跨期较长，高年级学生在 2017 年调研结束后的秋季学期升学进入初中，到 2020 年进行第三次追踪调研时，所有学生均已升入初中或高中。由于学生分散，没有追踪到基线调研时的所有样本。为了增加稳健性，我们在表 5-5 第（2）列使用平衡面板数据考察非认知技能对 4 期样本学生学习成绩的影响。结果显示，在将数据更换为平衡面板后，各项非认知技能指标的系数仍然显著，与第（1）列的估计结果，几乎没有差异。这意味着，一部分样本的缺失接近随机，并没有显著的偏差并影响估计结果。

3. 剔除2020年数据

2020 年追踪调研时，学生全部进入中学阶段。与小学阶段相比，中学学习课程增多，除语文和数学外，学生要兼顾其他科目的学习，课题组担心语文和数学成绩无法全面衡量中学生的学习成绩。因此，课题组在表 5-5 第（3）列剔除了 2020 年的数据，使用前 3 期数据重新回归，结果表明，非认知技能会显著影响小学阶段的学习成绩，各个变量的系数大小和显著性与第（1）（2）列基本一致。

表 5-5　稳健性检验结果：调整数据

变量	(1) 原始数据	(2) 平衡面板数据	(3) 剔除 2020 年数据
窗格 A:抗逆力对学业表现的影响			
抗逆力	0.218*** (0.006)	0.240*** (0.007)	0.291*** (0.006)
观测值	50831	42241	51912
R^2	0.084	0.095	0.121

① 我们还考虑了另外两种组合方式：一是使用填补后的学习成绩和未经填补的非认知技能指标，二是使用未经填补的学习成绩和填补后的非认知技能指标。结果显示，所有非认知技能指标的系数均在 1%的水平上显著。

续表

变量	(1) 原始数据	(2) 平衡面板数据	(3) 剔除 2020 年数据
窗格 B:自尊对学业表现的影响			
自尊	0.160*** (0.005)	0.153*** (0.006)	0.172*** (0.006)
观测值	61367	42328	52076
R^2	0.056	0.059	0.068
窗格 C:内化对学业表现的影响			
内化	-0.035*** (0.006)	-0.050*** (0.006)	-0.043*** (0.007)
观测值	57849	42190	51991
R^2	0.031	0.035	0.039
窗格 D:外化对学业表现的影响			
外化	-0.122*** (0.006)	-0.139*** (0.007)	-0.154*** (0.007)
观测值	58631	42189	51995
R^2	0.046	0.053	0.061
窗格 E:抑郁对学业表现的影响			
抑郁	-0.156*** (0.006)	-0.160*** (0.007)	-0.194*** (0.006)
观测值	58329	42067	51667
R^2	0.055	0.060	0.076
窗格 F:非认知技能综合指标对学业表现的影响			
非认知技能综合指标	0.177*** (0.006)	0.222*** (0.007)	0.262*** (0.006)
观测值	41482	41808	51371
R^2	0.070	0.009	0.106

4. 用多种方式测量学业表现

上述分析使用学生的学习成绩衡量学业表现。增加测量方式能得到更稳健的结果。接下来，使用其他指标衡量学业表现。首先，对语文和数学成绩分别做标准化处理，作为被解释变量。估计结果报告在表 5-6 第（1）列和第（2）列。结果显示，非认知技能对语文成绩和数学成绩的影响系数与

表 5-4结果一致，也在 1%的水平上显著。

接下来，我们考察非认知技能对学生成绩排名的影响。在表 5-6 第（3）列，被解释变量为语文和数学加总成绩是否进入年级前 20%，结果发现，非认知技能会显著影响学生成绩进入年级前 20%的可能性。抗逆力和自尊得分提高，使学生进入前 20%的可能性增加；而内化、外化和抑郁得分提高，则使学生进入前 20%的可能性下降。在表 5-6 第（4）列，被解释变量为语文和数学加总成绩是否落入年级后 20%，结果同样显示，非认知技能会显著影响学生成绩落入年级后 20%的可能性。可以说，非认知技能会显著影响学生的成绩排名①。我们分别将语文成绩和数学成绩是否不及格作为学业表现的衡量方式②，估计结果见表 5-6 第（5）列和第（6）列。结果显示，非认知技能可以预测学生的语文成绩和数学成绩是否不及格。抗逆力和自尊得分提高，可以显著降低语文和数学成绩不及格的可能性；而内化、外化和抑郁得分提高，则增加了语文和数学成绩不及格的可能性。

在前 3 期调研时，课题组根据国际教育成就评价协会的国际阅读素养进展研究项目（PIRLS）提供的阅读测试试题，对学生的阅读能力进行了测试，记录学生的阅读测试成绩③。我们在表 5-6 第（7）列将被解释变量替换为标准化阅读成绩，结果发现，非认知技能同样会对学生的阅读能力产生影响。抗逆力与自尊得分提高显著增加了阅读测试得分；内化、外化和抑郁得分提高，则显著降低了阅读测试得分。

---

① 由于 2020 年调研时，学生分散到各个中学，原有班级已不存在，在中学的新班级里，并未调查所有学生成绩，缺少完整的班级样本和成绩时，排名是不准确的。因此，表 5-6 第（3）列和第（4）列只使用了前 3 期的调研数据。当然，加入 2020 年的数据后，结论并没有改变。

② 前 3 期调研语文和数学成绩满分均为 100 分，及格线为 60 分；2020 年调研语文和数学成绩满分均为 120 分，及格线为 72 分。

③ PIRLS 是国际教育成就评价协会的研究项目之一，旨在通过阅读测试来评估儿童阅读能力的发展，该项目已在全球许多国家和地区推广实施。课题组对我国台湾翻译的试题译文做了润色，其测量学特征已经在调查中得到证实。

表 5-6　稳健性检验结果：替换学业表现的衡量方式

变量	(1) 语文成绩	(2) 数学成绩	(3) 前 20%	(4) 后 20%	(5) 语文不及格	(6) 数学不及格	(7) 阅读成绩
窗格 A:抗逆力对学业表现的影响							
抗逆力	0. 250 *** (0. 006)	0. 223 *** (0. 006)	0. 441 *** (0. 015)	-0. 641 *** (0. 019)	-0. 621 *** (0. 026)	-0. 432 *** (0. 018)	0. 259 *** (0. 007)
观测值	67331	67331	51912	51912	66189	67118	51855
R^2/Pseudo R^2	0. 119	0. 068	0. 043	0. 079	0. 088	0. 045	0. 088
窗格 B:自尊对学业表现的影响							
自尊	0. 155 *** (0. 005)	0. 142 *** (0. 005)	0. 296 *** (0. 012)	-0. 352 *** (0. 015)	-0. 348 *** (0. 016)	-0. 261 *** (0. 012)	0. 144 *** (0. 005)
观测值	67496	67496	52076	52076	66354	67283	52017
R^2/Pseudo R^2	0. 082	0. 039	0. 028	0. 042	0. 056	0. 028	0. 044
窗格 C:内化对学业表现的影响							
内化	-0. 046 *** (0. 005)	-0. 040 *** (0. 006)	-0. 029 *** (0. 014)	0. 095 *** (0. 016)	0. 125 *** (0. 017)	0. 084 *** (0. 013)	-0. 015 *** (0. 007)
观测值	67264	67264	51991	51991	66130	67052	51932
R^2/Pseudo R^2	0. 059	0. 020	0. 014	0. 025	0. 041	0. 019	0. 023
窗格 D:外化对学业表现的影响							
外化	-0. 145 *** (0. 006)	-0. 125 *** (0. 006)	-0. 161 *** (0. 015)	0. 317 *** (0. 016)	0. 359 *** (0. 019)	0. 245 *** (0. 013)	-0. 137 *** (0. 007)
观测值	67269	67269	51995	51995	66133	67057	51936
R^2/Pseudo R^2	0. 078	0. 034	0. 018	0. 039	0. 058	0. 028	0. 041
窗格 E:抑郁对学业表现的影响							
抑郁	-0. 149 *** (0. 006)	-0. 159 *** (0. 006)	-0. 308 *** (0. 017)	0. 388 *** (0. 015)	0. 330 *** (0. 020)	0. 301 *** (0. 013)	-0. 173 *** (0. 007)
观测值	67066	67066	51667	51667	65932	66853	51603
R^2/Pseudo R^2	0. 080	0. 044	0. 028	0. 047	0. 054	0. 032	0. 053
窗格 F:非认知技能综合指标对学业表现的影响							
非认知技能综合指标	0. 226 *** (0. 006)	0. 207 *** (0. 006)	0. 392 *** (0. 014)	-0. 571 *** (0. 018)	-0. 553 *** (0. 025)	-0. 399 *** (0. 015)	0. 226 *** (0. 007)
观测值	66612	66612	51371	51371	65484	66400	51315
R^2/Pseudo R^2	0. 109	0. 061	0. 037	0. 069	0. 079	0. 042	0. 074

5. 价值增值模型

在前面的基准估计方程里，我们基于传统的教育生产函数估计非认知技能对农村学生学业表现的影响。由于人力资本形成是一个积累过程，前期形成状况成为下一期人力资本形成的起点。接下来，我们将学生的前期成绩引入估计方程，使用价值增值模型来估计非认知技能对学业表现的影响。价值增值模型提供了动态分析思路，通过在方程（5-1）中加入学生滞后一期的学习成绩来估计非认知技能的增量效应。滞后一期的学习成绩捕获了上一期不可观测因素的影响，是人力资本的良好代理变量（Chang，2023），价值增值模型能够部分解决遗漏变量偏误导致的内生性问题（Li et al.，2024）。附表5报告了基于价值增值模型的估计结果。在控制滞后一期的学习成绩后，各项非认知技能指标仍会显著影响农村学生的学习成绩。

（四）异质性分析

1. 非认知技能对不同学习成绩分位样本的影响

表5-2数据显示，学生之间的学习成绩差异较大。那么，非认知技能对不同学习成绩的学生的影响是否有所差别？为了刻画这种差异化的影响，我们基于固定效应面板分位数回归模型，从学生学习成绩分布的10%、25%、50%、75%和90%分位点分别进行估计，回归结果见表5-7。

表5-7的结果表明，在不同的分位点上，非认知技能对学生学习成绩的影响均显著，但影响效应存在差异。从系数绝对值看，非认知技能的影响效应随着学生学习成绩分位点的增加呈减小趋势。以抗逆力为例，当分位点从10%增加到90%时，非认知技能对学习成绩的影响系数从0.438减小至0.115。

表5-7的结果提供了一些有意义的见解。第一，在5个不同的分位点上，非认知技能对农村学生学业成绩的影响均在1%的水平上显著，这进一步验证了基准回归部分的结论，也强调了培养农村学生全面能力的重要性。对农村学生而言，非认知技能是重要的非学术技能，增强心理和情感的韧性，有助于帮助他们在面对学习和生活中的挑战时保持积极性。第二，表5-7的结果说明非认知技能对学习成绩较低分位的学生影响更大，这是经验

上的“学困生”，背后原因可能是他们在其他方面获得的支持较少，抗逆力、自尊等正向的非认知技能成为他们应对学业挑战的重要支撑因素，而内化、外化以及抑郁等负向非认知技能也更可能成为“拖累”。非认知技能对学习成绩处于高分位的学生影响较小，这可能意味着这些学生拥有更多的资源，这些因素本身就有助于他们维持更高的学习成绩，从而使非认知技能的影响减弱。第三，这种差异化的事实，为教育干预措施的设计提供了思路：教育工作者要为学习成绩不佳的学生设计更具针对性的非认知技能支持计划，以帮助他们提高学习成绩、摆脱脆弱状态。

表 5-7　非认知技能对学生学业表现的影响：分位数回归结果

变量	(1) 10%分位	(2) 25%分位	(3) 50%分位	(4) 75%分位	(5) 90%分位
窗格 A:抗逆力对学业表现的影响					
抗逆力	0.438*** (0.009)	0.333*** (0.005)	0.237*** (0.004)	0.165*** (0.004)	0.115*** (0.005)
观测值	67331	67331	67331	67331	67331
窗格 B:自尊对学业表现的影响					
自尊	0.258*** (0.009)	0.201*** (0.006)	0.150*** (0.003)	0.114*** (0.004)	0.088*** (0.005)
观测值	67496	67496	67496	67496	67496
窗格 C:内化对学业表现的影响					
内化	-0.088*** (0.009)	-0.064*** (0.006)	-0.042*** (0.003)	-0.027*** (0.004)	-0.017*** (0.005)
观测值	67264	67264	67264	67264	67264
窗格 D:外化对学业表现的影响					
外化	-0.264*** (0.010)	-0.195*** (0.006)	-0.131*** (0.004)	-0.085*** (0.004)	-0.053*** (0.006)
观测值	67269	67269	67269	67269	67269
窗格 E:抑郁对学业表现的影响					
抑郁	-0.295*** (0.009)	-0.222*** (0.006)	-0.155*** (0.004)	-0.107*** (0.004)	-0.074*** (0.005)
观测值	67066	67066	67066	67066	67066

续表

变量	(1) 10%分位	(2) 25%分位	(3) 50%分位	(4) 75%分位	(5) 90%分位
窗格 F:非认知技能综合指标对学业表现的影响					
非认知技能综合指标	0.405*** (0.009)	0.307*** (0.006)	0.217*** (0.004)	0.150*** (0.004)	0.104*** (0.005)
观测值	66612	66612	66612	66612	66612

2. 性别

已有研究发现，男生在数学上有更优的表现，女生则在语言上表现更优，这些差异中有部分可以通过非认知技能解释（Golsteyn and Schils, 2014）。表 5-8 报告了非认知技能对学生学习成绩影响的性别差异。结果显示，抗逆力和自尊对男生学习成绩的正面影响更大，内化和外化对女生学习成绩的负面影响更大。这些结果反映出男生和女生在非认知技能的回报方面存在差异。抑郁得分对男生和女生的不利影响都大于内化和外化，性别之间几乎无差异，这是男生和女生面对的共同难题。

非认知技能性别差异的形成既有先天的生理性成因，也有后天的社会性成因（梁文艳和周晔馨，2023）。在传统的社会规范中，男生通常被期望能够承受压力并独立应对挑战，这不仅增强了他们的抗逆力，也有助于使他们更能利用这些正向的非认知技能来取得学业上的进步。相比之下，女生更被期待展示出亲和性、依赖性等品质，为避免偏离规范而遭受偏见，女生更可能选择亲社会行为，更看重自身的“能力评价”（刘中华，2018），更需要通过他人的认同来实现自身价值（梁文艳和周晔馨，2023）。因此，一旦女生展现出外化行为，她们可能会受到更多的外部压力和负面评价，这种行为也可能会影响老师和同学同她们的互动方式，进而对学业表现产生更大的负面影响。

在基准回归部分，我们发现女生的学习成绩高于男生，这体现了女生在学业表现上具有优势。本章的发现支持这样的观点：非认知技能确实存在性别差异，表现为女生水平占优，但在回报方面则表现为男生占优，这与梁文艳和周晔馨（2023）的结论一致。表 5-8 第（1）列和第（2）列的发现为缩小学习成绩的性别差异提供了一种思路，即积极培养男生正向的非认知技能。另外需要关注的是，第（1）列和第（2）列中抑郁的系数在 1%的水平上显著为负，并且在男生和女生之间没有显著差异，这一结果提示，在教育干预中应当关注降低学生的抑郁风险。

3. 家庭经济条件

经济条件不同的家庭对子女人力资本的重视程度和投资力度都存在差别，为考察非认知技能对不同家庭经济条件学生学习成绩的影响差异，本章依据家庭经济条件将学生样本划分为两个群体。具体而言，如果家庭资产指数大于等于样本均值，则认为该学生的家庭经济条件为中等偏上；如果家庭资产指数小于样本均值，则认为该学生的家庭经济条件为中等偏下。表 5-8 第（3）列和第（4）列汇报了非认知技能对学生学习成绩的影响在家庭经济条件方面的差异。结果表明，抗逆力和自尊对家庭经济条件中等偏上学生学习成绩的促进作用略大。这些非认知技能对学业成绩的影响都是统计显著的。

从这些估计结果判断，经济条件好的家庭在人力资本投资方面的收益率更高，这与图 5-1 包含的信息相吻合。经济条件好的家庭更可能认识到非认知技能对子女成长和发展的重要性，会倾向于对子女进行更多的教育或人力资本投资。相比之下，经济条件差的家庭忽视对孩子的教育，在人力资本投资方面处于弱势地位，这些儿童在成长过程中往往缺乏基本投资。外化行为在资源匮乏的环境中更为常见，这通常是由于压力和挫折感的累积，以及缺乏适当的情绪调节。或者受经济条件的束缚，或者对非认知技能的重要性认识不够，家庭经济条件较差的家庭难以为儿童提供及时的情感支持或对负面情绪采取干预措施，使儿童的负面行为模式得以持续并最终对学习成绩产生显著的负面影响。第（3）列和第（4）列的结果，显示了学校、家庭和社区在为弱势儿童提供心理健康网络支持方面非常重要。

4. 留守状态

城乡分割的户籍制度以及差异化的公共服务供给导致我国农村地区出现大量留守儿童。在本章的样本中，将父母都外出者定义为留守儿童，在2015~2017 年的样本中，其平均比例为 23.9%，这部分群体的非认知技能可能与非留守儿童存在差异。表 5-8 第（5）列和第（6）列揭示了非认知技能对学习成绩的影响在非留守儿童和留守儿童之间的差异。

在直觉上，由于家庭陪伴环节的缺失，留守儿童在人力资本积累方面可能处于劣势，其心理健康状态比非留守儿童要差；但也存在相反的可能性，父母认为让寄宿学校的老师教育和陪伴孩子，效果会更好。表 5-8 第（5）列和第（6）列的结果显示，抗逆力和自尊对非留守儿童学习成绩的正向促进作用比留守儿童更大。数据结果背后的经验事实可能是选择性：那些有父母共同生活和陪伴的儿童，在情感支持方面具有优势，他们从父母那里随时得到各种资源，应对学习和生活中的挑战，相比留守儿童，这些非留守儿童拥有一个更稳定的成长环境，在面对压力时，能表现出更强的适应性和恢复力。而留守儿童由于与父母分离，面临更多情感困扰和孤独感，会经历安全感缺失，对学业造成负面影响。

表 5-8 非认知技能对学生学业表现的影响：异质性分析

变量	性别		家庭经济条件		留守状态	
	女生	男生	中等偏下	中等偏上	非留守儿童	留守儿童
窗格 A:抗逆力对学业表现的影响						
抗逆力	0.245*** (0.008)	0.267*** (0.008)	0.253*** (0.008)	0.266*** (0.009)	0.267*** (0.007)	0.235*** (0.010)
观测值	34045	33279	29199	38124	51244	16077
R^2	0.104	0.102	0.106	0.102	0.102	0.106
组间系数差异	-0.022*** (0.001)		-0.013* (0.054)		0.032*** (0.000)	
窗格 B:自尊对学业表现的影响						
自尊	0.146*** (0.006)	0.178*** (0.007)	0.159*** (0.007)	0.168*** (0.006)	0.168*** (0.006)	0.149*** (0.009)

续表

变量	性别		家庭经济条件		留守状态	
	女生	男生	中等偏下	中等偏上	非留守儿童	留守儿童
观测值	34103	33386	29290	38198	51365	16121
R^2	0.063	0.065	0.068	0.061	0.061	0.074
组间系数差异	-0.032*** (0.000)		-0.009 (0.110)		0.019** (0.016)	
窗格 C:内化对学业表现的影响						
内化	-0.061*** (0.008)	-0.037*** (0.008)	-0.047*** (0.007)	-0.049*** (0.007)	-0.046*** (0.006)	-0.056*** (0.009)
观测值	34013	33244	29193	38063	51185	16069
R^2	0.043	0.037	0.044	0.035	0.035	0.054
组间系数差异	-0.024*** (0.001)		0.002 (0.416)		0.010 (0.119)	
窗格 D:外化对学业表现的影响						
外化	-0.156*** (0.008)	-0.138*** (0.008)	-0.150*** (0.008)	-0.145*** (0.008)	-0.149*** (0.007)	-0.142*** (0.010)
观测值	34018	33244	29198	38063	51186	16073
R^2	0.064	0.054	0.065	0.053	0.055	0.071
组间系数差异	-0.018** (0.016)		-0.005 (0.255)		-0.007 (0.258)	
窗格 E:抑郁对学业表现的影响						
抑郁	-0.170*** (0.008)	-0.173*** (0.008)	-0.171*** (0.007)	-0.174*** (0.007)	-0.172*** (0.007)	-0.171*** (0.009)
观测值	33916	33143	29083	37975	51034	16022
R^2	0.072	0.063	0.072	0.063	0.062	0.081
组间系数差异	0.003 (0.307)		0.003 (0.344)		-0.001 (0.413)	
窗格 F:非认知技能综合指标对学业表现的影响						
非认知技能综合指标	0.229*** (0.007)	0.244*** (0.008)	0.235*** (0.007)	0.242*** (0.008)	0.243*** (0.007)	0.223*** (0.009)
观测值	33733	32872	28868	37736	50698	15904
R^2	0.097	0.091	0.098	0.091	0.092	0.101
组间系数差异	-0.015** (0.031)		-0.007 (0.174)		0.020* (0.010)	

注：组间系数差异对应括号内数值为 p 值，通过费舍尔组合检验（抽样 1000 次）计算得到。其余括号内数值为学校层面聚类的稳健标准误。

五 机制分析

如果非认知技能显著影响了学业成绩，影响机制或途径在哪里呢？我们从学习积极性、睡眠质量和卷入校园欺凌等方面进行探讨。从经验上可以判断，这几个因素都会影响中小学生的学业成绩。

（一）学习积极性

个体在学业上的成功首先需要其具有学习积极性。Cunha and Heckman（2008）认为，非认知技能通过使儿童更有冒险精神以及更愿意学习来发展认知技能。非认知技能水平高的学生，对自身能力和潜力有更积极正面的主观评价，这种积极的自我评价会激发学生的学习兴趣，增强学习动力。在学习过程中，会遇到困难或成绩下降，抗逆力水平高的学生在面对挑战和压力时，更可能保持专注并以积极态度去解决问题，从而更好地完成学习任务并取得进步。自尊影响学生的自我效能感，自尊得分高的学生对自己的认同感更高，更看重自己的努力（刘中华，2018）。对自己能出色完成学习任务有信心，这本身就是一种动力，驱使个体愿意投入更多时间学习。总的来说，非认知技能水平高的学生更可能给自己一种积极的心理暗示，相信自己的努力能获得更好的学业表现。

结合问卷设计的问题，本章使用教育期望和学生自评学习努力程度衡量学习积极性。教育期望询问学生计划读书到哪一阶段，从低到高，依次赋值1~6[①]。学生自评学习努力程度从低到高为很不努力、不努力、一般、努力、很努力，依次赋值1~5。表5-9第（1）列和第（2）列的被解释变量分别为教育期望和学习努力程度[②]。

---

① 我们将学生回答为“无所谓”或“现在就可以不读了”的情形视为最消极的教育期望，并赋值为1。将教育期望为初中、中专、普通高中、大专、大学或更高依次赋值为2~6。

② 表5-9第（1）列和第（2）列使用面板有序Logit模型估计，出于稳健性考虑，我们将估计模型更换为线性模型以及面板数据个体固定效应有序Logit模型，结论未发生改变。

（二）睡眠

睡眠对中小学生的身体成长和神经系统发育有重要作用，还会对个人的学习效率和认知产生影响（Bessone et al.，2021）。睡眠是大脑进行记忆整合和信息加工的重要时间段，睡眠有助于清除大脑中的代谢废物，维持大脑的清晰度和灵活性。充足的睡眠可以改进学习成果，不同学科的证据均表明，睡眠与青少年的学业表现显著相关。本文推测，非认知技能会通过影响学生的睡眠来影响学业表现。

问卷询问学生在周一到周五每晚的睡眠时长。表5-9第（3）列的被解释变量为学生睡眠时长，结果表明，非认知技能对学生睡眠时长的影响系数在1%的水平上显著。其中，抗逆力和自尊会增加学生的睡眠时长[①]。睡眠时长并不能完全代表睡眠质量，需要考虑其他的衡量指标。在前3期调研时，课题组设计了睡眠习惯问卷[②]，通过询问学生过去一个星期或某一个典型星期的睡眠情况，计算学生的睡眠习惯得分。睡眠习惯得分越高，说明学生的睡眠习惯越差。表5-9第（4）列的被解释变量为学生睡眠习惯得分[③]，结果表明，非认知技能会显著影响学生的睡眠习惯得分。抗逆力和自尊的系数显著为负，意味着抗逆力水平和自尊水平高的学生睡眠习惯更好。内化、外化和抑郁的系数显著为正，表明内化、外化和抑郁风险高的学生睡眠习惯更差。

除上述指标外，在前3期调研时，学生问卷还询问了学生自评的睡眠质量和是否有睡眠困难（均为二值变量）。表5-9第（5）列和第（6）列的

① 清理数据时发现，睡眠时长这一变量存在异常情况。其中，4.52%的学生自报每天睡眠时长少于6小时，1.27%的学生自报每天睡眠时长在12小时以上。本章对异常情况做两种处理。一是结合中小学生的正常作息规律，将睡眠时长少于6小时的视为6小时，将睡眠时长在12小时以上的视为12小时。二是将异常值做删失处理。表5-9第（3）列的被解释变量为归并处理后的睡眠时长。我们还将删除缺失值后的睡眠时长作为被解释变量，结果发现各项非认知技能指标的系数仍在1%的水平上显著。

② 睡眠习惯问卷是学生问卷中的一个模块，改编自Owens et al.（2000）。

③ 由于2020年调研时未调查学生的睡眠习惯，因此表5-9第（4）列的回归仅包含前3期的数据。

被解释变量分别为睡眠质量和是否有睡眠困难。结果表明，抗逆力和自尊得分越高，学生睡眠质量好的可能性越大，有睡眠困难的可能性越小。相反，内化、外化和抑郁风险越高，学生睡眠质量好的可能性越小，有睡眠困难的可能性越大。上述分析表明，非认知技能对农村学生的睡眠时长和睡眠质量具有显著影响。

表 5-9　机制检验结果：学习积极性和睡眠

变量	(1) 教育期望	(2) 学习努力程度	(3) 睡眠时长	(4) 睡眠习惯得分	(5) 睡眠质量	(6) 是否有睡眠困难
窗格 A:抗逆力						
抗逆力	0.473*** (0.013)	0.531*** (0.011)	0.085*** (0.006)	-0.278*** (0.006)	0.365*** (0.013)	-0.275*** (0.015)
观测值	65551	65888	65936	40047	51450	51323
窗格 B:自尊						
自尊	0.300*** (0.011)	0.354*** (0.010)	0.041*** (0.006)	-0.132*** (0.006)	0.227*** (0.013)	-0.147*** (0.014)
观测值	65706	66041	66080	40101	51591	51470
窗格 C:内化						
内化	-0.143*** (0.010)	-0.248*** (0.010)	-0.049*** (0.005)	0.292*** (0.005)	-0.303*** (0.013)	0.275*** (0.015)
观测值	65482	65818	65864	40089	51528	51394
窗格 D:外化						
外化	-0.288*** (0.011)	-0.363*** (0.010)	-0.057*** (0.005)	0.281*** (0.006)	-0.206*** (0.012)	0.209*** (0.014)
观测值	65487	65826	65871	40088	51531	51400
窗格 E:抑郁						
抑郁	-0.263*** (0.011)	-0.272*** (0.010)	-0.084*** (0.006)	0.382*** (0.006)	-0.473*** (0.014)	0.423*** (0.014)
观测值	65306	65640	65690	39870	51204	51087
窗格 F:非认知技能综合指标						
非认知技能综合指标	0.442*** (0.013)	0.523*** (0.011)	0.089*** (0.006)	-0.345*** (0.006)	0.434*** (0.014)	-0.342*** (0.016)
观测值	64875	65213	65621	39739	50931	50807

（三）校园欺凌

校园欺凌是一种受到社会关注的问题。根据联合国教科文组织的数据，全球有 1/3 的学生是校园欺凌的受害者①。青少年时期是最容易受到欺凌的生命阶段（Gimenez et al.，2024）。首先，校园欺凌会对学生的身心健康造成影响，导致学生无法集中注意力，难以专注于学习任务。其次，校园欺凌可能导致受害者与同学之间的关系紧张甚至恶化，产生社会情感障碍。在遭受欺凌的情况下，受害者会产生对同学的不信任，产生回避社交倾向，不仅会影响受害者与同学之间的交流互动，还会导致受害者感到孤独无助，厌恶学校环境，长期遭受欺凌还会使受害者对自己的能力产生怀疑，降低学习的信心和积极性。此外，面对持续的欺凌行为，受害者会产生逃避学校的倾向，可能会因此中断学习进程。经验研究表明，无论是主动欺凌者还是被欺凌者，学习成绩都会降低（Contreras et al.，2016），这种影响也得到了国际对比研究的证实（Gimenez et al.，2024）。

提高非认知技能可以有效减少校园欺凌的发生（Sarzosa & Urzúa，2021）。非认知技能水平高的学生拥有更好的情绪管理能力，能应对冲突并处理情绪反应，避免因一时冲动而伤害他人。非认知技能水平高的学生在面临挫折或被他人挑衅时，不会轻易被情绪操控而采取暴力行为。具有高自尊和社交技能的学生能形成稳定的友谊和社会支持网络，降低成为欺凌目标的风险，即使在面对欺凌时也能够保持从容，减少对欺凌者的顺从，寻求来自老师、家长和朋友的帮助，将欺凌的危害降到最低程度。从另一个角度看，非认知技能水平高的学生更具同理心，能换位思考，减少主动欺凌的发生。据此，本章认为，非认知技能会通过影响校园欺凌的发生率来影响学业表现。

我们从实施欺凌和被欺凌两个角度检验这一机制。学生问卷询问了学生

① 联合国教科文组织网站，https：//www.unesco.org/en/health - education/safe - learning - environments。

过去半年内在学校欺负别人的次数和被欺负的次数。这两道题目均设置5个选项：完全没有、半年内1~2次、每月2~3次、每周1次、每周数次。参考吴要武和侯海波（2017）的研究，本章以每月2~3次作为是否实施欺凌和遭受欺凌的标准。表5-10第（1）列的被解释变量为是否欺凌他人。结果表明，抗逆力和自尊减少了学生对他人实施欺凌的可能性，而内化、外化和抑郁则增加了学生对他人实施欺凌的可能性。表5-10第（2）列的被解释变量为是否遭受欺凌。结果显示，抗逆力和自尊显著降低了学生成为校园欺凌受害者的可能性。学生问卷中还包含校园欺凌量表，从身体、言语、关系和网络4个维度衡量，将所有题目的得分加总后得到欺凌得分。得分越高，表明遭遇校园欺凌越严重。在表5-10第（3）列中，我们将被解释变量更换为欺凌得分。结果表明，抗逆力和自尊降低了学生的欺凌得分，而内化、外化和抑郁则增加了学生的欺凌得分。表5-10的结果证实，非认知技能对校园欺凌（包括实施欺凌和被欺凌）的发生具有显著影响，这也是影响学业成绩的一种可能途径。

表5-10　机制检验结果：校园欺凌

变量	(1) 是否欺凌他人	(2) 是否遭受欺凌	(3) 欺凌得分
窗格A:抗逆力			
抗逆力	-0.580*** (0.015)	-0.435*** (0.014)	-0.278*** (0.005)
观测值	65126	66267	67167
R^2/Pseudo R^2	0.060	0.039	0.100
窗格B:自尊			
自尊	-0.216*** (0.011)	-0.204*** (0.011)	-0.144*** (0.005)
观测值	65263	66431	67289
R^2/Pseudo R^2	0.020	0.018	0.046
窗格C:内化			
内化	0.445*** (0.012)	0.432*** (0.012)	0.310*** (0.005)

续表

变量	(1) 是否欺凌他人	(2) 是否遭受欺凌	(3) 欺凌得分
观测值	64998	66192	67068
R^2/Pseudo R^2	0.042	0.040	0.121
窗格 D:外化			
外化	0.665*** (0.013)	0.396*** (0.012)	0.325*** (0.005)
观测值	65000	66198	67076
R^2/Pseudo R^2	0.082	0.036	0.128
窗格 E:抑郁			
抑郁	0.641*** (0.012)	0.705*** (0.013)	0.493*** (0.005)
观测值	64841	65995	66891
R^2/Pseudo R^2	0.077	0.088	0.266
窗格 F:非认知技能综合指标			
非认知技能综合指标	-0.698*** (0.014)	-0.559*** (0.014)	-0.379*** (0.005)
观测值	64416	65564	66470
R^2/Pseudo R^2	0.080	0.057	0.166

六　小学阶段的非认知技能对中学阶段学业表现的影响

上述研究表明，非认知技能对农村学生学业表现具有显著影响。“技能产生技能”假说认为，技能的形成是积累的过程，对儿童早期人力资本的投资会带来长期回报。从这个假说出发，农村学生在小学阶段的非认知技能水平会对中学阶段的学业表现产生影响。

一些研究提供了非认知技能对个人发展具有持久重要性的证据。1965年，美国开始通过公立教育机构为弱势儿童提供学前教育，为3~5岁儿童建立学前班、托儿所，旨在改善儿童健康、自信心、语言、社交技能以及提高家长参与度，来发展儿童的各项技能。Head Start 项目是美国实施时间最长的大规模公共学前教育项目，截至 2022 年，该项目已为美国 50 个州、哥伦比亚特区及其他地区的 3900 万名儿童及其家庭提供服务①。评估结果表明，尽管 Head Start 项目对学生学习成绩的短期影响会消失，但是对儿童成年后的受教育程度、就业和收入均产生了积极影响（Duncan and Magnuson，2013）。Glewwe et al.（2017）利用甘肃省基础教育追踪调查的三轮数据研究发现，在控制认知技能后，9~12 岁这一时段非认知技能水平高的学生，到 17~21 岁时更有可能仍在学校上学。

课题组在进行前 3 期调研时，样本学生就读于小学阶段（4~6 年级）。到 2020 年第 4 期调研时，绝大部分学生就读于初二至高一年级②。这样的数据结构使我们能够进一步探讨小学阶段的非认知技能对中学阶段学业表现的影响，检验“技能产生技能”假说。

首先，本章以第 4 期调研时学生的标准化加总成绩（语文+数学）作为被解释变量，前 3 期非认知技能的各项指标作为解释变量，考察小学阶段的非认知技能对中学阶段学习成绩的影响。由于中学阶段的学业表现不会对小学阶段的非认知技能产生影响，因此不会因反向因果而导致内生性问题。表 5-11第（1）列的结果表明，小学阶段的非认知技能对中学阶段的学习成绩具有显著影响。其次，我们将被解释变量替换为 2020 年调研时语文成绩和数学成绩是否不及格，表 5-11 第（2）列和第（3）列的结果显示，小学阶段的非认知技能可以预测中学阶段的学业表现。与当期的估计系数基本一致，前期的抗逆力和自尊得分，显著提高了当前的学业成绩；而前期的内化、外化和抑郁得分，则显著降低了当前的学业成绩。

再次，我们以初中毕业后的升学去向作为学业成绩的延伸，探讨前期的非认知技能对未来升学的影响。中考升学是个重要事件。我们找到了高年级学生在 2020 年 9 月以后的去向，包括普通高中、中等职业学校、留级、转

① Head Start 项目官方网站，https：//eclkc. ohs. acf. hhs. gov/data-ongoing-monitoring/article/head-start-program-facts-fiscal-year-2022。

② 2020 年 6 月，课题组在四川省启动了追踪调查。受疫情的客观影响，河北省的调研时间分散（主要集中在 6 月、9 月和 10 月）。因此，在最终收集的数据中，25. 21%的学生在第 4 期调研时就读于高一年级，74. 31%的学生就读于初二和初三。

学和辍学，也获得了部分学生的中考成绩信息。表 5-11 第（4）列将被解释变量替换为初中毕业后是否辍学，结果表明，小学阶段的抗逆力和自尊得分，显著降低初中毕业后辍学的概率；内化、外化和抑郁得分则显著提高了辍学概率。表 5-11 第（5）列的被解释变量为中考分数，结果显示小学阶段的非认知技能对中考成绩具有显著影响。抗逆力和自尊得分的提高会增加中考分数；外化和抑郁得分的提高则会显著降低中考分数。

最后，由于中考分数并不能完全预测学生在中考后升入普通高中还是进入中等职业学校①，因此，我们还尝试将被解释变量替换为学生在初中毕业后是否升入普通高中（升入中等职业学校为对照组），表 5-11 第（6）列的结果表明，小学阶段非认知技能水平（如抗逆力和自尊）高的学生，在初中毕业后更可能升入普通高中。窗格 F 报告了非认知技能综合得分的估计结果，与前面的测量方式具有相同的效应。表 5-11 的结果表明，非认知技能的影响具有持续性，小学阶段的非认知技能会影响中学阶段的学业表现，假设 2 得到验证。这也表明“技能产生技能”假说在中国背景下的农村青少年身上是同样成立的。

表 5-11 小学阶段的非认知技能对中学阶段学业表现的影响

变量	(1) 标准化成绩	(2) 语文不及格	(3) 数学不及格	(4) 是否辍学	(5) 中考分数	(6) 升入普高
窗格 A:抗逆力						
抗逆力	0.191*** (0.009)	-0.453*** (0.024)	-0.357*** (0.020)	-0.435*** (0.038)	18.330*** (1.430)	0.439*** (0.023)
观测值	32770	32458	32770	23324	7001	22110
R^2/Pseudo R^2	0.065	0.057	0.032	0.074	0.136	0.062
窗格 B:自尊						
自尊	0.118*** (0.007)	-0.256*** (0.017)	-0.222*** (0.014)	-0.251*** (0.034)	12.472*** (1.183)	0.300*** (0.020)
观测值	32856	32541	32856	23372	7014	22145
R^2/Pseudo R^2	0.044	0.038	0.020	0.058	0.121	0.048

① 如略高于当地普通高中最低录取线的学生可能去中等职业学校就读，略低于当地普通高中最低录取线的学生也可能升入普通高中。

续表

变量	(1) 标准化成绩	(2) 语文不及格	(3) 数学不及格	(4) 是否辍学	(5) 中考分数	(6) 升入普高
窗格 C:内化						
内化	-0.038*** (0.009)	0.067*** (0.019)	0.060*** (0.018)	0.058** (0.029)	0.289 (1.555)	-0.022 (0.021)
观测值	32817	32504	32817	23347	7004	22125
R^2/Pseudo R^2	0.032	0.028	0.012	0.050	0.105	0.033
窗格 D:外化						
外化	-0.102*** (0.009)	0.235*** (0.021)	0.179*** (0.019)	0.247*** (0.034)	-6.159*** (1.512)	-0.182*** (0.022)
观测值	32816	32502	32816	23351	7005	22128
R^2/Pseudo R^2	0.040	0.036	0.016	0.059	0.110	0.038
窗格 E:抑郁						
抑郁	-0.123*** (0.010)	0.245*** (0.019)	0.255*** (0.019)	0.275*** (0.029)	-11.754*** (1.542)	-0.290*** (0.020)
观测值	32611	32300	32611	23196	6955	21988
R^2/Pseudo R^2	0.045	0.037	0.022	0.061	0.121	0.047
窗格 F:非认知技能综合指标						
非认知技能综合指标	0.175*** (0.010)	-0.397*** (0.024)	-0.330*** (0.020)	-0.397*** (0.038)	15.540*** (1.296)	0.393*** (0.023)
观测值	32443	32137	32443	23103	6928	21901
R^2/Pseudo R^2	0.060	0.051	0.029	0.071	0.130	0.056

七　结论与政策含义

在义务教育阶段，当前农村学生仍占全国学生的40%以上，尽管政府允许并且鼓励青少年到父母务工经商地接受教育，但农村仍有1000多万名留守儿童。与城市学生相比，农村学生在人力资本形成方面处于不利地位。农村学生如果能顺利完成高中阶段学业，不仅有利于自身职业发展，避免脆弱性，也有助于国家普及高中阶段教育战略目标的实现。迄今为止，大多数经济学家对人力资本的关注主要集中于认知技能，关于非认知技能对学校教育影响的证据比认知技能有限得多。本章利用对河北和四川两省共五县的4期调查数据，检验了非认知技能对农村学生学业表现的影响效应。本章的研究结果如下。

第一，非认知技能对农村学生的学业表现具有显著影响。其中，抗逆力和自尊对学业表现具有促进作用，而内化、外化和抑郁对学业表现则有抑制效应。非认知技能对农村学生学业表现的影响在多种稳健性检验后仍然显著。

第二，非认知技能对农村学生学业表现的影响存在异质性特征。分位数回归的结果显示，非认知技能对学习成绩处于较低分位的学生影响更大。在性别方面，非认知技能确实存在性别差异，表现为女生水平占优，但在回报方面则表现为男生占优。在家庭经济条件方面，抗逆力和自尊对家庭经济条件中等偏上学生学习成绩的促进作用更大。本章还发现，抗逆力和自尊对非留守儿童学习成绩的正向促进作用比留守儿童更大。

第三，在机制检验部分，我们发现，非认知技能会通过影响农村学生的学习积极性、睡眠以及卷入校园欺凌的可能性，进而影响学业表现。其中，抗逆力和自尊提高了学生的学习积极性，延长了睡眠时间，提高了睡眠质量，并且降低了学生卷入校园欺凌的可能性，使学生有更多精力投身于学校学习，最终提升了学业表现。

第四，小学阶段的非认知技能对中学阶段的学业表现具有显著影响。这种影响不仅体现在期末考试成绩上，也体现在初中毕业后是否辍学、中考成绩以及是否升入普通高中等方面。这些结果证实非认知技能的影响具有持续性，也表明“技能产生技能”假说在中国背景下是成立的。

本章的研究结论可以引申出以下政策含义。

第一，应当重视非认知技能培养，促进农村学生全面发展。越来越多的研究认识到智商并非决定学业成功的唯一要素，人力资本的内涵包括认知技能，也包括非认知技能。非认知技能对学生学业表现具有显著影响，抗逆力和自尊在帮助学生顺利完成学业方面具有积极作用，内化、外化和抑郁则具有消极作用。政策层面应当强调非认知技能的重要性，将其纳入课程标准，注重在课堂内外培养农村学生的非认知技能。

第二，应当加强对农村学生早期非认知技能的干预。在整个生命周期中，技能形成是一个过程，早期形成的技能有利于下一阶段的技能形成，为以后的工作和生活奠定成功基础。技能之间存在动态互补，这是一个重要特征。我们的研究发现，小学阶段的非认知技能可以预测中学阶段的学业表现。非认知技能形成的窗口期在青春期之前，正值学前教育和义务教育阶段。对农村学生早期非认知技能的干预需要政府、学校和家庭协同推进。政府和学校应当为教师提供相关培训，使其了解如何在教学过程中培养学生的非认知技能。非认知技能对学业表现的影响机制之一是学生的学习积极性，教师在教学过程中应注重对学生的引导和激励，提升学生的学习积极性。学校也需要积极营造和谐的校园环境，注重学生同理心的培养，有效防止校园欺凌的发生；可以开展定期的睡眠卫生教育，帮助学生保持良好的睡眠习惯。此外，技能的培养并不等同于学校教育，家庭环境对技能的形成同样重要。父母是孩子的第一任老师，家庭也应当重视对孩子非认知技能的培养，在关注学业成绩的同时需要规划完整的教育投资策略，促进孩子的全面发展。政府相关部门要认真执行《家庭教育促进法》，将对脆弱青少年的非认知技能干预落到实处。

第三，要注重对弱势儿童的帮助，减少家庭背景对教育成果的影响。异质性分析表明，抗逆力和自尊对家庭经济条件中等偏上的儿童和非留守儿童的学业表现影响更大。为了减少家庭背景对教育成果的不平等影响，需要为弱势儿童提供更多支持。例如，提供免费的心理辅导，在日常生活中给予更多的关怀，确保他们能够获得必要的帮助，弥补资源匮乏家庭无法提供的额外支持。

附　录

附录1　基线调研各县小学抽样数量分布

附表 5-1　调研县小学抽样数量分布

单位：个

省份	县	小学数量
河北省	A	31
	B	20
	C	12
四川省	D	59
	E	15
总计	5	137

注：本表报告了基线调研时河北省和四川省五县小学抽样数量的分布情况。

附录2　学生期末考试成绩填补说明

学生在最近一次期末考试中的语文成绩和数学成绩由学生在每一期的学生问卷中填写。针对语文成绩或数学成绩缺失的情形，为了减少样本损失，本章对成绩缺失样本进行了填补。填补规则根据学生问卷中学生对自己成绩在班级中所处位置的回答确定。学生问卷分别询问学生的语文成绩和数学成绩与同学比较处于什么水平，共设置 5 个选项：很不好、中下、中等、中上、很好。我们分别计算了每个班级语文成绩和数学成绩的第 10 分、25 分、50 分、75 分和 90 分位数对应的成绩，依次对应学生自评语文和数学成绩所处的位置。如果学生的语文成绩或数学成绩存在缺失，便根据学生自报水平在班级中对应的分数替换缺失值。填补前后的样本观测值见附表 5-2。由于 2020 年调研时学生已经升学，分散到不同的学校和班级，难以再进行整班调查，因此无法按照前三期的原则进行填补。

附表 5-2　语文成绩和数学成绩加总分数填补情况

年份	学生数	原始观测值	填补后观测值
2015	17798	16242	17732
2016	17875	17216	17808
2017	17530	16490	17489
2020	17752	15514	15514

注：本表报告了各年份学生语文和数学加总成绩缺失值的填补情况。为了减少被解释变量的缺失值，我们根据学生自评语文和数学成绩在班级中的位置，对相应的缺失值进行了填补。

附录3　非认知技能指标填补说明

本章使用的非认知技能指标均根据每一种量表中所有的题目计分加总得到，如果学生没有就某一道题目作答，会导致相应的非认知技能指标缺失。以抗逆力为例，抗逆力得分根据 43 道题目计算得到，如果这 43 道题目中有至少一道题目缺少学生的回答，则会使抗逆力得分缺失。为了尽可能减少样本损失，我们对缺失 1~7 道题目的抗逆力得分进行填补。填补方法为：加总该学生所填没有缺失的题目得分后，计算均值，使用均值对存在缺失的题目得分进行填补，之后加总得到抗逆力得分。将填补数量的上限设定为 7 道的原因是绝大部分抗逆力得分的缺失是有 1~7 道题目没有相应的回答。我们并没有按照上述规则对所有抗逆力得分缺失的样本都进行填补，如果题目缺失过多，这种填补方法的有效性就会降低。其余指标的填补方法与抗逆力相同。填补前后的样本观测值见附表 5-3。

附表 5-3　非认知技能填补情况

年份	学生数	原始观测值	填补后观测值
抗逆力			
2015	17798	11875	17583
2016	17875	13006	17766
2017	17530	14982	17461
2020	17752	15422	17272

续表

年份	学生数	原始观测值	填补后观测值
自尊			
2015	17798	16184	17704
2016	17875	16679	17799
2017	17530	16896	17485
2020	17752	16954	17279
内化			
2015	17798	14486	17633
2016	17875	15555	17777
2017	17530	16509	17486
2020	17752	16348	17110
外化			
2015	17798	14863	17638
2016	17875	15812	17773
2017	17530	16668	17487
2020	17752	16394	17110
抑郁			
2015	17798	14770	17547
2016	17875	15482	17599
2017	17530	16606	17408
2020	17752	16548	17250

注：本表报告了各年份学生非认知技能指标缺失值的填补情况。由于学生对某个题目的漏答会造成非认知技能指标的缺失，为了减少解释变量的缺失值，我们对回归中使用的各项非认知技能指标进行了填补。

附录4　非认知技能对农村学生学业表现的影响

附表 5-4　非认知技能对农村学生学业表现的影响

变量	(1) 抗逆力	(2) 自尊	(3) 内化	(4) 外化	(5) 抑郁	(6) 综合指标
非认知技能	0.260*** (0.006)	0.164*** (0.005)	-0.048*** (0.006)	-0.148*** (0.006)	-0.172*** (0.006)	0.239*** (0.006)
性别	-0.085*** (0.015)	-0.150*** (0.016)	-0.156*** (0.017)	-0.116*** (0.016)	-0.158*** (0.016)	-0.111*** (0.016)

续表

变量	(1) 抗逆力	(2) 自尊	(3) 内化	(4) 外化	(5) 抑郁	(6) 综合指标
年龄	-0.098*** (0.007)	-0.113*** (0.007)	-0.115*** (0.008)	-0.109*** (0.008)	-0.107*** (0.007)	-0.100*** (0.007)
父亲受教育年限	0.033*** (0.003)	0.035*** (0.003)	0.038*** (0.003)	0.037*** (0.003)	0.035*** (0.003)	0.033*** (0.003)
母亲受教育年限	0.009*** (0.003)	0.011*** (0.003)	0.012*** (0.003)	0.011*** (0.003)	0.012*** (0.003)	0.009*** (0.003)
家庭资产指数	0.021*** (0.003)	0.024*** (0.004)	0.024*** (0.004)	0.023*** (0.003)	0.022*** (0.003)	0.021*** (0.003)
父亲外出务工	0.005 (0.011)	0.001 (0.012)	0.004 (0.013)	0.006 (0.011)	0.016 (0.012)	0.014 (0.012)
母亲外出务工	-0.040 (0.026)	-0.055** (0.027)	-0.057** (0.028)	-0.049* (0.027)	-0.035 (0.027)	-0.024 (0.026)
父母均外出务工	0.035** (0.013)	0.031** (0.014)	0.034** (0.014)	0.035*** (0.014)	0.046*** (0.013)	0.042*** (0.013)
兄弟姐妹数量	-0.026*** (0.008)	-0.033*** (0.008)	-0.036*** (0.008)	-0.032*** (0.008)	-0.027*** (0.008)	-0.026*** (0.007)
学校固定效应	是	是	是	是	是	是
年份固定效应	是	是	是	是	是	是
观测值	67331	67496	67264	67269	67066	66612
R^2	0.097	0.057	0.032	0.052	0.060	0.087

注：本表报告了与正文表 5-4 扩展方程相对应的完整回归结果。

附录5　价值增值模型估计结果

附表 5-5　稳健性检验结果：价值增值模型

变量	(1) 抗逆力	(2) 自尊	(3) 内化	(4) 外化	(5) 抑郁	(6) 综合指标
非认知技能	0.091*** (0.005)	0.059*** (0.004)	-0.015*** (0.004)	-0.047*** (0.005)	-0.062*** (0.004)	0.080*** (0.004)

续表

变量	(1) 抗逆力	(2) 自尊	(3) 内化	(4) 外化	(5) 抑郁	(6) 综合指标
滞后一期标准化总成绩	是	是	是	是	是	是
观测值	39642	39684	39603	39600	39421	39220
R^2	0.526	0.523	0.521	0.523	0.523	0.525

注：本表报告了基于价值增值模型的估计结果［即，在方程（5-1）等式的右边加入了滞后一期的学习成绩］。表中因变量均为标准化加总成绩，第（1）列至第（6）列的自变量为非认知技能的不同指标，依次是：抗逆力、自尊、内化、外化、抑郁和非认知技能综合指标。表中所有回归都加入了控制变量，并控制了学校固定效应和年份固定效应。*、**、*** 分别表示在10%、5%、1%的水平上显著。括号内数值为学校层面聚类的稳健标准误。

第六章

睡前故事能减少农村寄宿生间的欺凌行为吗?

内容提要: 校园欺凌行为对所有涉事学生，无论是受害者、施暴者、受害者兼施暴者还是旁观者，都可能带来高昂的代价。发展中国家寄宿学校贫困学生的欺凌问题尤为令人关注，这不仅影响他们个人的成长和发展，在宏观层面上还会对公共卫生和人力资本造成不良影响。本章采用随机对照试验（RCT）的方法，基于中国农村137所寄宿制小学中9479名学生的数据讨论睡前故事计划对寄宿学生欺凌行为的影响。研究发现，18个月后，睡前故事项目将欺凌受害者数量减少了2%~3%，即基线欺凌受害率减少了14%~18%；发现女生从干预项目中获益最多。未来还将进一步探讨为何该项目对最弱势的学生产生了令人困惑的效果，包括那些留守儿童、学业成绩差的学生以及父母离异的学生。

关 键 词: 睡前故事　校园霸凌　非认知技能

一　引言

校园欺凌被定义为在存在真实或感知的权力不平衡的情况下，对他人进行重复的攻击性行为（Olweus，1993），这种现象在全球范围内普遍存在。据估计，全球大约每三个学生中就有一个（32%）在学校被同龄人霸凌

(UNESCO, 2018)。一项研究（Chen and Elklit, 2018）显示，9个国家的青少年欺凌发生率高达36.6%。这与早期研究报道的40个国家中男孩的欺凌发生率在8.6%~45.2%、女孩则在4.8%~35.8%（Craig et al., 2009）是一致的。

校园欺凌的负面后果很严重，包括受害者、施暴者、受害者兼施暴者以及旁观者，都会从欺凌事件的发生中受到负面影响。对于受害者来说，许多研究表明他们倾向于遭受抑郁（Farrington and Baldry, 2010）、低自尊（Gini and Pozzoli, 2013）、焦虑（Copeland et al., 2013）、睡眠问题（Geel et al., 2017）、学业成绩差（Eriksen et al., 2014）、自杀念头甚至自杀尝试（Espelage and Holt, 2013）。例如，一篇使用英国和美国的纵向数据集的《柳叶刀》论文发现，被同龄人欺凌的儿童，在以后的成长阶段，对心理健康的长期不良影响与被虐待的效果相似，甚至更为严重（Lereya et al., 2015）。据报道，在美国，每天约有16万名儿童因为害怕被欺凌而逃学，每十个学生中就有一个因欺凌而辍学或转校（引用自 Sarzosa and Urzua, 2015）。韩国的一项纵向数据研究发现，15岁时遭受欺凌的儿童，患病风险增加75%，心理健康问题的发生率增加50%（Sarzosa and Urzua, 2015）。此外，在极端个案中，欺凌受害者对施暴者进行报复，甚至攻击无辜的其他人。欺凌导致了校园枪击或杀戮的悲剧。例如，1999年，科罗拉多州哥伦拜恩高中的两名欺凌受害者杀害了13名同学和1名教师，另有21人受伤（Allen, 2010）。对于施暴者来说，大多数研究表明他们患有睡眠问题、学业表现较差，甚至更早辍学（Copeland et al., 2013）；他们在日后更有可能存在反社会人格障碍的风险（Copeland et al., 2013）。

因此，无论是施暴者还是受害者，学校欺凌行为都可能会在人力资本积累上付出高昂代价。无论是受害者还是施暴者都可能与较低的学业成绩（GPA）和受教育程度有关，他们日后会有更低的工资（Brown and Taylor, 2008）。受害者兼施暴者，在所有欺凌参与者中被称为“双重麻烦”（Sung et al., 2018），面临最高的心理健康风险（Lereya et al., 2015）。即使是学校欺凌的旁观者，作为目击者也会对心理和行为产生影响（Flannery et al.,

2004）。纵向研究确认了作为欺凌目击者的有害影响（Janosz et al.，2018）。例如，一项跟踪加拿大魁北克省 3936 名 12~15 岁青少年的研究发现，几乎所有在 13 岁时目击校园暴力的学生，在 15 岁时，心理健康和学业受损的风险都增加了（Janosz et al.，2018）。

鉴于欺凌的普遍性和社会成本高昂，人们提出许多理论来解释校园欺凌现象（Evans and Smokowski，2016；Sutton et al.，1999）。在这些理论中，基于人类发展的生态学框架（Bronfenbrenner，1979）和社会认知技能模型（Sutton et al.，1999）的欺凌社会生态框架被广泛接受，用于探讨同伴间的受害和欺凌施暴的背景与个体因素分析（Menesini and Salmivalli，2017）。生态框架解释了欺凌受害和施暴行为，认为这些行为是个体、家庭、学校乃至社区层面因素相互作用的结果；而社会认识技能模型更侧重于个体在社交技能方面的表现，强调其在不同类型欺凌参与者中所起的作用（Sutton et al.，1999）。基于这些理论框架，众多实证文献探讨了导致欺凌施暴和受害的风险因素，以及防止欺凌发生的保护因素。例如，在个体层面，施暴者通常是那些持有攻击性态度和认知并且缺乏同理心的人。他们往往来自对儿童感知缺少支持的家庭，并且这些家庭的凝聚力较弱（Baldry and Farrington，2005）。

至于受害者，研究表明，那些具有外化问题或内化问题，以及低水平亲社会行为的儿童更容易被欺凌（Hodges et al.，1997）；缺乏社会能力，例如不自信、顺从、不安全和人际技能低下，会使他们成为校园欺凌的目标（Hodges and Perry，1999）。而培养非认知技能对保护儿童免受欺凌非常有效（Bowes et al.，2009；Hinduja and Patchin，2017；Sarzosa and Urzua，2015）。例如，一项使用英格兰和威尔士 1116 对双胞胎及其家庭的样本研究发现，促进儿童情感和行为韧性的家庭帮助，能使他们免受欺凌伤害（Bowes et al.，2009）。另一项使用韩国青少年小组调查数据的研究发现，非认知技能得分每增加一个标准差，被欺凌的可能性减少 37%（Sarzosa and Urzua，2015）。其他对美国和加拿大的研究显示，韧性较差的学生更容易遭受欺凌（Hinduja and Patchin，2017；Donnon and Hammond，2007）。在使用 2211 名 7~9 年级学生数据的研究中发现，韧性较差的儿童被欺凌的可能性是其他儿童的 2 倍（Donnon and Hammond，2007）。

在学校层面，学校类型和校园氛围都是预测欺凌普遍性的重要指标。持有欺凌是正常且可接受观点是学校发生欺凌现象的一个重要预测因素。尤其是在发展中国家，寄宿学校的欺凌现象非常常见。例如，在博茨瓦纳的寄宿高中（Moswela，2006）、津巴布韦（Mugove，2017）、肯尼亚（Ndetei et al.，2007）以及中国（Lu et al.，2017），都发现了高发生率的欺凌现象。此外，在发达国家同样存在校园欺凌，德国的寄宿学校（Pfeiffer and Pinquart，2014）、澳大利亚的中学寄宿学校（Lester et al.，2015）、瑞典的寄宿学校，也都有校园欺凌的报道（Francia and Edling，2017）。

寄宿学校欺凌现象高发的原因可能有以下方面。其一，寄宿生需要在宿舍与同龄人共度更多时间，而宿舍空间较小，隐私较少（Pfeiffer and Pinquart，2014）。其二，寄宿生在宿舍环境中的日常生活缺乏成人监督（Pfeiffer and Pinquart，2014）。其三，寄宿学校缺乏训练有素的工作人员和设施也是一个重要原因（Moswela，2006）。其四，寄宿生获得父母的社会情感支持较少，也可能加剧这种环境中的欺凌行为（Moswela，2006）。

同时，学生的特征也可能对寄宿学校中普遍存在的欺凌现象产生影响。根据学生的背景，寄宿学校通常可以分为两类。一类是服务于来自上层精英家庭的孩子，旨在培养下一代的领导者，这在英国和其他西方国家有着悠久的传统。作为富裕儿童的社会化工具，这类寄宿学校长期以来一直是社会学和心理学中的争议话题（Schaverien，2004）。另一类是在发达国家和发展中国家变得流行的寄宿学校，主要服务于弱势儿童。例如，在美国华盛顿特区和巴尔的摩的城市地区的 SEED 寄宿学校（Curto and Fryer，2014），以及法国巴黎南部的“卓越寄宿学校”（Behaghel et al.，2017），都是为贫困儿童设立的。理论上，寄宿学校可能通过多种途径对学生的发展产生负面或正面影响（Curto and Fryer，2014）。一方面，潜在的负面效应可能包括思乡、有压力、缺乏积极的父母支持和身份认同的丧失。另一方面，寄宿学校的潜在正面影响在于，它们可能提供了一个比家庭环境更安全、压力更小、更温暖的新环境。但是否真的存在“替代效应”，仍是一个有待解决的实证问题。现有研究表明，高质量的寄宿学校对于提高发达国家贫困学生的学业成绩（Behaghel et al.，2017；Curto and Fryer，2014）和非认知技能（Behaghel et al.，2017）非常有效。

在发展中国家，情况可能不同。尽管存在众多可供挑选的寄宿学校，然而这些学校往往面临师资匮乏、设备简陋的状况。在过去20年里，中国农村地区寄宿学校建设飞速发展，但这些地区的寄宿学校总体教育质量通常较低（Zhang，2017；Wang et al.，2016）。寄宿学校对留守儿童的社会情感发展有负面影响，这些儿童的父母为了更好的工作机会而迁移到城市地区（Wang et al.，2017）。更重要的是，实证研究表明，中国寄宿学校学生更容易遭受学校欺凌（Lu et al.，2017）。一项大型横截面数据集报告，超过32%（N = 17924）的农村寄宿学校小学生曾遭受欺凌（Lu et al.，2017），这一比例高于2003年北京的20%（N = 2348）的欺凌发生率（Hazemba et al.，2008），以及北京、杭州、武汉和乌鲁木齐市学生中报告的25.7%（N = 9905）的欺凌发生率（Cheng et al.，2010）。Lu et al.（2017）的研究显示，寄宿学校增加了学生被欺凌的可能性。此外，在农村寄宿学校，同伴受害与内化问题（Huang et al.，2017）和抑郁（Yin et al.，2017）有关。然而，迄今为止，我们尚未见到针对中国寄宿学校欺凌干预措施的评估性研究。

在认识到寄宿生的社会情感问题以及欺凌受害所带来的后果以后，一些非政府组织开展了一些干预举措。其中，由非政府组织“歌路营基金会”发起的一个创新项目——“新一千零一夜”故事的有声睡前故事节目，已经引起了公众的关注。这个项目的核心思想是给寄宿学生提供有声睡前故事，扮演“代理睡前故事讲述者”的角色，如同在城市地区，父母常常在孩子睡觉的时候给他们讲睡前故事那样。这种干预的主要目的在于促进寄宿学生的社会情感发展。

给小孩讲睡前故事是许多西方国家和中国家庭育儿传统的一部分。一些研究表明，睡前故事对学龄前儿童的睡眠、阅读能力、社会情感发展以及阅读兴趣有积极影响（Blake and Maiese，2008）。例如，越来越多的经验证据表明，朗读可以提高儿童的语言和其他识字技能（Duursma et al.，2008）。使用功能性磁共振成像（fMRI）的研究证实，与儿童共读或朗读可以刺激儿童大脑中负责阅读和语言发展的区域（Hutton et al.，2015）。此外，其他研究还表明，听故事可以增加成年人的亲社会行为，包括捐赠、信任、团队合作、对弱者的同情等（Zak，2017）。这一系列研究发现得到了一些神经生物学研究的支持，这些研究发现，听好故事可以增加大脑中的催产素，而催产素与积极的社会情感发展有关，包括同理心和亲社会行为（Groppe et al.，2013）。

虽然有证据表明听睡前故事对儿童有益，但有声睡前故事（作为父母的替代）对寄宿生的影响尚无实证研究。目前尚不清楚有声睡前故事项目是否有效地影响寄宿生的非认知技能发展，特别是，关于睡前故事项目对小学生欺凌行为的影响知之甚少。

本研究的目标是通过随机对照试验（RCT）方法和采用双重差分（DID）策略，检验睡前故事项目是否减少了农村寄宿学校的欺凌行为。本章的主要目标是：第一，描述中国农村寄宿制小学学生中欺凌发生率；第二，确定睡前故事项目对农村寄宿制小学学生欺凌行为影响的因果效应；第三，探究该项目在不同群体间是否存在异质性影响。本文更多关注女生以及那些留守儿童学生。

评估有声睡前故事项目的有效性非常重要。首先，本章通过包括 RCT 和 DID 在内的严格设计评估策略，考察有声睡前故事项目减少寄宿生欺凌行为的因果影响。其次，有声睡前故事项目本身是由非政府组织开发的创新性干预措施，服务农村地区的薄弱学校；该项目实施简单，成本很低，可以迅速复制和扩大规模。

通过研究有声睡前故事干预措施对寄宿生欺凌行为的影响，本章对现有文献的补充在于以下几方面。（1）听有声睡前故事可以减少欺凌受害，这一发现得到了神经经济学、神经生物学（Zak，2017）以及生物心理学

（Groppe et al.，2013）中一些最新证据的支持。（2）本章与一个研究热点领域相关，即在早期干预中非认知技能的重要性（Borghans et al.，2008；Heckman et al.，2001）及其在减少外化行为（Heckman et al.，2013）和欺凌受害（Sarzosa and Urzua，2015）方面的贡献。（3）与研究寄宿学校对弱势学生的学业和社会情感发展的影响相关。在发达国家设施完备的寄宿学校中发现了"替代效应"（Behaghel et al.，2017；Curto and Fryer，2014），然而在发展中国家，设施欠佳的寄宿学校对学生的学业表现（Zhang，2017）、社会情感发展（Wang et al.，2016；Wang et al.，2017）以及欺凌受害情况（Lu et al.，2017；Moswela，2006）产生了负面的影响。（4）与评估各种基于学校的反欺凌计划有效性有关。尽管有许多旨在预防和干预校园欺凌的反欺凌干预措施（Albayrak et al.，2016；Gaffney et al.，2018），发现其中一些项目对减少欺凌发生有积极效果（Ttofi and Farrington，2009），但在减少寄宿学校欺凌方面的具体干预方案仍不明确。虽然发现许多基于学校的反欺凌干预计划有助于提高学生对欺凌的认识和态度，但对学生行为的影响要么没有，要么效果有限。特别是，很少有特定的干预计划专注于寄宿学校中的欺凌。

二　研究背景

（一）中国的寄宿学校与留守儿童

随着城市化进程的快速推进以及农村欠发达地区学校入学人数的下降，中国经历了小学合并和寄宿学校建设的剧烈变化。在过去20多年，建设更多的寄宿学校一直是中央和地方政府的重要政策目标。2016年，6～15岁的寄宿学生总数已达3200万人，占中国农村同年龄段在校生总数的33%（教育部发展规划司，2017）。建设更多寄宿学校的原因之一在于，农村学校入学人数显著减少，农村小学的在校生数量从1987年的1.166亿人下降到2016年的6650万人（教育部发展规划司，2017）；农村地区有许多留守儿童，他们的父母到城市务工经商，建设寄宿学校可以更好地服务这些留守儿童。据估计，2005 年有 4050 万名（29.4%）0~17 岁的农村儿童是留守儿童（国家统计局、联合国儿童基金会，2015）。父母外出务工对儿童发展的负面影响一直是政策制定者和研究人员的共同关注点。越来越多的经验研究表明，与父母分离对留守儿童福祉产生了显著负面影响；父母缺席成长过程，对留守儿童的社会情感发展（Zhou et al.，2015）、学业成绩（Zhang et al.，2014）和行为问题（Fan et al.，2010）均有害；他们也更有可能感到不快乐，产生离家出走念头，甚至产生自杀念头（Fan et al.，2010）。

然而，贫困欠发达地区的寄宿学校教育通常质量较低（Zhou et al.，2015；Zhang et al.，2017；Wang et al.，2016）。例如，大多数寄宿学校缺乏适当的课后干预项目。因此，缺乏学习动力、学业成绩低下（Zhang et al.，2017）、社会心理问题（Wang et al.，2017）、行为问题和高辍学率已成为农村寄宿生的严重问题（Zhou et al.，2015）。在缺乏直接的父母照料和参与的情况下，学校老师不得不承担起在寄宿学校教育这些学生的主要责任。现实情况是，大多数寄宿学校设备不足，人员配备不齐全（Wang et al.，2016）。更重要的是，如前文提到的，欺凌行为和同伴受害在农村寄宿学校中很普遍（Lu et al.，2017；Huang et al.，2017）。

在这种背景下，一些非政府组织（NGOs）为农村留守儿童和寄宿学生创建了阅读项目（Feng and Li，2019）和其他一些干预措施（Guan and Deng，2019；Xie et al.，2019）。然而，使用严谨方法评估这些干预措施有效性的研究还很少见。

（二）创新干预：有声睡前故事节目

有声睡前故事节目是由非政府组织“歌路营慈善基金会”（GHF）于 2012 年开发的一项创新干预措施。该基金会的使命是为农村地区的寄宿学校学生提供专为他们设计的各种项目。有声睡前故事节目的主要目标是改善寄宿学生的社会情感发展。该节目包括约 1300 个适合从一年级到八年级的优质故事，因此，也被称为新一千零一夜睡前故事节目。这些故事是在一组教育工作者和来自世界著名专业人士的协商下选出的。故事大致可以分为七类：品格塑造（20%）、心理成长与疗愈（21%）、知识与世界观（12%）、冒险精神（13%）、传记与榜样（9%）、学校/校园生活（12%）以及童话故事（13%）。基于500多个小学生故事类型的分类，其频率分布如图6-1所示。

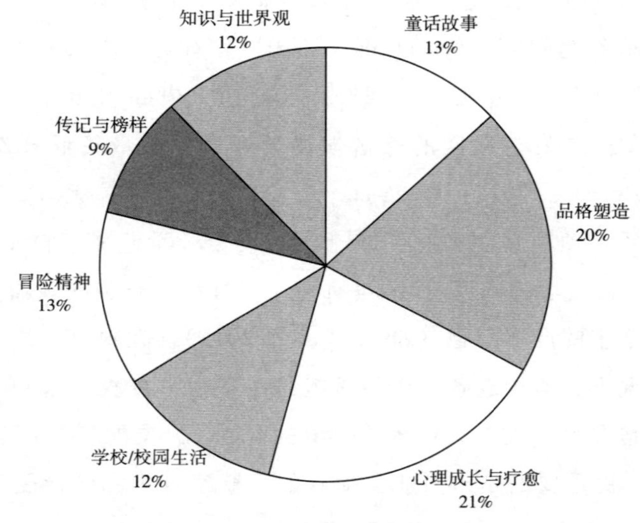

图6-1　新一千零一夜睡前故事内容分布

这些故事由来自中央人民广播电台的专业人士讲述。每次播放睡前故事约15分钟，会在工作日学生上床睡觉前播放。因为大多数寄宿学生周末会回家，通常在周末不播放睡前故事。

该项目在农村寄宿学校实施起来较为简单，成本很低，且可以迅速复制和扩大规模；在农村寄宿学校中传递也很方便。寄宿学校仅需拥有一台电脑和简单的音响设备。一旦安装完毕，寄宿学校工作人员（宿舍管理员、生活教师，甚至是门卫），只需简单地播放有声睡前故事节目，操作就像在CD播放器中选择歌曲一样简单。为了使项目更容易让寄宿学校工作人员操作，歌路营慈善基金会还提供了一个简单的指南，建议播放故事的顺序。根据歌路营慈善基金会的计算，一年播放故事的平均成本估计为每个学生36

元人民币（不到 6 美元）。自 2012 年启动以来，该项目在农村寄宿学校广泛实施。

三　研究方法

（一）研究设计：随机对照实验和双差分估计

2015 年，为了研究有声睡前故事干预对学生发展的影响，课题组在四川和河北的 4 个原国定贫困县进行了集群随机对照实验（RCT）。2015 年，四川的人均 GDP 为 36981 元，河北的人均 GDP 为 40367 元；四川和河北在全国 31 个省区市中的排名分别为第 24 位和 19 位（国家统计局，2016）。课题组选择了四川省的 1 个县和河北省的 3 个县。选择这 4 个县的原因之一是需要足够数量的农村寄宿学校以满足样本量要求。鉴于有声睡前故事干预只能在学校层面进行，随机化分组将在县内的学校层面进行，而不是在学生个人层面进行。

除了进行实验研究的 4 个县之外，还增加了一个“对照县”；这是因为，如果某些干预组中的学校校长分享有关实验性睡前故事节目的信息，同一个县内的某些对照组学校可能会受到影响。为了消除可能威胁 RCT 设计的潜在信息溢出，课题组通过增加“对照县”的学校群组来探讨该项目的可能影响。四川的两个县相邻，具有相似的地理特征、经济和教育发展状况，并且两个县都有高比例的寄宿学校。

（二）研究时间线

图 6-2 介绍了如何形成抽样框，选择样本学校，并描述了样本学校和学生参与者的数量。课题组在 2015 年 9 月形成了样本框；在 2015 年 10 月初进行了基线调查。随机分配在 2015 年 11 月完成，有声睡前故事节目从 2015 年 12 月开始提供给接受干预的学校。课题组在 2016 年 5 月进行了第一次中期（追踪）调查；18 个月后，在 2017 年 5 月进行了终期调查。

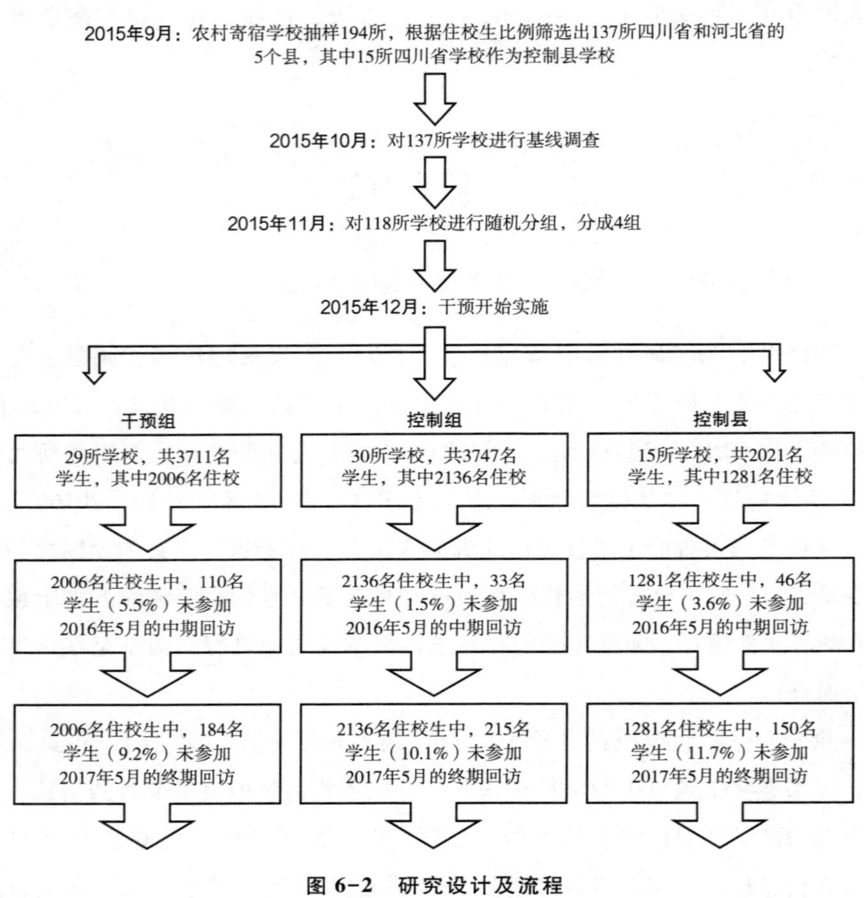

图 6-2　研究设计及流程

（三）数据收集

本研究主要使用前三次的调查数据：2015 年 10 月的基线调查、2016 年 5 月的中期调查和 2017 年 5 月的最终调查。基线调查中，学生调查由经过良好培训的调查员在样本学校的教室中进行。调查内容包括学生的人口特征、身体发育、欺凌行为、非认知技能、学术表现（通过阅读能力测量）和家庭特征等。人口特征数据包括学生的出生日期、性别和民族；其中，学生的身高和体重由调查员在教室中测量。非认知技能包括自尊、抗逆力

(韧性)、外化和内化行为。学生的阅读能力使用国际阅读素养进展研究(PIRLS)的中文版来测量。家庭特征包括家庭规模、兄弟姐妹数量、父母移民状况、父母健康状况、父母婚姻状况和家庭社会经济状况。

除了学生信息之外，课题组还收集了样本学生父母、所在学校和所在县的基本信息。家长问卷旨在收集家长受教育程度、迁移状况、健康状况、婚姻状况以及家庭社会经济状况等。学校问卷用于收集样本学校学生群体特征的信息，如接受政府低保补贴的学生比例、留守儿童比例、为寄宿生服务的工作人员的数量和资格等。

在中期和终期调查中，课题组使用几乎完全相同的问卷收集了欺凌、非认知技能和阅读能力等相关数据。此外，课题组设法通过各种方式收集了有声睡前故事项目实施情况：(1) 在中期调查之前，基金会的项目官员给处理组学校的校长打电话，收集了每所学校开展项目干预的信息。(2) 课题组通过访问学校，检查收集数据的准确性，了解项目执行情况。(3) 为了更多地了解该项目的实施情况，我们要求处理组学校的学生填写反馈表，报告“你是否听说过新一千零一夜睡前故事”，以及“你如何看待睡前故事项目及其原因”。

(四)测量方法

1. 欺凌发生率和欺凌角色

课题组用两种方法来测量欺凌发生率。第一种方法为使用 Olweus 式的全球性项目来估计校园欺凌的普遍性。在向学生解释了校园欺凌的定义和主要特征后，学生被要求回答以下问题：“在过去半年里，你在校园里被欺凌/欺凌他人的频率是多少”，学生可以从 5 个选项中选择：“从未”、“一两次”、“每月两三次”、“大约每周一次” 和 “每周几次”。根据学生报告的欺凌参与频率，选择 “每月两三次”、“大约每周一次” 或 “每周几次” 的人都被定义为 “被欺凌” 或 “欺凌他人”，然后所有学生被分类为三个组中的一个：“欺凌他人”、“被欺凌” 或 “既不欺凌他人也不被欺凌”。相应地，那些被标记为 “欺凌他人” 但不属于 “被欺凌” 组的人被定义为“施暴者”；被标记为“被欺凌”但不属于“欺凌他人”组的人被定义为“受害者”；被标记为“被欺凌”并且也在“欺凌他人”组的人被定义为“受害者—施暴者”。“欺凌的普遍性”定义为参与欺凌的三组学生的总和。同样地，报告“每月两三次”或更频繁目睹欺凌行为的人被定义为“目击者”。

另一种方法是使用修改后的学校欺凌量表（SBS），用于测量目击欺凌和被欺凌。SBS 工具由 Cheng et al.（2011）开发并验证，中文版本已在台湾、香港和澳门等多地区使用，具有良好的心理测量特性。课题组选择了 SBS 工具的两个子量表：目击者量表和受害者量表。受害者量表有 14 个项目，目击者量表有 16 个项目。两个量表均包括四种类型的欺凌行为：身体欺凌、言语欺凌、关系欺凌和网络欺凌。身体欺凌包括打、踢、推或绊倒、破坏物品、强迫他人、拿走他人的东西，言语欺凌包括嘲笑他人、说脏话、辱骂、诋毁他人和威胁。学生被要求报告在过去 6 个月中他们被欺凌的 14 个项目和目击的 16 个项目的频率；我们用主成分分析法构建“被欺凌”和“目击欺凌”的连续总分，并将这些分数进行标准化处理。

2. 寄宿生和留守儿童

调查时，课题组询问了被调查者在当前学期是否寄宿，回答寄宿的学生被定义为寄宿生；同时，调查还询问了该生开始寄宿的时间。根据父母中单方或双方外出务工超过半年的情况，现有文献多使用两种方式来定义留守儿童：一种方式是将父母双方均外出务工的儿童定义为留守儿童；另一种更宽松的方式是，将父母中任意一方外出务工的儿童定义为留守儿童。因那些父母都不在身边的学生需要更多关注和干预，文中主要使用第一种方式进行定义。

3. 阅读分数

课题组使用《国际阅读素养进展研究》（PIRLS）的中文版来评估学生的阅读能力。学生需要在 30 分钟时间内阅读 3~5 个短篇章节；其中，四年级学生的测试包括 3 个阅读篇章，22 个多项选择题；五年级学生的测试包括 4 个篇章和 26 个问题。为了使阅读分数更具可比性，阅读测试的原始分数被转换为基于项目反映理论的 IRT 分数；最后，将 IRT 分数转换为标准化 IRT 分数，使其更具解释性，平均分为 70 分。

4. 家庭资产价值

课题组要求学生和家长填写家庭中是否拥有一系列的家庭资产，包括常见的家庭用品，包括电视机、冰箱、微波炉、自行车、电脑等 26 项。基于这些信息，使用主成分分析法（PCA）构建家庭资产价值指数。该方法在经济学文献中较为常用，被认为是比询问年收入更可靠的测量农村地区家庭社会经济状况的方法（Filmer and Pritchett，2001）。

5. 实际听有声睡前故事的时间

课题组使用两种方法定义学生是否接受干预。一种方式是利用基金会监测学校实施质量的行政数据。2016 年 5 月中期调查时，有 16 所学校播放了超过 10 周的睡前故事，8 所学校只播放了 6 周，1 所学校播放了 4 周，2 所学校播放了 2 周，2 所学校根本没有播放。2017 年 5 月终期调查时，29 所学校中有 26 所播放了 44 周的睡前故事，1 所学校播放了 8 周，2 所学校根本没有播放过节目。另一种方式是利用学生在反馈表中报告的“你是否听过新一千零一夜睡前故事？”

（五）平衡性检验

进一步分析前，我们对处理组和控制组的平衡性进行检验，结果详见表 6-1。总体上，欺凌结果、非认知技能变量、睡眠以及大多数学生、家长、家庭和学校水平的协变量之间，处理组和对照组没有显著差异。然而，有几个变量需要进一步关注：父亲/母亲的受教育年限（P = 0.006/P = 0.013），父亲/母亲是否外出（P = 0.023/P = 0.071），父亲健康状况（P = 0.019）。另外，处理组中四年级学生的比例比对照组多 2.9%（P = 0.038）。我们在调整后的 OLS 回归中尽可能包括所有这些变量，以排除它们导致估计偏误的可能性。

表 6-1 基线变量的平衡性检验：故事组和控制组

变量	控制组 （1）	故事组-控制组 （2）	P-value （3）	观测值 （4）
结果变量				
被欺凌比例	0.217	-0.024	0.166	3895
学生个人特征变量				
年龄	10.981	-0.05	0.384	4142
性别	0.497	-0.005	0.218	4142
年级	0.495	0.029	0.038	4142
家庭特征变量				
父亲受教育年限	9.278	0.308	0.006	4132
母亲受教育年限	8.998	0.265	0.013	4119
父亲外出	0.623	0.003	0.071	4136
母亲外出	0.483	0.052	0.023	4142
兄弟姊妹数量	2.191	0.004	0.812	4142
家庭社会经济状况	-0.248	-0.12	-0.246	4142
学校特征变量				
到县政府距离	63.444	-4.562	0.611	4142
贫困生比例	0.298	-0.075	0.193	4142
生活老师比例	0.006	0.003	0.237	4142
留守儿童比例	0.536	0.035	0.412	4142

注：P-value 为控制组与故事组差异的 t-检验结果。

此外，文中还检查了中期和终期调查中未填写调查问卷的学生，与对照组、处理组能追踪到的学生之间的差异来检验流失偏差。总体而言，处理组和对照组在许多基线协变量和结果变量上的流失模式之间，不存在统计学上的显著差异。在处理组中，流失的学生与留下来的学生非常相似，需要关注的变量为：流失组的学生阅读分数较低（中期为-3.13，P=0.039；最终为-1.68，P=0.029）；中期调查时，流失组的学生更可能来自四年级（10.9%，P=0.009）；终期调查时，女学生在流失组中较少（11.8%，P=0.09）。对照组中有两个变量需要关注：流失学生的父母受教育水平较高

(父亲受教育年数多 0.69 年，P=0.011；母亲受教育年数多 0.584 年，P=0.008)，身高略高 (0.058cm，P=0.039)。

(六)分析方法

本章首先使用调整后的普通最小二乘法 (OLS) 回归来估计睡前故事干预对欺凌发生率和目击欺凌情况的影响，模型如 (6-1) 所示：

$$Y_{ij} = \alpha_0 + \alpha_1 T_{ij} + \alpha_2 X_{ij} + \varphi_b + \varepsilon_{ij} \qquad (6-1)$$

模型 (6-1) 中，Y_{ij}代表学校 j 中学生 i 的结果变量 (总体欺凌、受害者、施暴者、受害者-施暴者和目击者)。T_{ij}表示处理变量，如果学生所在的学校有睡前故事项目，则取值为 1；如果学生所在的学校是对照组，则取值为 0。鉴于随机分配是在组内进行的，我们包括了块效应φ_b，ε_{ij}是随机误差项。为了控制学生和家庭特征的潜在混杂效应，我们还包括了X_{ij}，代表基线学生和家庭协变量，具体包括性别 (女性等于 1，否则为 0)，年龄 (以年为单位)，年级 (四年级等于 1，五年级为 0)，学生父母的受教育年限；兄弟姐妹数量，学生是否为留守儿童 (如果父母双方均外出务工超过 6 个月，则等于 1，否则为 0)。此外，X_{ij}还包括基线欺凌结果的度量 (受害者发生率) 或其他非认知技能 (抗逆力、外化和内化)。模型 (6-1) 的估计结果是干预的意向性处理 (ITT) 效应。

四　研究发现

(一)寄宿学校欺凌发生率

本研究发现，总体样本的欺凌发生率为 32.0%，其中住校样本的欺凌发生率略高，为 35%，高于全球学生涉及欺凌的平均比例 (20%~29%) (Menesini and Salmivalli，2017)。表 6-2 具体报告了 2015~2017 年寄宿学校学生的被欺凌发生率。可以发现：寄宿学校的被欺凌发生率相对较高，且两年内呈现显著的下降态势；此情形既出现在控制组和干预组的寄宿学校，也出现在纯对照组中。如表 6-2 所示，被欺凌的比例由 17.8%～20%降至 10%～14%。另外，寄宿学生被欺凌的发生率高于样本平均水平。我们也把 2020 年的调查结果展示在表 6-2 里，可以看出，比起小学阶段，进入中学的样本，欺凌发生率显著下降了。可以谨慎地推断，校园欺凌主要发生在小学阶段，到中学阶段得到了有效的缓解。

总之，样本寄宿学校中欺凌的发生率相对较高，这与最近的研究结果一致（Lu et al.，2017）。研究发现，随着学生年龄的增长，同伴受害和欺凌发生率会降低，并且男生比女生更容易卷入欺凌行为（Menesini & Salmivalli，2017）。然而，目前能够较好解释中国农村寄宿学校存在如此之高欺凌发生率的实证研究还很缺少（Lu et al.，2017）。

表 6-2 被欺凌发生状况

单位：人，%

年份	故事组		控制组				控制县			
	均值	N	均值	N	平均差	P-value	均值	N	平均差	P-value
全体样本										
2015	17.8%	3711	18.4%	3747	-0.60%	0.471	19.1%	2021	-1.3%	0.158
2016	15.6%	3710	16.2%	3751	-0.6%	0.460	16.6%	2035	-1.0%	0.211
2017	10.9%	3697	13.1%	3685	-2.2%	0.003***	14.3%	2021	-3.4%	0.000***
2020	3.6%	2992	3.4%	3015	0.2%	0.640	3.9%	1865	-0.3%	0.640
住校样本										
2015	20.0%	1751	19.3%	1846	0.7%	0.655	20.4%	1107	-0.4%	0.949
2016	17.6%	1751	16.3%	1846	1.3%	0.263	16.3%	1107	1.3%	0.326
2017	11.9%	1751	13.7%	1846	-1.8%	0.088*	15.2%	1107	-3.3%	0.011**
2020	3.7%	1312	4.1%	1427	-0.4%	0.641	4.4%	1008	-0.7%	0.641

说明：各组样本中有缺失值。*、**、*** 分别表示在 10%、5%、1%的水平上显著。

（二）睡前故事对欺凌行为的影响

表 6-3 报告了睡前故事对寄宿学校欺凌行为影响的 ITT 估计结果。第

(1)(4)列报告了2016年5月中期调查时的估计结果，第(2)(3)(5)(6)列报告了2017年5月终期调查时的估计结果。结果显示，在基期调查开始后6个月内，睡前故事干预并没有减少欺凌发生率。然而，在项目启动后一年半的时间内，睡前故事显著减少了欺凌发生率。与对照组相比，故事组被欺凌发生率的优势比（odds ratio）为0.793，即故事组相对控制组被欺凌发生的概率降低20.7%；与控制县比，该结果依旧保持稳健。对于住校样本，故事组被欺凌发生率的优势比（odds ratio）为0.806，即故事组被欺凌的可能性比对照组低19.4%。

表6-3 ITT模型-故事干预对受欺凌发生率的影响

指标	(1) 全校样本 2016年	(2) 全校样本 2017年	(3) 全校样本对照 控制县2017年	(4) 住校样本 2016年	(5) 住校样本 2017年	(6) 住校样本对照 控制县2017年
故事组	0.949 (0.07)	0.753*** (0.064)	0.788*** (0.026)	1.136 (0.118)	0.809* (0.09)	0.846 (0.096)
学生特征	Yes	Yes	Yes	Yes	Yes	Yes
家庭特征	Yes	Yes	Yes	Yes	Yes	Yes
县固定效应	Yes	Yes	Yes	Yes	Yes	Yes
N	6439	5530	3156	3219	2817	6439
R-sq	0.018	0.018	0.018	0.019	0.019	0.019

（三）稳健性检验

课题组借助以下方式来检验结果的稳健性。其一，主变量的估计值对于协变量变化的敏感性。为了验证这一点，我们采用扩展模型进行回归：如不包含协变量，添加学生协变量，添加学生和家庭协变量、滞后结果等，主变量在各种模型的回归结果中，无显著变化。

其二，估计值对于被解释变量的测量的敏感性。被解释变量包括“被欺凌”和“目击欺凌”，以及寄宿生实际收听音频睡前故事的时长。为了检验这一情况，课题组运用“被欺凌得分”和“目击欺凌得分”这两个连续变量，重新进行回归。虽然系数有所不同，但这些连续变量的估计结果与使用分类变量的两个结果相似。与此同时，课题组还采用了处理组学生的自报数据，包括他们在中期和终期调查中是否听过音频睡前故事，来衡量实际“接受干预”的时间，结果的方向和显著性与基准结果保持一致。

其三，流失样本是否会带来估计偏差。尽管两次调查的整体流失率很低，但流失仍可能对估计的有效性构成威胁。这是因为控制组学校的流失学生中有几个重要变量与 2017 年未流失学生存在显著不同。课题组尝试调整了学校层面的自助聚类标准误差（1000 次重复）。由于现有文献未提供结果变量是二元时估计 Lee Bounds 的方法（Wang et al.，2016），文中无法提供 Lee Bounds 最终结果，因此，课题组不能排除估计值可能存在偏差的可能性，这可能是由非随机流失引起的。

其四，非随机流失带来的偏差。为了处理该问题，课题组利用前三轮数据中均出现的样本，使用 OLS 和 2SLS 进行回归。OLS 和 2SLS 的新估计值虽然效果较小，但是具有稳健性。不遵从者可能对 ITT 估计值产生影响。处理组中有两所学校从未实施该干预计划。而终期调查时，处理组中有 235 名学生根本没有接受任何“干预”。此外，河北某学校的一位校长提到，该学校有 139 名样本学生（79 名寄宿学生）在对照组中。因此，该学校中不应接受干预的学生接受了干预。课题组没有在调整的 OLS 和 2SLS 回归中排除这两种类型的学生。因此，课题组推测，ITT 的干预效应预估为略有低估。

（四）异质性分析

睡前故事对寄宿生不同子群体的影响是否存在异质性？课题组关注睡前故事项目对于“弱势”寄宿生的影响，将对欺凌结果的测量作为因变量，分别对女生样本、留守儿童样本、住校女生样本以及住校留守样本进行了 ITT 评估，结果报告在表 6-4 中。睡前故事显著降低了女生、留守学生、住校女生以及住校留守学生的欺凌发生率。观察收集到的数据可以发现，对于受干预学校的寄宿生，女生和男生在接受睡前故事项目方面存在差异。根据后续调查数据，2016 年，大约有 3.9%的女生和 5.1%的男性寄宿学生明确表示他们“根本不喜欢睡前故事项目”；而在 2017 年，这一比例，女性学生为 3.4%，男性学生为 4.9%。这表明相较于男生，女生对睡前故事的接受度更高。

表 6-4　ITT 模型-故事干预对受欺凌发生率的影响：留守/女生样本分析

指标	(1)	(2)	(3)	(4)
	全校女生样本 2017 年	全校留守样本 2017 年	住校女生样本 2017 年	住校留守样本 2017 年
故事组	0.712***	0.812**	0.679***	0.840*
	(0.078)	(0.095)	(0.064)	(0.08)
学生特征	Yes	Yes	Yes	Yes
家庭特征	Yes	Yes	Yes	Yes
县固定效应	Yes	Yes	Yes	Yes
N	3511	1708	1698	909
R-sq	0.029	0.016	0.04	0.031

五　拓展性分析：欺凌对升学的影响

2020 年 9 月，高年级样本开始升入高中阶段，那些经历过校园欺凌的样本，升学情况如何呢？课题组根据每个样本自我报告的经历校园欺凌和目击校园欺凌，观察他们初中后的去向。从描述性统计结果看，以 2017 年样本为基准，那些既没有欺凌别人也没有被人欺凌的样本，升入普通高中的比例最高，为 61.6%；那些被人欺凌的样本，升入普通高中的比例为 48.8%；那些主动欺凌别人的样本，升入普通高中的比例为 41.5%；那些既欺凌别人也被人欺凌者，升入普通高中比例为 40.5%。

课题组定义了两种升学选择作为被解释变量：第一种将普通高中定义为 1，其他为 0；第二种将辍学定义为 1，其他为 0。解释变量为校园欺凌类型。经验方程设定为 OLS 估计形式，估计结果报告在表 6-5 中。第（1）和（2）列为基准回归方程，除了受关注的欺凌经历，课题组只控制了县固定效应和初始样本分组。估计结果与描述性统计具有一致性：被人欺凌的系数为-0.13，在1%水平上统计显著，相对于没有经历过校园欺凌者，升入普通高中的概率下降了13个百分点；那些主动欺凌别人的样本，升入普通高中的概率则下降了19.8个百分点；那些既欺凌别人也被人欺凌的样本，表现最差，比参照组升入高中的概率低了21.5个百分点，都在1%水平上统计显著。

第（2）列以辍学为观测结果；那些被人欺凌的样本，辍学概率比没有被欺凌也不欺凌别人的样本组，高出3.1个百分点，在5%水平上显著；那些主动欺凌别人的样本，辍学的概率要高出9.7个百分点；而主动欺凌别人又被人欺凌的样本，初中后辍学的概率要高出8.8个百分点。第（3）和（4）列在基准方程里增加了个人特征和家庭特征。可以看出，估计系数与第（1）和（2）列的结果保持一致。第（5）~（8）列的模型设定与（1）~（4）具有完全一致，但去掉了控制县的样本，观测值减少约490个样本；结果显示，去掉控制县样本后，估计系数的大小和显著性，与全样本估计的结果完全一致：无论是被人欺凌还是欺凌别人，升入普通高中的概率更低，辍学的概率更高。那些既欺凌别人又受人欺凌的样本，处于最不利的地位。这与2015~2017年的表现具有一致性：遭遇校园欺凌者，有更低的认知技能和非认知技能（吴要武和侯海波，2017）。

表6-5 欺凌行为对升学的影响

指标	(1)	(2)	(3)	(4)	(5)	(6)	(7)	(8)
	普高	辍学	普高	辍学	普高	辍学	普高	辍学
被人欺凌	-0.130***	0.031**	-0.111***	0.025**	-0.127***	0.029**	-0.104***	0.021*
	(0.021)	(0.012)	(0.021)	(0.012)	(0.023)	(0.012)	(0.022)	(0.012)
主动欺凌别人	-0.198***	0.097***	-0.173***	0.085***	-0.199***	0.099***	-0.174***	0.087***
	(0.029)	(0.018)	(0.029)	(0.018)	(0.031)	(0.019)	(0.031)	(0.018)
欺凌别人也被人欺凌	-0.215***	0.088***	-0.186***	0.076***	-0.218***	0.075***	-0.188***	0.063***
	(0.030)	(0.024)	(0.029)	(0.024)	(0.033)	(0.024)	(0.031)	(0.024)
个体特征			Y	Y			Y	Y

续表

指标	(1)	(2)	(3)	(4)	(5)	(6)	(7)	(8)
	普高	辍学	普高	辍学	普高	辍学	普高	辍学
家庭特征			Y	Y			Y	Y
干预分组	Y	Y	Y	Y	Y	Y	Y	Y
县固定效应	Y	Y	Y	Y	Y	Y	Y	Y
N	8718	8718	8711	8711	7686	7686	7680	7680
R^2	0.019	0.043	0.073	0.071	0.019	0.047	0.076	0.077

如果说遭遇校园欺凌会给学生个体带来心理上的伤害，从而影响了其非认知技能和认知技能，甚至又影响后续升学，那么，从目击欺凌的视角来看校园欺凌的影响，则具有环境特征：在教育生产函数里，学校的因素，甚至社会环境的因素，同样影响产出结果。以 2020 年是否升入普高和是否辍学为被解释变量，以目击校园欺凌的次数作为解释变量，模型设定与表 6-5 相同，结果报告在表 6-6 中。2017 年目击校园欺凌的次数，从 0 次到 64 次，均值为 22.7 次，标准差为 15.57。从表 6-6 的结果中可以看出，在基础方程里，目击校园欺凌增加，显著降低了升入普高的比例，每增加一个标准差，升入普高的概率会降低 3.1 个百分点。对辍学的影响也是显著的，每提高一个标准差，辍学的概率就提高了 1.6 个百分点。在（3）和（4）扩展方程里，升入普高的系数略有下降，而辍学的系数没有变化，统计上都很显著。在第（5）~（8）列，去掉了对照县样本，基准方程（5）和（6）的估计系数，与（1）和（2）完全一样；在扩展方程（7）和（8）中，也与（3）和（4）基本一致。可以说，目击校园欺凌同样对升入普高和辍学产生了不利的影响。

表 6-6　目击欺凌与升学

指标	(1)	(2)	(3)	(4)	(5)	(6)	(7)	(8)
	普高	辍学	普高	辍学	普高	辍学	普高	辍学
目击欺凌	-0.002***	0.001***	-0.001***	0.001***	-0.002***	0.001***	-0.001***	0.000**
	(0.000)	(0.000)	(0.000)	(0.000)	(0.000)	(0.000)	(0.000)	(0.000)

续表

指标	(1)	(2)	(3)	(4)	(5)	(6)	(7)	(8)
	普高	辍学	普高	辍学	普高	辍学	普高	辍学
个体特征			Y	Y			Y	Y
家庭特征			Y	Y			Y	Y
干预分组	Y	Y	Y	Y	Y	Y	Y	Y
县固定效应	Y	Y	Y	Y	Y	Y	Y	Y
N	8705	8705	8699	8699	7673	7673	7668	7668
R^2	0.009	0.038	0.064	0.067	0.009	0.043	0.067	0.073

六　结论与进一步讨论

（一）结论

农村中小学校存在的欺凌和受害行为对所有卷入欺凌的青少年都可能产生不利影响，在寄宿制小学中尤为严重。基于 137 所小学寄宿学校的 9479 名样本学生，本文利用 RCT 方法估计了睡前故事干预项目对中国农村寄宿学生欺凌行为的影响，得出以下结论。

首先，中国农村寄宿小学存在欺凌问题。寄宿学校的平均欺凌参与率为 35%，这表明校园欺凌的发生率比国际平均水平更高。值得注意的是，留守儿童和农村寄宿学校的寄宿生更有可能遭受同伴欺凌，这与以前的经验性研究结果一致（Lu et al.，2017）。这一发现呼吁新的干预措施，以有效解决寄宿学校中普遍存在的欺凌受害问题。

其次，我们发现音频睡前故事项目在启动后的前半年内并没有显著减少欺凌发生率，但在该项目启动后的 18 个月，将欺凌受害率降低了 2%～3%。这表明该项目的实施，即通过学生实际听节目的时间来衡量的干预剂量，对睡前项目的有效性至关重要。同时，我们还发现了音频睡前故事项目的异质性处理效应。该项目对减少欺凌行为的效果在女性寄宿生中更为显著。女生从该项目中受益最多，将总体发生率降低了 7%～11%，受害率降低了 4%～7%。

再次，结果似乎表明该计划对弱势学生产生了意想不到的副作用，包括那些留守儿童学生、学业成绩差的学生以及父母离异的学生。结果表明，该项目对寄宿生的欺凌行为、受害者-施暴者以及目击欺凌的影响是混合的。

最后，从中长期的影响看，那些经历了校园欺凌，甚至目击了校园欺凌的小学生，在升入普高和初中后辍学上，都有显著不利影响。这个问题值得做更深入的探究和拓展，一方面，探讨我们的干预项目产生的长期影响，另一方面，探讨青少年时代遭遇校园欺凌对身心健康产生的影响，以及个体能否随着年龄增长，把这种风险自动化解或者持续积累下去，演变为更大的脆弱性。

本章首次评估了音频睡前故事对寄宿青少年欺凌行为的影响。为寄宿学生设计的音频睡前故事干预措施非常创新；它实施简单，易于复制，并且成本很低，可以进行大规模推广。尽管其减少欺凌发生率的效果中等，但粗略估计表明该干预措施的成本效益较高。

基于现有研究发现，本章提出以下政策含义：一方面，对于政策制定者来说是一个积极的消息。音频睡前故事项目作为由非政府组织开发的旨在改善寄宿生社会情感技能的创新干预措施，已经显示出对减少欺凌受害行为的显著效果，尤其是对女生而言。因此建议，将该项目扩大规模，让更多农村地区的寄宿生受益。另一方面，也有负面消息。课题组没有发现该项目对欺凌行为、受害者-施暴者和目击者的一致效果，而且对于高风险学生，包括留守学生和学业成绩较差的学生，似乎存在一些副作用。这表明需要更多的关注和不同的干预措施来针对这些子群体学生。对于研究人员来说，可以在以下几个方向做进一步探讨，包括更好地测量关键变量、研究对非寄宿生的溢出效应、观察长期影响；探讨为什么会产生“副作用”，以及哪种类型的故事最能有效地解决寄宿学校的整体欺凌问题和不同类型的欺凌。

（二）进一步讨论

1. 时间是否重要？

课题组发现睡前故事项目对减少寄宿生受欺凌的干预效果在 2017 年的终期调查中更为显著，这表明需要时间才能改变寄宿生的欺凌行为。监测过程中的数据显示，在最初的 6 个月内，干预组中有相当多的学校（29 所中的 13 所）播放音频睡前故事的时间不超过 6 周。这可能会影响到前 6 个月的项目效果，这有助于解释为什么在 18 个月后的终期调查中发现了更多的效果。“时间重要”的发现，与利用英国和挪威的研究数据探讨校园反欺凌干预（SBABI）效果与时间之间关系的实证证据一致（Chalamandaris et al.，2017）。这也与发现寄宿学校对学生学业表现和非认知技能的影响，只在学生入学第二年后才会产生的结果相关（Behaghel et al.，2017）。

2. 研究的局限性和贡献

当前研究存在以下局限性。第一，关键变量存在测量问题。例如，课题组通过询问学生在过去半年内欺凌行为和被欺凌情况的频率来衡量欺凌行为和受害情况。课题组收集的是记忆数据，记忆结果可能不够准确。第二，“寄宿生实际听睡前故事的时间”，主要是通过学校报告给歌路营慈善基金会的行政监测数据中计算的“周”来衡量的，更准确的数据应在学生层面上采集。第三，本章未研究可能对非寄宿生产生的“溢出效应”，校园欺凌是一个涉及寄宿生和非寄宿生相互作用的复杂动态过程。第四，课题组没有使用关于学生的朋友或支持网络的数据。通过寄宿生朋友数量的数据，或许能够解释为什么一些学生的欺凌行为得到改善，而另一些学生没有。第五，本章还没有检验该项目对不同类型欺凌的影响。睡前故事可能会对言语、身体和社交/关系欺凌产生相似或不同的影响。因此，需要进一步调查其对言语、身体、社交/关系欺凌的影响。第六，课题组没有收集每个学校实际播放睡前故事顺序的详细数据。有关顺序的数据可能对于研究哪种类型的故事比其他故事更有效具有重要意义。

尽管存在以上局限性，本章还是通过实验策略，对以下研究领域进行了拓展。首先，课题组的发现与最新的故事叙述的神经生物学研究相关。越来越多的神经经济学和神经生物学证据表明，具有良好角色驱动的故事能够增加听众的亲社会行为（Zak，2017）。听好故事提高亲社会行为的神经生物学机制是释放人脑中一种被称为催产素的神经化学物质，它增强了对弱者的同情心，促进了与他人的合作（Groppe et al.，2013）。睡前故事减少欺凌受害的发现与多学科研究中的发现一致。其次，它对经济学和心理学中非认知技能的重要性的研究领域做出了贡献（Borghans et al.，2008；Heckman et al.，2013；Heckman and Rubinstein，2001）。经验证据表明，非认知技能的发展导致外化行为减少（Heckman et al.，2013）和欺凌受害减少（Sarzosa and Urzua，2015）。

第七章

非认知技能的新测量方法

——基于问卷填写中的漏填与乱填

内容提要： 非认知技能的重要性已受到广泛关注，然而关于非认知技能的数据还较为匮乏，且测度方法也充满争议，极大限制了相关学术及政策研究。现有测量方法主要有自报问卷调查法和行为观察调查法两种；前者存在社会期望偏差及参考偏差的问题，后者的调查成本较高以至于仅能获取较少的样本。新近文献提出了基于问卷填写质量来测度非认知技能的方法，可弥补现有方法的缺陷。基于此，本章利用中国农村青少年调查数据，构造了乱填和漏填两个指标来测量非认知技能，系统讨论这一测量方法的可行性。研究结果显示，漏填与乱填两个指标与自报非认知技能指标有较强的相关关系，能够较好地预测中小学生的学业表现；乱填可部分代理内化、外化、抑郁和大五人格中的神经质。基于问卷填写行为的测量方法结合了传统方法的优势，不仅可以克服自报调查法中的偏差问题，还可以有效挖掘已有微观调查数据，进而缓解非认知技能研究中的基础数据匮乏问题。

关 键 词： 非认知技能　漏填　乱填　问卷填写质量

一 引言

人力资本是个体和家庭参与社会化生产分工、获取收入的能力，从宏观层面看，也是实现经济高质量发展的基础。传统人力资本理论将其视为能够提高劳动者单位产量的技能，包括数学计算、读写、计划及理解、思考抽象问题等（周金燕，2020）。这些技能被默认为认知技能，在此框架下的实证研究多使用智商（IQ）、考试成绩及受教育年限来测量。然而，越来越多的研究发现认知技能对个体经济社会表现解释有限（Heckman et al.，2006，Heckman and Kautz，2012），他们认为除认知技能外，非认知技能也是人力资本的核心要素。非认知技能指个体的行为、态度以及性格等一系列与认知技能并不直接相关的特征（Anghel & Balart，2017）。与认知技能的“硬技能”不同，非认知技能常被称为“软技能”，包括自尊、毅力、自控力、信任、同理心、抗逆力以及大五人格（开放度、责任感、外向性、亲和度和神经质）等。近年来，来自经济学、教育学及心理学等多学科的研究均认为，非认知技能对个体成年后在劳动力市场上的经济和社会行为表现有重要影响，如与个体的受教育程度、身心健康、就业与收入、幸福感以及犯罪行为等均有密切的关系（Almlund et al.，2011；Kautz et al.，2014）；一些学者认为非认知技能对个体的影响甚至超过了认知技能的影响（Gutman，2013）。

尽管非认知技能的重要性得到了广泛认可，但由于其具有多样性、复杂性和不稳定性（刘中华，2018），因此对非认知技能的准确测度较为困难，极大限制了相关学术及政策研究。因国内研究起步较晚，有关非认知技能测度的数据更为匮乏。现有文献主要使用自报问卷调查和行为观察调查两种方法来测度非认知技能；前者存在社会期望偏差和参考偏差的缺陷，后者虽能部分克服偏差问题，但花费较大致使样本量较小。为了缓解现有调查方法的缺陷及数据匮乏的现状，国外学者根据个体问卷填写质量构造了漏填和乱填两个指标来代理非认知技能（Hitt et al.，2016；Zamarro et al.，2020）。该方法将填写问卷视为主观行为，可结合两种传统方法的优势，既能克服自报问卷调查法的偏差问题，又能挖掘已有微观调查数据解决数据匮乏和样本量小的问题。基于此，本章利用中国农村青少年调查数据，构造了漏填和乱填指标，验证两个指标代理中小学生非认知技能的可靠性，为国内现有文献测度非认知技能提供新思路。

二　文献回顾

自 21 世纪初以 Heckman 为代表的经济学家引入新人力资本框架后，关于非认知技能的讨论已成为学界关注的热点。李晓曼和曾湘泉（2012）较早在国内介绍了非认知技能的形成及影响。随着国内可得到的微观数据增加，相关研究出现了大幅增长；根据中国知网的数据统计，截至 2022 年 5 月，关于非认知技能的论文数量已达到 119 篇。这些研究主要集中在三个方面：（1）非认知技能的劳动力市场表现。主要利用中国家庭追踪调查数据（CFPS）讨论非认知技能与收入之间的关系（乐君杰和胡博文，2017；王春超和张承莎，2019），也有文献利用中国流动人口追踪调查数据（CMDS）讨论非认知技能与农民工创业选择、创业回报之间的关系（朱志胜，2021）。（2）非认知技能与学业表现。主要利用中国教育追踪调查数据（CEPS）和 CFPS 数据讨论非认知技能对青少年学业表现的影响（雷万鹏和李贞义，2021；刘中华，2018）。（3）非认知技能的形成。主要利用 CFPS、CEPS 数据，部分学者利用自调查数据讨论家庭（父母受教育程度、父母外出务工、教养方式等）、学校（教师支持、寄宿等）及同伴效应对非认知技能的影响（崔颖和徐卓君，2021；周金燕和徐妮娜，2021；王伊雯和叶晓梅，2021）。综上，国内现有文献对非认知技能的讨论主要基于自报问卷调查法。

国内微观调查的发展丰富了非认知技能的研究，但仍存在一些缺陷。第一，多数调查开展的时间较短，非认知技能与结果变量常处于同一时期，无法深入讨论非认知技能的因果效应及长期影响。第二，非认知技能的测量工具较多，不同调查对非认知技能内容的侧重不同，导致不同研究结论不可比。第三，基于自报问卷的调查方法虽可以使研究人员以方便、快速、低成本的方式获取到数据，但无法克服社会期望偏差和参考偏差的问题。其中，社会期望偏差产生的原因在于被调查者为了留下正面的印象，会按照社会期望而非自己的真实状况填写问卷。参考偏差是由于调查非认知技能时多使用李克特量表，被调查者回答问题时并不知道整个群体的行为分布，常将自己熟悉的对象作为参照标准，而不同类型个体使用的参照标准并不一致，这常导致让人无法理解的实证结果（Kautz et al.，2014）；如，处于竞争激烈环境中的个体对自身的评价更严格，一项基于PISA的跨国数据分析却发现责任心与学业成绩呈负相关（Kyllonen and Bertling，2013）等。

为了解决自报问卷调查中的偏差问题，一些学者建议使用基于主观行为的指标来测度非认知技能。一种方法是使用管理者报告的行为指标度量非认知技能，如直接使用教师或学校管理者观测到的在校期间行为表现，如出勤、停学、留级、学校活动参与情况以及危险性或冒险的行为等。相关文献表明此类指标可较好地度量非认知技能，能够有效预测个体成年后的表现（Lleras，2008；Jackson，2013；Heckman et al.，2006）。与自报问卷调查法相比，这种方法克服了社会期望偏差；但因不同学校老师使用的评估标准存在差异，对不同学校的项目评估时仍有可能遭遇参考偏差问题（Duckworth and Yeager，2015）。另一种方法通过设计真实的任务，将被调查者置于相同的人造环境，通过观察被调查者完成任务的状况来度量非认知技能；心理学者已设计出不少成功的实验来捕捉责任心、毅力及自我控制等易受参考偏差影响的指标。基于行为观察的调查方法可以有效减少社会期望偏差和参考偏差，但获取难度和成本较高，常导致样本量小等问题；此外，该方法只能捕捉到实验期间个体的行为表现，部分学者质疑其测度长期特征的可行性（Boon-Falleur et al.，2020）。

为弥补以上缺陷，一些学者结合自报问卷调查及行为观察调查两种方法的优势，提出了基于自报问卷填写质量测度非认知技能的方法（Hitt et al., 2016; Zamarro et al., 2020)。他们认为，填写调查问卷本身就是一种主观行为，需要使用到一定的非认知技能，如责任心、情绪稳定等；因而，可以使用被调查者的问卷填写质量来测度非认知技能，这样既能克服偏差问题又能有效利用已有调查问卷。填写调查问卷是个枯燥、单调甚至辛苦劳累的过程，填写时间越长，心理上产生的负效用越大，被调查者如果没有在中途断然拒绝填写，通常会采取两种“消极怠工”的方式来应对：漏填和乱填。

漏填是指被调查者没有回答完调查问卷中的所有问题，总会漏答一些题目；乱填是指被调查者未经思考胡乱填写答案，如所有的题目都填一个答案，填写过多极限值或者随机填写答案等，通常会使所回答的问题间关系产生逻辑矛盾，给数据分析者的判断带来困扰。Hitt 等（2016）认为早期问卷填写的漏答率可以很好地预测被调查者成年后的受教育程度及收入，可以用来代理非认知技能。Zamarro 等（2020）利用高中阶段的调查数据分析后也发现，与自报问卷指标、教师报告指标和行为观察的指标相比，漏填和乱填指标可以很好地预测被调查者的学业表现。

但基于自报问卷填写质量的测度方法也存在一定的局限性：第一，问卷调查的组织形式会影响漏填和乱填指标的准确度，如计算机辅助的问卷调查可有效地减少漏填和乱填，不同额度奖励的调查也会影响问卷调查的填写质量；第二，乱填指标的设置依赖于问卷中多项目量表的信度，低质量的量表无法识别个体乱填的行为；第三，不同于其他非认知技能指标有所侧重，研究人员对漏填和乱填指标具体指代内容仍未达成一致，使用漏填和乱填指标解释时需谨慎处理。

三　数据及测量工具

（一）数据

本章使用的资料来源于中国社会科学院、北京大学和首都经济贸易大学等单位联合做的中国农村青少年调查项目（2015~2020 年）。2015 年，调查采取分群整体抽样，在四川、河北两省选取了 5 个原国家级贫困县后，根据当地教育部门提供的学校信息，排除调查年级人数较少的学校后，将其他 137 所具有寄宿资格的小学确定为样本框，从每个学校 4~5 年级中随机抽取两个班级进行调查。实地调研中，课题组根据当地教育部门提供的信息与学校取得联系，派遣接受过培训的调研人员进入学校组织学生，现场发放、填写和回收问卷。选择使用该数据进行讨论的原因在于：第一，数据时间跨度长，同时包含个体小学阶段和中学阶段的信息，方便识别因果关系以及观察非认知技能的跨期影响；第二，非认知技能指标丰富，包含如抗逆力、自尊、内化、外化、抑郁、毅力、大五人格等多种类型的非认知技能；第三，纸质版问卷调查，由每个学生自己填写，学生填写问卷的环境比较统一，可以依据现有文献构建基于问卷填写质量的度量指标。

（二）非认知技能测量工具

1. 自报非认知技能

2015~2017 年、2020 年四轮调研中均涉及的非认知技能包括：抗逆力、内化、外化、自尊及抑郁等五个指标。

（1）抗逆力。抗逆力是指在逆境中不放弃的心理能量或坚韧性（吴要武和宋映泉，2019）。调查数据中抗逆力量表来自“甘肃基础教育跟踪调研”项目；该项目已于 2000 年、2004 年、2007 年、2009 年和 2015 年完成 5 轮数据收集，能够较好地测量农村青少年的抗逆力状况（黎煦和朱志胜，2018）。该量表一共 43 个题目，其中 25 个正向计分，18 个负向计分；包括乐观、自我效能、成人关系、同伴关系、人际敏感和情绪控制 6 个维度。

（2）内化和外化行为。内化和外化行为量表来自“甘肃基础教育跟踪调研”项目；该量表共设有 34 道“关于自己生活描述”的题目，内化、外化问题分别有 18 道（其中 2 道同时计入内化和外化问题）；其中内化行为问题包括焦虑、抑郁和退缩三个因子；外化行为问题包括破坏性行为、冲动、攻击性和过度活跃四个因子。该量表并不涉及反向计分，得分越高，内、外化行为问题越明显，脆弱性程度越高。

（3）自尊。自尊是指个体对自己的评价及自我感受。调查问卷中的自尊量表来自广泛使用的 Rosenberg 自尊量表，该量表一共 10 个题目，6 道正向计分与 4 道反向计分；总得分越高，个体的自尊越高，反之，得分越低，个体的自尊越低。

（4）抑郁。抑郁量表采用美国儿童抑郁研究中心发布的儿童版抑郁量表（CES－DC），可以有效测量儿童的抑郁状况（Glewwe et al.，2017）。该量表详细询问儿童在过去一周中的心理感受，共有 20 个自评条目，每题的得分从 0 到 3，其中 16 道正向计分，4 道反向计分，总分范围为 0～60 分；得分越高，意味着抑郁程度越高。

2020 年第四轮调研中新增的非认知技能包括大五人格和毅力。

（1）大五人格。大五人格量表来自 John and Srivastava（1999），共有 44 个题目，每题的得分赋值为从“非常不同意”的得分 1 到“非常同意”的得分 5，包括开放性、随和性、责任心、神经质和外向性五个维度。其中，外向性对应 8 道选择题，包括合群、自信、精力充沛、爱冒险、热心及开朗等；随和性对应 9 道选择题，包括宽容、不苛求、温暖、不固执、不炫耀、同情心等；责任心对应 9 道选择题，包括有效率、有组织、认真、追求完美、自律、不冲动等；神经质对应 8 道选择题，包括神经紧张、易怒、沮丧、害羞、喜怒无常、不自信等；开放性对应 10 道选择题，包括好奇、有想象力、艺术性、兴趣广泛、易激动、价值观偏离传统等。除神经质因子外，其他四个维度的得分越高，对应的技能越强。

（2）毅力。毅力的量表来自 Duckworth and Quinn（2009）；该量表共有 8 个题目，其中 4 道正向计分，4 道反向计分；每题的赋值从“完全不像我”的得分 1 到“很像我”的得分“4”；共有两个维度的测量，兴趣的坚持和努力的坚持；毅力指标的得分范围从 8 到 32，得分越高表明越具有坚毅的品质（见表 7－1）。

表 7-1　非认知技能测量工具①

变量	观测值	均值	标准差	最小值	最大值
1. 四轮调研					
抗逆力	55064	130.57	14.92	58	173
内化	62559	36.60	8.47	18	72
外化	63431	29.53	8.33	18	72
自尊	67148	17.42	4.48	0	32
抑郁	63138	21.36	8.85	3	60
2. 第四轮调研					
毅力	16578	24.97	3.00	12	36
大五人格					
外向性	16508	24.96	4.39	8	40
随和性	16402	31.82	4.64	9	45
责任心	16489	26.68	4.74	9	45
神经质	16409	26.90	3.86	9	43
开放性	16396	32.41	5.24	10	50

资料来源：中国农村青少年调查数据，2015 年、2016 年、2017 年和 2020 年。下同。

2. 基于调查问卷努力程度的非认知技能

（1）漏填。借鉴 Hitt 等（2016），基于调查问卷填写质量的漏填指标的计算方式为，问卷中未回答题目数量的占比。中国农村青少年调查数据前三轮调查问卷中学生调研的问卷分为 A 卷和 B 卷，其中 A 卷的内容为个体及家庭的基本情况，B 卷的内容包括个体的睡眠、阅读、生活及心理感受、人际行为、学校生活经验、健康、饮食及参加家务情况等。文中计算漏填指标时主要基于 B 卷的测试题目，2015 年、2016 年及 2017 年学生问卷中涉及的题目数量为 248 个，2020 年学生问卷中涉及题目数量为 384 个；将每个学生每期漏填的题目数量除以各轮调研中涉及的题目总数获得漏填指标（见表 7-2、图 7-1）。

① 特别指出，这里报告的是问卷填写的原始数值。数据清理后，四轮的非认知技能指标，观测值为 69804～70267 人。为了说明“漏填”是个值得关注的问题，作者在这里使用了原始值，比完整数据要少 3119～15018 人。

表 7-2 不同调查年份的漏填行为

单位：%

年份	有漏填行为	无漏填行为
2015	60.15	39.85
2016	52.92	47.08
2017	30.55	69.45
2020	28.83	71.17

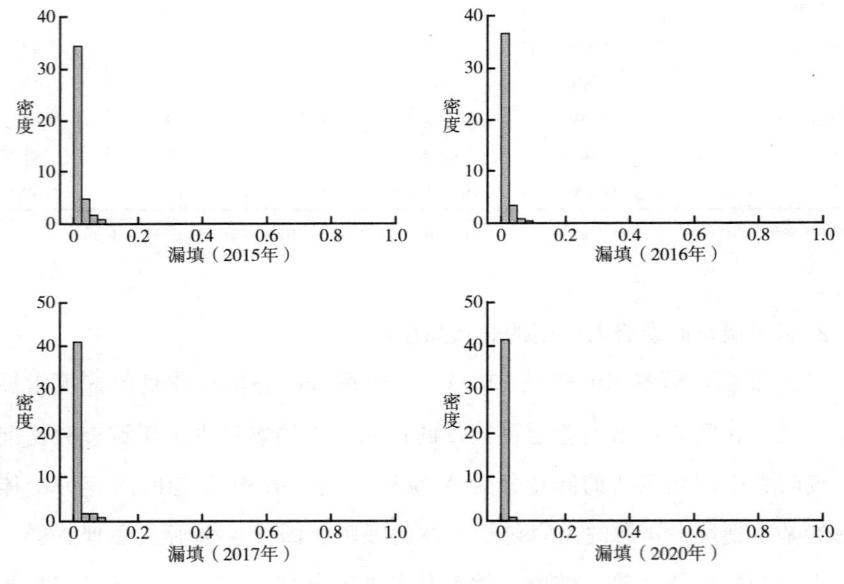

图 7-1 不同调查年份的漏填分布

（2）乱填。个体在完成调查问卷时不仅会出现跳过部分题目不回答的情况，还会出现乱填行为；尤其是在回答系列量表问题时，常会发现有被调查者回答问题时不经思考，所有问题的答案都一样，或者选取极端值，或者随便填写答案。针对这种行为，Hitt 等（2016）借鉴心理学中度量问卷填写质量指标构造了乱填指标。有效的多项目量表常具有良好的内部一致性，这意味着，度量特定指标的多项目量表中每个项目是相关的。同一个指标体系内，被调查者对特定项目的回答都可以使用其对其他项目回答情况进行预测。因此，可以将被调查者真实的回答结果与预测的结果进行比照，两者的差异可以理解为乱填程度。具体而言，可以将每个项目与其他项目的均值进行回归获得每个项目的估计方程，并将此方程视为单个项目的总体范式，如方程（7-1）所示；其中，Y_{ijs} 为被调查者 i 对第 s 个量表中第 j 个问题的回答，X_{ijs} 为被调查 i 对第 s 个量表除 j 项目外其他项目问题回答的均值，η_{ijs} 为残差。如果被调查者乱填问卷，其对每个项目的回答将会偏离总体范式，根据总体方程计算出的残差值将会较大。

$$Y_{ijs} = B_0 + B_1 X_{ijs} + \eta_{ijs} \tag{7-1}$$

文中选取了抗逆力、内化、外化、自尊、抑郁、霸凌、阅读习惯等多个指标组来测度乱填；这些指标组具有较好的信度，Cronbach's α 系数均超过了 0.79。对于特定指标组（如抗逆力），课题组先根据方程（7-1）计算出被调查者每年对每个问题回答的残差绝对值，并对其进行标准化处理；然后，将指标组内的所有问题的残差相加求取均值并进行标准化处理。按照此方法对每个指标组进行处理，将所有指标组的标准化值加总平均，获得被调查者的乱填指标。从表 7-3 中可以看出，标准化后的乱填指标均值为 0，标准差为 1，全部年份取值范围在-5.49 和 5.94 中间；个体间的乱填值存在较大变异，取值越大，个体的乱填行为越严重（见图 7-2）。

表 7-3　不同调查年份乱填的统计描述

调查年份	观测值	均值	标准差	最小值	最大值
2015	17772	0	1	-2.61	5.79
2016	17856	0	1	-5.49	5.94
2017	17525	0	1	-2.69	5.05
2020	17290	0	1	-2.99	5.50

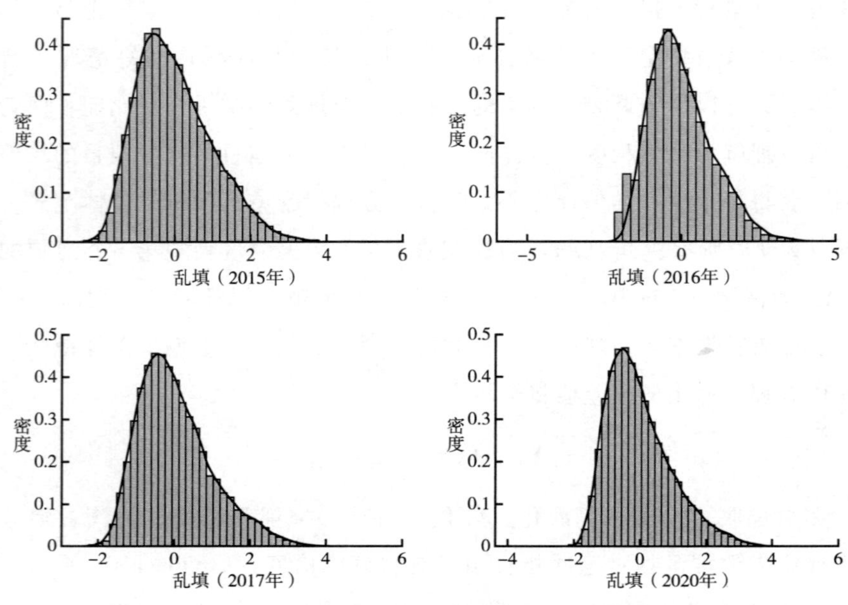

图 7-2　不同调查年份的乱填分布

（三）学业表现测量工具

1. 阅读成绩

为了准确了解农村青少年的学业表现，课题组在前三轮调研中使用了来自国际教育成就协会（International Association for the Evaluation of Educational Achievement，IEA）促进国际阅读素养研究项目（Progress in International Reading Literacy Study，PIRLS）中 2011 年的阅读测试；该项目自 2001 年起，每 5 年开展一次，已对全球许多国家儿童的阅读素养进行了评估。2015 年调研中，针对四年级学生测试中包含 3 段文章 22 个题目，五年级测试中包含 4 段文章 26 个题目；2016 年调研中，四年级测试中包括 4 段文章 26 个题目，五年级测试中包含 5 段文章 27 道题目；2017 年调研中，五年级测试中为 5 段文章 27 道题目，六年级测试中为 6 段文章 30 道题目；每次测试时间为 30 分钟。最后，将每次测试后的阅读成绩进行转换得到可以比较的阅读标准分。

2. 期末考试成绩

除标准的阅读测试外，自首轮调研后，2016 年、2017 年、2020 年的调查中详细询问个体的期末考试成绩；依调查时间，2016 年第二轮调查中询问个体 2015 年 7 月及 2016 年 1 月的期末语文成绩、数学成绩；2017 年第三轮调查中询问了 2016 年 7 月及 2017 年 1 月的期末语文成绩、数学成绩；2020 年询问了中学阶段上学期的期末考试总分。对于 2016 年和 2017 年报告的期末考试成绩，分析中对同一调查年份报告的两学期的语文、数学成绩分别加总平均，再对平均后的两门考试成绩加总获得对应年份的期末总成绩（见表 7-4）。

表 7-4　学业表现测量工具

变量	观测值	均值	标准差	最小值	最大值
阅读成绩	63202	34.20	5.32	11	44
小学期末考试成绩	34413	154.82	29.15	0	200
中学期末考试成绩	15349	404.87	156.89	0	800

（四）其他人口学及家庭特征变量

除文中主要关注的非认知技能及学业表现外，后文的实证分析中还加入个体及家庭层面的特征变量，包括性别、年龄、父母受教育程度，是否外出，兄弟姊妹数量及家庭经济地位指数。对于性别变量，将男性定义为 1，女性为 0；年龄变量的计算方法为调查年份减去出生年份；调查问卷中询问了父母的受教育程度，文中将其转化为对应的受教育年限；对于父母双方是否外出的变量，将父母外出定义为 1，其他为 0；调查问卷中询问了“不包括自己，你有几个亲兄弟姊妹”，将此定义为兄弟姊妹数量；另外，问卷中询问了 26 种常见家庭物品的拥有情况，文中利用因子得分法计算得到家庭资产指数。描述性统计结果见表 7-5。

表 7-5　主要特征变量的描述性统计

变量	观测值	均值	标准差	最小值	最大值
性别	70611	0.50	0.50	0	1
年龄	70472	11.97	2.02	7.97	17.75
父亲受教育程度	68592	8.92	2.21	6	19
母亲受教育程度	68415	8.42	2.25	6	19
父亲是否外出	70209	0.42	0.49	0	1
母亲是否外出	69970	0.27	0.45	0	1
兄弟姊妹数量	68187	2.17	0.86	1	8
家庭资产指数	68449	0.00	2.17	-12.03	4.54

四　经验分析策略

理论上，如果基于调查问卷填写质量设计的漏填、乱填指标可以较好测度个体的非认知技能，那么应该可以观察到漏填和乱填指标与自报非认知技能之间具有相关关系。现有文献已论证了非认知技能对学业表现的影响（Cunha et al.，2010；Kautz et al，2014；Coneus et al.，2011），这意味着如果把漏填和乱填视为一种非认知技能指标，那么，这两个指标也能像自报非认知技能指标一样，可以预测个体学业表现。基于此，为论证两个指标代理非认知技能的可行性，文中借鉴 Zamarro et al.（2018）、Zamarro et al.（2020）使用两个步骤：第一，观察漏填、乱填指标与自报非认知技能之间的相关性；第二，观察漏填、乱填指标是否能够影响个体的学业表现。

具体而言，为验证第一步中的相关关系，将漏填和乱填指标作为因变量，其他自报非认知技能指标作为自变量，在控制个体及家庭特征的情况下进行回归，获得漏填、乱填指标与其他自报非认知技能指标之间的偏相关系数，如模型（7-2）所示。如果得到的相关系数和偏相关系数显著，可以在一定程度上推断漏填、乱填指标度量非认知技能的可行性。

$$Noncog_{it}^{2} = \alpha + \beta_0 Noncog_{it}^{1} + \beta_1 X_{it} + \mu_s + v_t + \varepsilon_{it} \tag{7-2}$$

模型（7-2）中，$Nonco\ g_{it}^{1}$ 和 $Nonco\ g_{it}^{2}$ 分别为上文提到的两种类别的非认知技能指标；其中，第一类别为自报非认知技能，如抗逆力、自尊、内化、外化、抑郁、毅力及大五人格等，第二类别为漏填和乱填指标。X_{it} 代表一系列个体及家庭特征变量，个体特征包括性别、年龄、年级；家庭特征包括兄弟姊妹数量、父母受教育程度、家庭经济地位指数等。μ_s 和 v_t 分别为学校和时间固定效应，ε_{it} 为随机扰动项。

根据农村寄宿制学校追踪调查项目数据在结构特征上的优势，在第二步验证漏填和乱填指标对学业表现的影响时，将使用滞后期的漏填、乱填指标来预测其对小学及中学阶段学业表现的影响。为了方便比较两种类型非认知技能指标对学业表现影响的共性和差异，实证分析会构建如下两种经验方程。其中，模型（7-3）用来考察漏填、乱填指标及自报非认知技能两类指标各自对学业表现的影响。模型（7-4）将漏填、乱填指标及各自报非认知技能指标共同放入模型，通过比较模型（7-3）和模型（7-4）对应估计系数的变化，简单推断漏填、乱填指标与自报非认知技能间的差异。

$$Y_{it} = \alpha + \beta_0 Nonco\ g_{it-l}^{j} + \beta_1 Co\ g_{it-l} + \beta_3 X_{it} + \mu_s + v_t + \varepsilon_{it} j = 1,2 \tag{7-3}$$

$$Y_{it} = \alpha + \delta Nonco\ g_{it-l}^{1} + \gamma Nonco\ g_{it-l}^{2} + \theta Co\ g_{it-l} + \zeta X_{it} + \mu_s + v_t + \varepsilon_{it} j = 1,2 \tag{7-4}$$

在模型（7-3）、（7-4）中，Y_{it} 为个体 i 在时期 t 的学业表现，如上文中提到了阅读成绩和期末考试成绩。$Nonco\ g_{it-l}^{j}$ 为个体 i 滞后期的 j 类非认知技能；第一类仍为自报非认知技能，第二类为漏填和乱填指标。需要注意的是，第一类非认知技能中的毅力和大五人格指标仅出现在第四轮调查中，使用的是当期指标。在第二类指标中，小学阶段使用 2015～2017 年滞后一期的漏填、乱填指标，中学阶段使用的是 2015～2017 年三期数据中计算出的对应指标的平均值；$Co\ g_{it-l}$ 为滞后期的认知技能，使用调查问卷中的滞后一期的阅读成绩来代理。同模型（7-1），实证分析中还控制个体、家庭特征以及学校和年份固定效应。

五 实证结果

（一）不同非认知技能指标间的关系

表 7-6a 报告了漏填、乱填指标与抗逆力、自尊、内化、外化及抑郁五类自报非认知技能指标之间的关系；其中，第（1）、第（2）列中仅控制了学校和年份固定效应，第（3）、第（4）列在前两列的基础上添加个体及家庭特征变量。从表 7-6a 中可以发现，添加控制变量后，漏填、乱填与五类自报非认知技能之间关系并没有发生较大变化。第（1）、第（3）列的结果显示，漏填与抗逆力、自尊、内化、外化及抑郁之间均有显著的相关关系；其中，漏填与抗逆力、自尊之间的关系显著为负，与其他三个指标之间的关系显著为正。同时，第（2）、第（4）列的结果显示，与漏填相似，乱填与抗逆力、自尊、内化、外化及抑郁之间也存在显著的相关关系；其中，乱填与抗逆力、自尊之间存在显著的负相关关系，与内化、外化及抑郁之间存在显著正相关关系。这与理论预期基本一致，抗逆力、自尊得分越高的中小学生，漏填、乱填的概率越低，而内化、外化及抑郁得分越高的中小学生，其漏填、乱填的概率也越高。与本章的假设相一致。

表 7-6a　漏填、乱填与非认知技能的相关关系

指标	(1)	(2)	(3)	(4)
	漏填	乱填	漏填	乱填
抗逆力	-4.507***	-0.143***	-4.051***	-0.123***
自尊	-2.727***	-0.095***	-2.508***	-0.085***
内化	1.155***	0.351***	1.201***	0.362***
外化	3.392***	0.288***	2.878***	0.274***
抑郁	3.832***	0.458***	3.722***	0.465***

注：*、**、*** 分别代表 10%、5%和 1%的显著性水平；模型（1）、模型（2）仅控制了年份和学校固定效应，模型（3）、模型（4）增加控制了个体、家庭特征固定效应。

表 7-6b 报告了漏填、乱填指标与大五人格及毅力之间的相关关系。同表 7-6a 一致，第（1）、（2）列中仅控制了学校和年份固定效应，第（3）、第（4）列中还控制了个体和家庭特征变量。第（1）、第（3）列的结果显示，漏填与大五人格中的外向性、随和性、开放性及毅力之间存在显著的负相关关系；漏填与责任心和神经质间的关系并不显著，在添加了各类个人和家庭特征变量后，两者分别在 5%及 10%的水平上统计显著。第（2）、第（4）列的结果显示，乱填与大五人格及毅力之间的关系在添加各类特征变量前后的变化不大，乱填与大五人格中的外向性、随和性、责任心之间的关系显著为负，与神经质及开放性之间的关系显著为正；乱填与毅力间也存在显著的负相关关系。这与现有的文献结论基本保持一致，Zamarro 等（2018）也发现，漏填与乱填行为与外向性、随和性及责任心之间的关系为负，与神经质的关系为负；但对于开放性，Zamarro 等（2018）发现漏填、乱填行为与其关系较弱；另外，Zamarro 等（2020）也发现漏填、乱填与毅力负相关。

表 7-6b　漏填、乱填与大五人格及毅力的相关关系

指标	(1)	(2)	(3)	(4)
	漏填	乱填	漏填	乱填
外向性	-1.325***	-0.066***	-1.512***	-0.069***
随和性	-4.037***	-0.116***	-3.728***	-0.105***
责任心	-0.353	-0.157***	-0.972**	-0.173***
神经质	0.477	0.249***	0.922*	0.264***
开放性	-2.260***	0.037***	-2.263***	0.043***
毅力	-1.494***	-0.148***	-1.517***	-0.150***

注：*、**、*** 分别代表 10%、5%和 1%的显著性水平；模型（1）、模型（2）仅控制了年份和学校固定效应，模型（3）、模型（4）控制了个体、家庭特征及年份和学校固定效应。

（二）非认知技能与小学学业表现

利用前三轮调查数据，表 7-7a 报告了漏填、乱填及自报非认知技能两类指标对阅读成绩的影响。窗格 A 为自报非认知技能对阅读成绩的影响；模型（3）~（7）的结果显示，在控制了个体的认知技能后，抗逆力和自尊有助于提高小学阶段的阅读成绩，而外化和抑郁对阅读成绩有不利的影响。窗格 B 报告了漏填及漏填与自报非认知技能两者共同对阅读成绩的影响。其中，模型（1）的结果显示，漏填代理的非认知技能对阅读成绩有显著的负向影响。模型（3）~（7）的结果显示，加入漏填指标后，各指标对阅读成绩的影响与窗格 A 的结果基本保持一致，回归系数基本没有变化。这表明，与自报非认知技能相似，漏填可较好地预测阅读成绩；漏填与自报非认知技能对阅读成绩的相互影响不大，漏填可以捕捉到个体其他重要的非认知技能特征。

窗格 C 报告了乱填及乱填与自报非认知技能共同对阅读成绩的影响。模型（2）中，乱填行为度量的非认知技能对阅读成绩亦有不利的影响。从模型（3）~（7）中可以发现，加入乱填指标后，抗逆力和自尊对阅读成绩的影响基本无变化，但内化、外化和抑郁指标的系数变化较为明显。该结果表明，与漏填指标一致，乱填指标能较好地预测个体阅读成绩，可以代理非认知技能；且对自报非认知技能的系数进行比较可知，乱填指标可部分代理内化、外化和抑郁指标。

表 7-7a　非认知技能与小学阅读成绩

指标	(1)	(2)	(3)	(4)	(5)	(6)	(7)
	漏填	乱填	抗逆力	内化	外化	自尊	抑郁
窗格 A：自报非认知技能							
自报非认知技能			0.086***	−0.000	−0.043***	0.052***	−0.053***
			(0.004)	(0.004)	(0.004)	(0.004)	(0.004)
认知技能			0.490***	0.514***	0.509***	0.507***	0.506***
			(0.005)	(0.005)	(0.005)	(0.005)	(0.005)
观测值			25406	27739	28268	30299	27908
调整 R^2			0.370	0.357	0.358	0.365	0.365

续表

指标	(1)	(2)	(3)	(4)	(5)	(6)	(7)
	漏填	乱填	抗逆力	内化	外化	自尊	抑郁
窗格 B：漏填+自报非认知技能							
自报非认知技能			0.085***	0.001	-0.041***	0.051***	-0.050***
			(0.004)	(0.004)	(0.004)	(0.004)	(0.004)
漏填	-0.044***		-0.042***	-0.052***	-0.061***	-0.071***	-0.055***
	(0.004)		(0.008)	(0.008)	(0.008)	(0.008)	(0.008)
认知技能	0.512***		0.488***	0.511***	0.505***	0.501***	0.503***
	(0.005)		(0.005)	(0.005)	(0.005)	(0.005)	(0.005)
观测值	32764		25405	27739	28268	30299	27908
调整 R^2	0.365		0.371	0.357	0.360	0.367	0.366
窗格 C：乱填+自报非认知技能							
自报非认知技能			0.083***	0.020***	-0.030***	0.054***	-0.034***
			(0.004)	(0.004)	(0.004)	(0.004)	(0.004)
乱填		-0.068***	-0.047***	-0.063***	-0.051***	-0.064***	-0.045***
		(0.004)	(0.004)	(0.004)	(0.004)	(0.004)	(0.004)
认知技能		0.500***	0.480***	0.500***	0.499***	0.491***	0.499***
		(0.005)	(0.006)	(0.005)	(0.005)	(0.005)	(0.005)
观测值		32764	25405	27739	28268	30299	27908
调整 R^2		0.369	0.374	0.362	0.362	0.371	0.367

注：*、**、***分别代表10%、5%和1%的显著性水平，括号内为标准误；各模型中均控制了个体、家庭特征及年份和时间固定效应。

为确保估计结果的稳健性，除阅读成绩外，表7-7b报告了不同非认知技能指标对小学阶段期末考试成绩的影响。窗格A中，模型（3）~（7）的结果显示，控制了认知技能的影响后，抗逆力、自尊对小学生的期末考试成绩有积极的影响，但内化、外化和抑郁对小学生的期末考试成绩影响较为负面。窗格B的模型（1）中，与表7-7a的结果一致，漏填代理的非认知技能不利于小学生期末考试成绩的提高；模型（3）~（7）的结果与表7-7a窗格B的结果也基本一致，当模型中共同放入漏填指标和各自报非认知技能指标后，两者的显著性及系数均无明显变化。观察窗格C的结果可以发现，模型（2）中，乱填代理的非认知技能对期末考试成绩有不利的影响，其单位标准差变化对考试成绩的负面影响程度达到认知技能影响的27%；模型（3）~（7）的结果与表7-7a窗格C的结果一致，两种类别的非认知技能指标同时加入模型后，乱填指标的绝对值系数略有下降，抗逆力和自尊的系数基本保持不变，但内化、外化和抑郁指标出现较明显的变化。总体而言，表7-7b与表7-7a的结果一致，基于调查问卷填写质量的漏填和乱填指标可以较好地预测小学阶段的学业表现，可以捕捉到文中自报非认知技能未观测到的特征；且漏填可在一定程度上代理内化、外化和抑郁指标。

表7-7b　非认知技能与小学期末考试成绩

指标	(1)	(2)	(3)	(4)	(5)	(6)	(7)
	漏填	乱填	抗逆力	内化	外化	自尊	抑郁
窗格A：自报非认知技能							
自报非认知技能			0.168***	-0.023***	-0.084***	0.089***	-0.099***
			(0.005)	(0.005)	(0.005)	(0.005)	(0.005)
认知技能			0.458***	0.515***	0.499***	0.513***	0.496***
			(0.007)	(0.006)	(0.006)	(0.006)	(0.006)
N			22517	27171	27680	29681	27346
调整 R^2			0.345	0.316	0.321	0.324	0.324
窗格B：漏填+自报非认知技能							
自报非认知技能			0.165***	-0.021***	-0.079***	0.084***	-0.093***
			(0.005)	(0.005)	(0.005)	(0.005)	(0.005)
漏填	-0.157***		-0.143***	-0.165***	-0.158***	-0.210***	-0.156***
	(0.005)		(0.014)	(0.010)	(0.010)	(0.009)	(0.010)
认知技能	0.516***		0.453***	0.504***	0.490***	0.496***	0.486***
	(0.006)		(0.007)	(0.006)	(0.006)	(0.006)	(0.006)
N	32077		22517	27171	27680	29681	27346
调整 R^2	0.333		0.348	0.322	0.327	0.335	0.330
窗格C：乱填+自报非认知技能							
自报非认知技能			0.164***	0.014***	-0.060***	0.092***	-0.062***
			(0.005)	(0.005)	(0.005)	(0.005)	(0.005)
乱填		-0.139***	-0.095***	-0.117***	-0.101***	-0.129***	-0.092***
		(0.005)	(0.005)	(0.005)	(0.005)	(0.005)	(0.005)
认知技能		0.500***	0.438***	0.487***	0.479***	0.480***	0.481***
		(0.006)	(0.007)	(0.006)	(0.006)	(0.006)	(0.006)

续表

指标	(1)	(2)	(3)	(4)	(5)	(6)	(7)
	漏填	乱填	抗逆力	内化	外化	自尊	抑郁
N		32077	22517	27171	27680	29681	27346
调整 R^2		0.334	0.355	0.328	0.331	0.340	0.331

注：*、**、*** 分别代表 10%、5%和 1%的显著性水平，括号内为标准误；各模型中均控制了个体、家庭特征及年份和时间固定效应。

（三）非认知技能与中学学业表现

表 7-8a 报告了小学阶段两类非认知技能对中学阶段学业表现的影响。窗格 A 报告了自报非认知技能对中学期末考试成绩的影响，结果显示，小学阶段的非认知技能对中学期末考试成绩仍有显著的影响；其中，抗逆力和自尊对初中期末考试成绩有积极的影响，内化、外化及抑郁对初中期末考试成绩有负面的影响，统计上都是显著的。该结果进一步验证了非认知技能对个体中长期学业表现的重要作用。窗格 B 报告了漏填及漏填与自报非认知技能共同对中学期末考试成绩的影响。模型（1）的结果显示，漏填代理的小学阶段非认知技能，显著降低了中学期末考试成绩；模型（3）~（7）的结果表明，与小学阶段的结果一致，多数自报非认知技能在加入漏填指标后，并无明显变化，但内化的系数不再显著。窗格 C 报告了乱填及乱填与自报非认知技能对初中期末考试成绩的影响。模型（2）中，乱填代理的小学阶段的非认知技能不利于中学期末考试成绩的提高。模型（3）~（7）中，当乱填和各自报非认知技能同时放入模型后，与小学阶段的发现一致，内化、外化和抑郁指标变化明显。综上可知，基于小学阶段调查问卷填写质量设计的漏填和乱填指标可以较好地预测个体在中学阶段的学业表现；漏填和乱填指标能够捕捉到除自报的抗逆力、内化、外化、自尊和抑郁指标外的其他非认知技能信息，且漏填可部分代理内化，乱填可部分代理内化、外化和抑郁指标。

表 7-8a　非认知技能与中学期末考试成绩

指标	(1)	(2)	(3)	(4)	(5)	(6)	(7)
	漏填	乱填	抗逆力	内化	外化	自尊	抑郁
窗格 A:自报非认知技能							
自报非认知技能			0.077***	-0.018*	-0.045***	0.052***	-0.043***
			(0.010)	(0.010)	(0.010)	(0.011)	(0.010)
认知技能			0.276***	0.306***	0.298***	0.295***	0.296***
			(0.014)	(0.014)	(0.014)	(0.014)	(0.014)
N			11421	11735	11761	11805	11770
调整 R^2			0.245	0.243	0.243	0.243	0.243
窗格 B:漏填+自报非认知技能							
自报非认知技能			0.074***	-0.016	-0.041***	0.049***	-0.040***
			(0.010)	(0.010)	(0.010)	(0.011)	(0.010)
漏填	-0.079***		-0.079***	-0.087***	-0.087***	-0.089***	-0.085***
	(0.012)		(0.017)	(0.016)	(0.016)	(0.016)	(0.016)
认知技能	0.292***		0.266***	0.292***	0.285***	0.281***	0.283***
	(0.014)		(0.014)	(0.014)	(0.014)	(0.014)	(0.014)
N	11857		11421	11735	11761	11805	11770
调整 R^2	0.245		0.246	0.245	0.245	0.245	0.245
窗格 C:乱填+自报非认知技能							
自报非认知技能			0.071***	0.005	-0.030***	0.049***	-0.020*
			(0.010)	(0.011)	(0.011)	(0.011)	(0.011)
乱填		-0.063***	-0.048***	-0.065***	-0.056***	-0.061***	-0.051***
		(0.010)	(0.011)	(0.011)	(0.011)	(0.010)	(0.012)
认知技能		0.288***	0.264***	0.284***	0.283***	0.276***	0.286***
		(0.014)	(0.015)	(0.014)	(0.014)	(0.014)	(0.014)
N		11857	11421	11735	11761	11805	11770
调整 R^2		0.245	0.246	0.245	0.245	0.246	0.245

注：*、**、*** 分别代表 10%、5%和 1%的显著性水平，括号内为标准误；各模型中均控制了个体、家庭特征及年份和时间固定效应。

表 7-8b 报告了第四轮调研中的毅力、大五人格及两者与漏填、乱填指标共同对初中期末考试成绩的影响。窗格 A 中，毅力有利于期末考试成绩的提高；大五人格中随和性、责任心和开放性的影响显著为正，神经质的影响显著为负，与以往实证结果基本保持一致（Mammadov，2022）。窗格 B 中，漏填指标与毅力、各大五人格指标同时放入模型后，两者的系数变化并

不明显。窗格 C 中，当乱填指标加入时，大五人格中的外向性、随和性、责任心和开放性的系数变化并不明显，但神经质的系数不再显著。该部分的结果表明，毅力和大五人格对中学阶段的学业表现有重要的影响；排除这两类指标后，漏填和乱填指标代理的非认知技能对该阶段的学业表现的影响相对独立，同时，乱填指标能部分代理大五人格中的神经质指标。

表 7-8b　毅力、大五人格与中学学业表现

指标	(1)	(2)	(3)	(4)	(5)	(6)	(7)	(8)
	漏填	乱填	毅力	外向性	随和性	责任心	神经质	开放性
窗格 A：自报非认知技能								
自报非认知技能			0.038***	0.013	0.053***	0.031***	-0.018**	0.027***
			(0.008)	(0.009)	(0.008)	(0.009)	(0.009)	(0.008)
认知技能			0.304***	0.303***	0.301***	0.305***	0.307***	0.305***
			(0.014)	(0.014)	(0.014)	(0.014)	(0.014)	(0.014)
观测值			11371	11336	11237	11318	11260	11239
调整 R^2			0.245	0.243	0.245	0.242	0.243	0.249
窗格 B：漏填+自报非认知技能								
自报非认知技能			0.038***	0.012	0.051***	0.030***	-0.018**	0.025***
			(0.008)	(0.009)	(0.008)	(0.009)	(0.009)	(0.008)
漏填	-0.079***		-0.079***	-0.083***	-0.083***	-0.078***	-0.079***	-0.079***
	(0.012)		(0.012)	(0.013)	(0.013)	(0.013)	(0.013)	(0.012)
认知技能	0.292***		0.289***	0.287***	0.285***	0.289***	0.292***	0.289***
	(0.014)		(0.014)	(0.014)	(0.014)	(0.014)	(0.014)	(0.014)
观测值	11857		11369	11334	11235	11316	11258	11237
调整 R^2	0.245		0.247	0.246	0.247	0.244	0.245	0.251
窗格 C：乱填+自报非认知技能								
自报非认知技能			0.036***	0.013	0.049***	0.028***	-0.013	0.029***
			(0.008)	(0.009)	(0.008)	(0.009)	(0.009)	(0.008)
乱填	-0.063***	-0.058***	-0.062***	-0.058***	-0.056***	-0.059***	-0.066***	-0.063***
	(0.010)	(0.011)	(0.011)	(0.011)	(0.011)	(0.011)	(0.011)	(0.010)
认知技能	0.288***	0.286***	0.283***	0.283***	0.287***	0.288***	0.284***	0.288***
	(0.014)	(0.014)	(0.014)	(0.014)	(0.014)	(0.014)	(0.014)	(0.014)
观测值	11857	11369	11334	11235	11316	11258	11237	11857
调整 R^2	0.245	0.247	0.245	0.246	0.243	0.245	0.251	0.245

注：*、**、*** 分别代表 10%、5%和 1%的显著性水平，括号内为标准误；各模型中均控制了个体、家庭特征及年份和时间固定效应。

（四）一个拓展性解释

我们将被调查者是否漏填与乱填，视为一种非认知技能。对这样的处理，除了前文提供的文献支持外，课题组成员还亲自参与调查的现场观察，同样能给本章的技术性分析增加可信性：调研期间，课题组给5个县的小学生和中学生样本发放的礼品为带有“北京大学”字样的圆珠笔和笔记本；接受调查的同学都阅读了知情说明并签字同意接受调查。每次调查的地点都是在教室、学校礼堂或餐厅，让学生集中起来填写问卷，这些学生相互距离较近。填写问卷期间，会看到一部分学生聚集在一起聊天或嬉戏性打闹。调查员需要上前劝阻，要求他们专心填写自己的问卷，不要交头接耳。显然，那些用更长时间嬉戏和聊天的同学，在填写时间截止时，尚未完成问卷的填写；那么，可以把那些“漏填”的样本，在严格意义上视为未完成调查，他们也最容易发生漏填或者乱填。

课题组观察这些行为时的直观判断为：这些学生在责任心方面薄弱。他们只顾玩耍，不考虑调查员的督促和劝导，这是“随和性”欠缺，不愿意与人合作，也不在乎年长者的评价。对这些学生来说，现实的享乐给他们带来更高的效用，这是主观贴现率高，不愿意以当前的尽责和忍耐来实现未来的收益。从这个现场观察和产生的不良印象中，我们判断这些青少年的非认知技能和学业成绩都低于同伴。测量中小学生样本的非认知技能，其中的一个方法是让班主任或任课教师基于学生的性格（社会情感技能）打分，课题组没有给他们打分，但是从观察中得到的经验认知，促成了选题和模型设定，也加深了课题组成员对研究对象的认识。这是项目评估中常用的策略，主观描述同样增加了评估的可信性（DiNardo and Lee，2011）；也是课题组将“乱填”和“漏填”作为报告一个单独部分经验上的理由。

六　结论与讨论

非认知技能的发展对个体及整个经济社会的重要性不言而喻，然而关于非认知技能的测度仍较为困难。传统自报问卷调查法，存在社会期望偏差及参考偏差的问题，而行为观察调查法虽能克服偏差问题，但获取样本量小且成本较大。此外，国内近年来才开始关注非认知技能问题，数据相对匮乏。借鉴新近文献中基于问卷填写质量作为非认知技能的代理的方法，本章利用中国农村青少年调查数据，构建漏填和乱填两个指标，并系统探讨了其代理非认知技能的可行性。增加测量方式，在“大数定理”意义上，是对现有研究方法的改进，可以更准确地把握非认知技能。

本章的研究发现，漏填和乱填与其他非认知技能指标，如抗逆力、内化、外化、自尊、抑郁、大五人格及毅力有较强的相关关系；与自报非认知技能一致，在控制了认知技能后，漏填和乱填能够较好地预测个体小学及中学阶段的学业表现；通过加入漏填和乱填指标后，观察自报非认知技能对学业表现影响系数的变化推测，漏填和乱填可在一定程度上代理内化、外化、抑郁和大五人格中的神经质。研究结果表明，在缺乏非认知技能度量指标时，可利用现有国内微观自报调查问卷构建漏填和乱填指标来测度非认知技能；该方法充分挖掘已有微观数据样本量大和时期长的优势，弥补了数据匮乏及采集时间短的劣势，扩展了相关学科的理论和政策研究基础数据。我们建议其他微观数据，可以引入这样的技术手段，在数据库中保留漏填和乱填信息，拓展数据的测量范围，增加分析的价值和可信性。

附　录

附表 7-1　漏填分布

单位：人，%

项目	2015 年		2016 年		2017 年		2020 年	
漏填	频数	百分比	频数	百分比	频数	百分比	频数	百分比
0	7083	39.85	8407	47.08	12171	69.45	12305	71.17
(0,0.01]	3374	18.98	3803	21.3	3044	17.37	2855	16.51
(0.01,0.02]	2320	13.05	2144	12.01	1161	6.62	1035	5.99

续表

项目	2015 年		2016 年		2017 年		2020 年	
漏填	频数	百分比	频数	百分比	频数	百分比	频数	百分比
(0.02,0.03]	1453	8.18	1132	6.34	453	2.58	394	2.28
(0.03,0.04]	1522	8.56	1147	6.42	328	1.87	297	1.72
(0.04,0.05]	416	2.34	246	1.38	62	0.35	65	0.38
(0.05,0.1]	1024	5.76	557	3.12	122	0.7	136	0.79
(0.1,0.2]	391	2.2	313	1.75	125	0.71	183	1.06
(0.2,1)	189	1.06	107	0.6	59	0.34	20	0.12

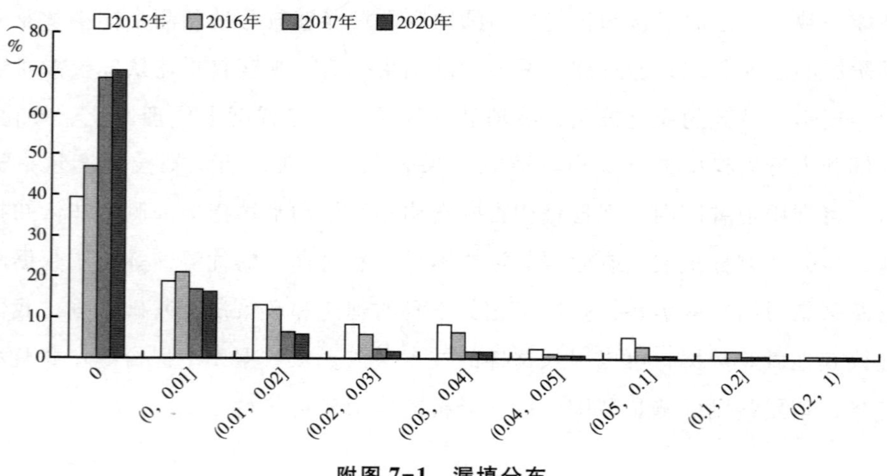

附图 7-1　漏填分布

第八章

结　语

我们从实验项目得出的结论，是不同的干预方式，对非认知技能产生了“匹配性”的影响：某种干预针对部分非认知技能产生了有效影响，对其他部分的非认知技能没有产生显著影响。在某个期限内，发现了显著影响，在这个期限以外，影响消失了。这样的结果，让我们感到困惑，在中国的学术环境里，肯定是不利于发表论文的，显著性不够！但与其他做过随机受控实验项目的同行讨论后，得到了他们的肯定：第一，测量结果是真实的；第二，部分干预结果显著，已经是很好的结果。

本书得出的结论，从科学评估的意义上，有多大的外部适用性？我们选择调查点时，确定的目标是原国定贫困县的寄宿制学校。事后看，中国曾经有 832 个国家级贫困县（或区）。2001 年开始的撤点并校和随后的建设寄宿制学校，使这些贫困县的农村青少年，有相当大的比例进入寄宿制学校。我们的微观样本显示，在寄宿制学校内，有 1/3 的走读生。所以，本书得出的结论，并不限于寄宿生，也包括了走读生。按照课题组设计，本书基本能代表中国农村贫困地区的青少年。真正具有全国代表性的调查，建议由政府统计部门来做，作为公共服务，将调查结果向社会发布，将调查数据，提供给专业研究人员使用。

本书的意义，是指出非认知技能对农村青少年的重要性，但如何帮助青少年形成非认知技能，则是一个长期探索的过程，希望有更多学界同行关注青少年的人力资本形成，他们是中国的未来，帮助他们免于陷入脆弱境地，是我们的社会责任。新人力资本是个陌生的领域，学术研究的深水区，缺少可信的理论指导，也缺少经验事实的积累，每一步探索都是困难的。研究非认知技能，要比研究认知技能困难得多，我们没有理由盲目乐观。美国在1910~1970年，实现了入学率意义上的“普及高中”，到2020年，才实现毕业率意义上的“普及高中”。这给我们带来启示：帮助脆弱青少年形成认知技能，让他们实现学业合格，尚且困难重重，帮助青少年形成非认知技能，更加缺少专业人才，会面对更大的困难与障碍。

从我们的研究发现中，能引申出什么政策含义呢？

1. 给农村学校配齐图书角

从干预项目的效果看到，农村青少年接触到课外书籍时，他们会在课余阅读，逐渐养成习惯，他们在升学上有了一定的优势：升入普通高中的比例更大，辍学的比例更小。无论是单纯的图书组还是故事+图书组，都有一定的优势。另外，超过60%的农村青少年，家庭拥有图书不超过25册，这是五六年级学生几年积累的各科课本数量。换句话说，这些农村家庭几乎没有藏书。作为农村学校硬件建设的一部分，应在每个教室内配上图书箱，甚至是更大的书架，让学生可以便利地接触到有趣的图书，鼓励他们课外借阅。

2. 非认知技能与认知技能之间具有正相关性

那些后来升入普通高中的同学，在小学阶段通常有更好的非认知技能得分：这个群体有更高的抗逆力得分，更高的自尊得分，更低的抑郁得分，更低的外化和内化得分。就人力资本形成来说，伴随着不平等：学业成绩占优势的青少年，也在非认知技能的形成上占优势。根据这个特征，下一阶段建设高质量教育体系时，要把学业成绩和非认知技能统筹考虑。在帮助那些学业差生提高成绩时，还要关注他们的非认知技能，促其形成正常的社会情感。

3. 要增加应试教育体制的包容性

那些选择了留级的学生，其非认知技能得分，接近升入普通高中的样本，显著高于升入中职和辍学的样本。这意味着，留级者并不是一个弱势群体，而是对青少年未来抱有希望的家庭，对学业成绩不合格采取的补救措施。一个有包容性的政策，应该允许家庭和学生对未来仍抱有希望。不要武断地阻止留级，强迫那些学业成绩跟不上的青少年，必须按照同样的节奏，完成义务教育阶段的学业。要允许那些暂时落后的青少年，为自己的未来再做一次努力。

4. 提高农村师资的质量

我们的研究发现，农村小学的师资质量不高。小学教师的学历标准是中等师范毕业，这个标准是20世纪50年代设定的。在5个样本县，小学教师的学历实现了达标，大专及以上者超过了90%，但这些教师，初始学历达到大专及以上者，仅超过一半。农村寄宿制学校的师资，有近一半通过成人高等教育获得了最高学历。学历达标的背后，隐含着农村师资质量不高和城乡差距大。中国中小学教师的年龄结构显示，现在已进入教师更换的窗口期，要利用好这个机会，招聘更多的大学毕业生，甚至研究生，去农村小学任教。

5. 把实现义务教育阶段的学业合格作为一个政策目标

我们发现，农村青少年在义务教育阶段就发生了严重的学业分化，尤其是数学和英语成绩，随着年级的升高，不及格的比例在上升。到中考时，超过一半的学生不及格。学业成绩决定了初中后的分流方向，而普职分流牵动着全社会的关注。下一阶段的高质量教育体系建设，应该从微观层面着手：帮助每一个青少年，实现学业合格，让他们都有能力进入普通高中学习。这个目标的实现，意味着对中国教育体系进行重大改革，也是下一阶段迈向教育强国的经验内容。我们要更新对校长和教师的培养方式，让校长和教师认识到每个学生学业合格的意义，也让他们拥有帮助学生达到学业合格的知识技能。美国曾经花数十年的努力来实现教育卓越计划，落实在微观基础上，就是实现了每个青少年的学业合格。

近年来，党中央对教育更加关注，建设高质量教育体系，迈入教育强国行列，成为一个重大的战略任务。培养青少年，不仅注重其才能的形成，更优先强调的立德树人，显然属于非认知技能范畴。因此，深入研究和有效提升非认知技能，是一个艰难而无法回避，却必须做好的工作。我们通过研究，能给出的建议概括为一句话：让每个农村青少年都实现学业及格，在升学阶梯上不掉队。这不仅让学生可以接受更多的教育，也能解决很多非认知技能缺失。

“我成绩不好，不知道未来在哪里，我很烦”。这是接受访谈的农村青少年，对认知技能与非认知技能之间的关系所做的准确表述。

参考文献

第一章　参考文献

[1] 邓倩:《农村留守儿童阅读现状的调查分析——以重庆市为例》[J],《出版发行研究》2015 年第 1 期。

[2] 胡枫、李善同:《父母外出务工对农村留守儿童教育的影响——基于 5 城市农民工调查的实证分析》[J],《管理世界》2009 第 2 期。

[3] 李强、臧文斌:《父母外出对留守儿童健康的影响》[J],《经济学(季刊)》2011 年第 1 期。

[4] 覃仕莲、徐军华:《基于实地调研的农村留守儿童阅读推广探究》[J],《图书馆建设》2017 年第 8 期。

[5] 陶然、周敏慧:《父母外出务工与农村留守儿童学习成绩——基于安徽、江西两省调查实证分析的新发现与政策含义》[J],《管理世界》2012 年第 8 期。

[6] 田旭、黄莹莹、钟力:《中国农村留守儿童营养状况分析》[J],《经济学(季刊)》2018 年第 1 期。

[7] 王春超、孙曙涛:《寄宿与留守儿童人力资本——来自学习能力与非认知能力的证据》[J],《经济科学》2023 年第 3 期。

[8] 王树涛、毛亚庆:《寄宿对留守儿童社会情感能力发展的影响:基于西部 11 省区的实证研究》[J],《教育学报》2015 年第 5 期。

[9] Ban, L., Guo, S., Scherpbier, R. W., Wang, X., Zhou, H., Tata, L. J.. "Child Feeding and Stunting Prevalence in Left-behind Children: a Descriptive Analysis of Data from a Central and Western Chinese Population" [J]. *International Journal of Public Health*, 2017, 62 (1): 143-151.

[10] Meng, X., Yamauchi, C. "Children of Migrants: The Cumulative Impact of Parental Migration on Children's Education and Health Outcomes in China" [J]. *Demography*, 2017, 54 (5): 1677-1714.

[11] Song, M. "Two Studies on the Resilience Inventory (RI): Toward the Goal of Creating a Culturally Sensitive Measure of Adolescence Resilience" [D]. Doctoral Dissertation, Harvard Graduate School of Education, 2003.

[12] Zhang, H., Behrman, J. R., Fan, C. S. "Does Parental Absence Reduce Cognitive Achievements? Evidence from Rural China" [J]. *Journal of Development Economics*, 2014, 111: 181-195.

第二章　参考文献

[1] 史耀疆、王楠、常芳:《课外读物对农村儿童人力资本的影响：一个随机干预实验研究》[J],《世界经济》2022 年第 5 期。

[2] Chetty, R., Friedman, J. N., Hilger, N., Saez, E., Schanzenbach, D. W., Yagan, D. "How Does Your Kindergarten Classroom Affect Your Earnings? Evidence from Project Star" [J]. *The Quarterly Journal of Economics*, 2011, 126 (4): 1593-1660.

[3] Duflo, E., Glennerster, R., Kremer, M. "Using Randomization in Development Economics Research: A Toolkit" [J]. *Handbook of Development Economics*, ed, Elsevier, 2007, 4: 3895-3962.

[4] Heckman, J., Mosso, S. "The Economics of Human Development and Social Mobility" [J]. *Annual Review of Economics*, 2014, 6: 689-733.

[5] Heckman, J., Pinto, R. "The Econometric Model for Causal Policy

Analysis" [J] . *Annual Review of Economics*, 2022, 14: 893-923.

[6] Kruger, A. B. "Experimental Estimates of Education Production Functions" [J] . *Quarterly Journal of Economics*, 1999, 114 (2): 497-532.

[7] Loyalka, P. , Sylvia, S. , Liu, C. , Chu, J. , Shi, Y. "Pay by Design: Teacher Performance Pay Design and the Distribution of Student Achievement" [J] . *Journal of Labor Economics*, 2019, 37 (3): 621-662.

[8] Moretti, E. "The New Geography of Jobs" [M]. New York: Mariner Books Houghton Mifflin Harcourt, 2012.

[9] Song, M. "Two Studies on the Resilience Inventory (RI): Toward the Goal of Creating a Culturally Sensitive Measure of Adolescence Resilience" [D] . Doctoral Dissertation, Harvard Graduate School of Education, 2003.

第三章　参考文献

[1] 侯海波、吴要武、宋映泉:《低龄寄宿与农村小学生人力资本积累——来自“撤点并校”的证据》[J],《中国农村经济》2018 年第 7 期。

[2] 江艇:《因果推断经验研究中的中介效应与调节效应》,《中国工业经济》2022 年第 5 期。

[3] 黎藜、刘滔:《父母干预与农村中小学生的智能手机使用——基于社会认知理论的影响因素研究》[J],《少年儿童研究》2023 年第 2 期。

[4] 黎煦、朱志胜、宋映泉等:《寄宿对贫困地区农村儿童阅读能力的影响——基于两省 5 县 137 所农村寄宿制学校的经验证据》[J],《中国农村观察》2018 年第 2 期。

[5] 宁可、朱哲毅、徐志刚:《互联网、生活时间配置与农村青少年身体健康》,《南开经济研究》2019 年第 4 期。

[6] 孙文凯、王乙杰:《父母外出务工对留守儿童健康的影响——基于微观面板数据的再考察》[J],《经济学(季刊)》2016 年第 3 期。

[7] 田丰、王璐：《未成年人网络游戏使用及影响研究》[J]，《青年探索》2022 年第 5 期。

[8] 王春超、林俊杰：《父母陪伴与儿童的人力资本发展》[J]，《教育研究》2021 年第 1 期。

[9] 王称丽、贺雯、莫琼琼：《7~15 岁学生注意力发展特点及其与学业成绩的关系》[J]，《上海教育科研》2012 年第 12 期。

[10] 朱战辉：《城镇化背景下手机网络对农村儿童社会化的影响机制》[J]，《少年儿童研究》2023 年第 2 期。

[11] 朱志胜、李雅楠、宋映泉：《寄宿教育与儿童发展——来自贫困地区 137 所农村寄宿制学校的经验证据》[J]，《教育研究》2019 年第 8 期。

[12] Amez, S., & Baert, S. Smartphone Use and Academic Performance: A Literature Review [J]. International Journal of Educational Research, 2020, 103: 101618.

[13] Bano, J., Jabeen, Z. & Qutoshi, S. B. Perceptions of Teachers About the Role of Parents in Developing Reading Habits of Children to Improve Their Academic Performance in Schools [J]. Journal of Education and Educational Development, 2018, 5 (1): 42-59.

[14] Bacher-Hicks, A., Goodman, J. & Mulhern, C. Inequality in Household Adaptation to Schooling Shocks: Covid-Induced Online Learning Engagement in Real Time [J]. Journal of Public Economics, 2021, 193: 104345.

[15] Beland, L. P. & Murphy, R. Communication: Technology, Distraction & Student Performance [J]. Labour Economics, 2016, 41: 61-76.

[16] Bulman, G. & Fairlie, R. W. Technology and Education: Computers, Software, and the Internet. In Hanushek E., Machin, S., Woessmann, L. (eds) Handbook of The Economics of Education, Elsevier, 2016, 5: 239-280.

[17] Colombo, K. & Failache, E. Exposure to High-Speed Internet and Early

Childhood Development [J]. Working Paper, 2023.

[18] Cristia, J., IbarrarÁN, P., Cueto, S., Santiago, A. & SeverÍN, E. Technology and Child Development: Evidence from the One Laptop Per Child Program [J]. American Economic Journal: Applied Economics, 2017, 9 (3): 295-320.

[19] Dempsey, S., Lyons, S. & Mccoy, S. Later Is Better: Mobile Phone Ownership and Child Academic Development, Evidence from A Longitudinal Study [J]. Economics of Innovation and New Technology, 2019, 28 (8): 798-815.

[20] Dettling, L. J., Goodman, S. & Smith, J. Every Little Bit Counts: The Impact of High-Speed Internet on the Transition to College [J]. The Review of Economics and Statistics, 2018, 100 (2): 260-273.

[21] Derksen, L., Michaud-Leclerc, C. & Souza, P. C. L. Restricted Access: How the Internet Can Be Used to Promote Reading And Learning [J]. Journal of Development Economics, 2022, 155: 102810.

[22] Fryer, R. Information and Student Achievement: Evidence from A Cellular Phone Experiment [J]. NBER Working Paper, 2013.

[23] Gallego, F. A., Malamud, O. & Pop-Eleches, C. Parental Monitoring and Children's Internet Use: The Role of Information, Control, and Cues [J]. Journal of Public Economics, 2020, 188: 104208.

[24] Gezgin, D. M., Gurbuz, F. & Barburoglu, Y. Undistracted Reading, Not More or Less: The Relationship Between High School Students' Risk of Smartphone Addiction and Their Reading Habits [J]. Technology, Knowledge and Learning, 2023, 28 (3): 1095-1111.

[25] Hernæs, Ø., Markussen, S., & Røed, K. Television, Cognitive Ability, and High School Completion [J]. Journal of Human Resources, 2019, 54 (2): 371-400.

[26] Kessel, D., Hardardottir, H. L. & Tyrefors, B. The Impact of Banning

Mobile Phones in Swedish Secondary Schools [J]. Economics of Education Review, 2020, 77: 102009.

[27] Levine, L. E., Waite, B. M. & Bowman, L. L. Mobile Media Use, Multitasking and Distractibility [J]. International Journal of Cyber Behavior, Psychology and Learning (IJCBPL), 2012, 2 (3): 15-29.

[28] Liebherr, M., Schubert, P., Antons, S., Montag, C. & Brand, M. Smartphones and Attention, Curse or Blessing? - A Review on the Effects of Smartphone Usage on Attention, Inhibition, and Working Memory [J]. Computers in Human Behavior Reports, 2020, 1: 100005.

[29] Lin, Y. & Zhou, X. Bedtime Smartphone Use and Academic Performance: A Longitudinal Analysis from the Stressor-Strain-Outcome Perspective [J]. Computers and Education Open, 2022, 3: 100110.

[30] Macgowan, T. L. & Schmidt, L. A. Preschoolers' Social Cognitive Development in the Age of Screen Time Ubiquity [J]. Cyberpsychology, Behavior, and Social Networking, 2021, 24 (2): 141-144.

[31] Malamud, O. The Effect of Home Computers and the Internet on Children's Human Capital Development [J]. ifo DICE Report, 2019, 17 (2): 34-40.

[32] Malamud, O. & Pop-Eleches, C. Home Computer Use and the Development of Human Capital [J]. The Quarterly Journal of Economics, 2011, 126 (2): 987-1027.

[33] Meade, A. W. & Craig, S. B. Identifying Careless Responses in Survey Data [J]. Psychological Methods, 2012, 17 (3): 437-455.

[34] Merga, M. K. & Roni, S. M. The Influence of Access to eReaders, Computers and Mobile Phones on Children's Book Reading Frequency [J]. Computers & Education, 2017, 109: 187-196.

[35] Perera, M. & Aboal, D. The Impact of a Mathematics Computer-Assisted Learning Platform on Students' Mathematics Test Scores. Maastricht Economic

and Social Research Institute on Innovation and Technology (UNU- MERIT), 2018. https://bera - journals. onlinelibrary. wiley. com/doi/epdf/10. 1111/bjet. 13116.

[36] Sanchis-Guarner, R., MontalbÁN, J. & Weinhardt, F. Home Broadband and Human Capital Formation [J]. SSRN Electronic Journal, 2021.

[37] Thornton, B., Faires, A., Robbins, M., & Rollins, E. The Mere Presence of a Cell Phone May Be Distracting [J]. Social Psychology, 2014, 45 (6): 479-488.

[38] Toh, W. X., Ng, W. Q., Yang, H. & Yang, S. Disentangling the Effects of Smartphone Screen Time, Checking Frequency, And Problematic Use on Executive Function: A Structural Equation Modelling Analysis [J]. Current Psychology, 2023, 42 (5): 4225-4242.

[39] UNICEF (United Nations Children's Fund) Children in a Digital World, 2017.

[40] Wang, Y. & Liu, Y. The Development of Internalizing and Externalizing Problems in Primary School: Contributions of Executive Function and Social Competence [J]. Child Development, 2021, 92 (3): 889-903.

[41] Wang, J., Tigelaar, D. E. H., Zhou, T., & Admiraal, W. The Effects of Mobile Technology Usage on Cognitive, Affective, and Behavioural Learning Outcomes in Primary and Secondary Education: A Systematic Review with Meta-Analysis [J]. Journal of Computer Assisted Learning, 2023, 39 (2): 301-328.

[42] Werling, K. The Effects of Technology in Early Childhood. Master's Theses & Capstone Projects, 2020, 246

[43] Wilmer, H. H., Sherman, L. E. & Chein, J. M. Smartphones and Cognition: A Review of Research Exploring the Links Between Mobile Technology Habits and Cognitive Functioning [J]. Frontiers in Psychology, 2017, 8: 605.

[44] Zamarro, G., Cheng, A., Shakeel, M. D. & Hitt, C. Comparing and Validating Measures of Non-Cognitive Traits: Performance Task Measures and Self-Reports from A Nationally Representative Internet Panel [J]. Journal of Behavioral and Experimental Economics, 2018, 72: 51-60.

第四章 参考文献

[1] 姚松、豆忠臣：《农村留守初中生辍学决策影响因素分析及其政策含义》[J]，《教育科学研究》2018年第9期。

[2] 叶敬忠、潘璐：《农村寄宿制小学生的情感世界研究》，《教育科学研究》2007年第9期。

[3] Alan, S., T. Boneva, and S. Ertac. Ever failed, Try Again, Succeed Better: Results from a Randomized Educational Intervention on Grit. The Quarterly Journal of Economics, 2019, 134 (3), 1121-1162.

[4] Angrist, J. D. and K. Lang. Does School Integration Generate Peer Effects? Evidence from Boston's Metco Program. American Economic Review, 2004, 94 (5), 1613-1634.

[5] Balart, P., M. Oosterveen, and D. Webbink. Test Scores, Noncognitive Skills and Economic Growth. Economics of Education Review, 2018, 63, 134-153.

[6] Banerjee, A., E. Duflo, R. Glennerster, and C. Kinnan. The Miracle of Microfinance? Evidence from a Randomized Evaluation. American Economic Journal: Applied Economics, 2015, 7 (1), 22-53.

[7] Banerjee, A. V. and E. Duflo. The Economic Lives of the Poor. Journal of Economic Perspectives, 2007, 21 (1), 141-167.

[8] Barrera-Osorio, F. and L. L. Linden. The Use and Misuse of Computers in Education: Evidence from a Randomized Experiment in Colombia. World Bank Policy Research Working Paper (4836), 2009.

[9] Bietenbeck, J. Peer Motivation, and Educational Success. Technical Report, Working Paper, 2021.

[10] Booij, A. S., E. Leuven, and H. Oosterbeek. Ability Peer Effects in University: Evidence from a Randomized Experiment. The Review of Economic Studies, 2017, 84 (2), 547-578.

[11] Buser, T., M. Niederle, and H. Oosterbeek. Can Competitiveness Predict Education and Labor Market Outcomes? Evidence from Incentivized Choice and Survey Measures. Technical report, National Bureau of Economic Research, 2021.

[12] Calvó-Armengol, A., E. Patacchini, and Y. Zenou. Peer effects and social networks in education. The review of economic studies, 2009, 76 (4), 1239-1267.

[13] Carrell, S. E. and M. L. Hoekstra. Externalities in the Classroom: How Children Exposed to Domestic Violence Affect Everyone's Kids. American Economic Journal: Applied Economics, 2010, 2 (1), 211-228.

[14] Cohen, G. L. and D. K. Sherman. The Psychology of Change: Self-affirmation and Social Psychological Intervention. Annual Review of Psychology, 2014, 65, 333-371.

[15] Evans, W. N., W. E. Oates, and R. M. Schwab. Measuring Peer Group Effects: A Study of Teenage Behavior. Journal of Political Economy, 1992, 100 (5), 966-991.

[16] Franke, R. H. and J. D. Kaul. The Hawthorne Experiments: First Statistical Interpretation. American Sociological Review, 1978, 623-643.

[17] Glewwe, P., Q. Huang, and A. Park. Cognitive Skills, Noncognitive Skills, and School-to-work Transitions in Rural China. Journal of Economic Behavior & Organization, 2017, 134, 141-164.

[18] Gordanier, J., W. Hauk, and C. Sankaran. Early Intervention in College Classes and Improved Student Outcomes. Economics of Education Review,

2019, 72, 23-29.

[19] Hoferichter, F., S. Kulakow, and D. Raufelder. How Teacher and Classmate Support Relate to Students' Stress and Academic Achievement. Frontiers in Psychology, 2022, 13, 992497.

[20] Hou, H., Y. Wu, Y. Song, et al. Low-Age Boarding and Rural Pupils' Human Capital Accumulation: Evidence from the "Primary School Merger Program". China Rural Economy, 2018, (7).

[21] Hoxby, C. M. Peer Effects in the Classroom: Learning from Gender and Race Variation, 2000.

[22] Hoxby, C. M. and G. Weingarth. Taking Race Out of the Equation: School Reassignment and the Structure of Peer Effects. Technical report, Citeseer, 2005.

[23] Hsieh, C. - S. and L. F. Lee. A Social Interactions Model with Endogenous Friendship Formation and Selectivity. Journal of Applied Econometrics, 2016, 31 (2), 301-319.

[24] Jackson, C. K. What Do Test Scores Miss? The Importance of Teacher Effects on Non-Test Score Outcomes. Journal of Political Economy, 2018, 126 (5), 2072-2107.

[25] Kosse, F., T. Deckers, P. Pinger, H. Schildberg-Hörisch, and A. Falk. The Formation of Prosociality: Causal Evidence on the Role of Social Environment. Journal of Political Economy, 2020, 128 (2), 434-467.

[26] Lavy, V. and A. Schlosser. Mechanisms and Impacts of Gender Peer Effects at School. American Economic Journal: Applied Economics, 2011, 3 (2), 1-33.

[27] Leaver, C., O. Ozier, P. Serneels, and A. Zeitlin. Recruitment, Effort, and Retention Effects of Performance Contracts for Civil Servants: Experimental Evidence from Rwandan Primary Schools. American Economic Review, 2021, 111 (7), 2213-2246.

[28] List, J. A. , F. Momeni, and Y. Zenou. The Social Side of Early Human Capital Formation: Using a Field Experiment to Estimate the Causal Impact of Neighborhoods. Technical Report, National Bureau of Economic Research. Working Paper, 2020.

[29] Manski, C. F. Identification of Endogenous Social Effects: The Reflection Problem. The Review of Economic Studies, 1993, 60 (3), 531-542.

[30] Muralidharan, K. , A. Singh, and A. J. Ganimian. Disrupting Education? Experimental Evidence on Technology-Aided Instruction in India. American Economic Review, 2019, 109 (4), 1426-1460.

[31] Oosterbeek, H. and R. Van Ewijk. Gender Peer Effects in University: Evidence from a Randomized Experiment. Economics of Education Review, 2014, 38, 51-63.

[32] Redding, C. A Teacher Like me: A Review of the Effect of Student-Teacher Racial/Ethnic Matching on Teacher Perceptions of Students and Sstudent Academic and Behavioral Outcomes. Review of Educational Research, 2019, 89 (4), 499-535.

[33] Romano, J. P. and M. Wolf. Efficient Computation of Adjustedp-Values for Resampling-Based Stepdown Multiple Testing. Statistics & Probability Letters, 2016, 113, 38-40.

[34] Rubin, K. H. , Bukowski, W. M. , Parker, J. G. , & Bowker, J. C. Peer Interactions, Relationships, and Groups. Child and Adolescent Development: An Advanced Course, 2008, 141-180.

[35] Sacerdote, B. Experimental and Quasi-Experimental Analysis of Peer Effects: Two Steps Forward? Annual Review of Economics, 2014, 6 (1), 253-272.

[36] Shan, X. and U. Zölitz. Peers Affect Personality Development, Review of Economics and Statistics, 2025: 1-45, 2022.

[37] Wang, S. , X. Dong, and Y. Mao. The Impact of Boarding on Campus on

the Social-Emotional Competence of Left-Behind Children in Rural Western China. Asia Pacific Education Review, 2017, 18, 413-423.

[38] Whitmore, Diane. Resource and Peer Impacts on Girls' Academic Achievement: Evidence from A Randomized Experiment. American Economic Review 95, 2005, no. 2 : 199-203.

第五章　参考文献

[1] 侯海波、吴要武、宋映泉:《低龄寄宿与农村小学生人力资本积累——来自"撤点并校"的证据》[J],《中国农村经济》2018 年第 7 期。

[2] 梁文艳、周晔馨:《为何巾帼胜须眉? 非认知能力与大学生在校表现的性别差距》[J],《经济学报》2023 年第 1 期。

[3] 刘中华:《非认知能力对学业成就的影响——基于中国青少年数据的研究》[J],《劳动经济研究》2018 年第 6 期。

[4] 吴要武、侯海波:《校园欺凌的影响与对策——来自农村寄宿制小学的证据》[J],《劳动经济研究》2017 年第 6 期。

[5] 吴要武、宋映泉:《非认知技能及干预措施研究》[J],《劳动经济研究》2019 年第 6 期。

[6] Becker, G. S. Human Capital: A Theoretical and Empirical Analysis, with Special Reference to Education. [M] New York: Columbia University Press, 1964.

[7] Bessone, P., Rao, G., Schilbach, F., Schofield, H., & Toma, M. The Economic Consequences of Increasing Sleep Among the Urban Poor [J]. The Quarterly Journal of Economics, 2021, 136 (3): 1887-1941.

[8] Chang, G. How is University Students' Paid Work Associated with Their Locus of Control? [J]. Research in Social Stratification and Mobility, 2023, 83: 100764.

[9] Chetty, R., Friedman, J. N., Hilger, N., Saez, E., Schanzenbach, D.

W., & Yagan, D. How Does Your Kindergarten Classroom Affect Your Earnings? Evidence from Project Star [J]. The Quarterly Journal of Economics, 2011, 126 (4): 1593-1660.

[10] Contreras, D., Elacqua, G., Martinez, M., & Miranda, Á. Bullying, Identity and School Performance: Evidence from Chile [J]. International Journal of Educational Development, 2016, 51: 147-162.

[11] Cunha, F., & Heckman, J. J. Formulating, Identifying and Estimating the Technology of Cognitive and Noncognitive Skill Formation [J]. The Journal of Human Resources, 2008, 43 (4): 738-782.

[12] Ducan, G. J., & Magnuson, K. Investing in Preschool Programs [J]. Journal of Economic Perspectives, 2013, 27 (2): 109-132.

[13] Edin, P., Fredriksson, P., Nybom, M., & Öckert, B. The Rising Return to Non-Cognitive Skill [J] American Economic Journal: Applied Economics, 2022, 14 (2): 78-100.

[14] Farrington, C. A., Roderick, M., Allensworth, E., Nagaoka, J., Keyes, T. S., Johnson, D. W., & Beechum, N. O. Teaching Adolescents to Become Learners. The Role of Noncognitive Factors in Shaping School Performance: A Critical Literature Review [M]. Chicago: University of Chicago Consortium on Chicago School Research, 2012.

[15] Forrest, C. J., & Swanton, T. Longitudinal Associations Between Soft Skills, Education and Labour Market Outcomes: Evidence from a Survey of Young Australians [J]. Education and Training, 2021, 63 (9): 1276-1287.

[16] Gimenez, G., Mediavilla, M., Giuliodori, D., Rusteholz, G. C. Bullying at School and Students' Learning Outcomes: International Perspective and Gender Analysis [J]. Journal of Interpersonal Violence, 2024, 39 (11-12): 2733-2760.

[17] Glewwe, P., Huang, Q., & Park, A. Cognitive Skills, Noncognitive

Skills, and School-to-work Transitions in Rural China [J]. Journal of Economic Behavior & Organization, 2017, 134: 141-164.

[18] Glewwe, P., Song, Y., & Zou, X. Labor Market Outcomes, Cognitive Skills, and Noncognitive Skills in Rural China [J]. Journal of Economic Behavior & Organization, 2022, 193: 294-311.

[19] Golsteyn, B. H. H., & Schils, T. Gender Gaps in Primary School Achievement: A Decomposition into Endowments and Returns to IQ and Non-Cognitive Factors [J]. Economics of Education Review, 2014, 41: 176-187.

[20] Grönqvist, E., Öckert, B., & Vlachos, J. The Intergenerational Transmission of Cognitive and Noncognitive Abilities [J]. Journal of Human Resources, 2017, 52 (4): 887-918.

[21] Hanushek, E. A., & Woessmann, L. Do Better Schools Lead to More Growth? Cognitive Skills, Economic Outcomes, and Causation [J]. Journal of Economic Growth, 2012, 17 (4): 267-321.

[22] Heckman, J. J. Policies to Foster Human Capital [J]. Research in Economics, 2000, 54 (1): 3-56.

[23] Heckman, J. J. Skill Formation and the Economics of Investing in Disadvantaged Children [J]. Science, 2006, 312 (5782): 1900-1902.

[24] Heckman, J. J., & Kautz, T. Hard Evidence on Soft Skills [J]. Labour Economics, 2012, 19 (4): 451-464.

[25] Heckman, J. J., Stixrud, J., & Urzua, S. The Effects of Cognitive and Noncognitive Abilities on Labor Market Outcomes and Social [J]. Journal of Labor Economics, 2006, 24 (3): 411-482.

[26] Humphries, J. E., & Kosse, F. On the Interpretation of Non-Cognitive Skills-What is Being Measured and Why It Matters [J]. Journal of Economic Behavior & Organization, 2017, 136: 174-185.

[27] Jones, S. M., & Doolittle, E. J. Social and Emotional Learning:

Introducing the Issue [J]. The Future of Children, 2017, 27 (1): 3-11.

[28] Jones, S. M., & Kahn, J. The Evidence Base for How We Learn: Supporting Student' Social, Emotional, and Academic Development [J]. The WERA Educational Journal, 2017, 10 (1): 5-20.

[29] Kevenaar, S. T., van Bergen, E., Oldehinkel, A. J., Boomsma, D. I., Dolan, C. V. The Relationship of School Performance with Self-Control and Grit is Strongly Genetic and Weakly Causal [J]. NPJ Science of Learning, 2023, 8 (1): 53.

[30] Li, L., Kang, Y., Shi, Y., & Zhao, Z. The Influence of Parental Involvement on Students' Non-Cognitive Abilities in Rural Ethnic Regions of Northwest China [J]. Studies in Educational Evaluation, 2024, 81: 101344.

[31] Lindqvist, E., & Vestman, R. The Labor Market Returns to Cognitive and Noncognitive Ability: Evidence from the Swedish Enlistment [J]. American Economic Journal: Applied Economics, 2011, 3 (1): 101-128.

[32] Liu, A. Can Non-Cognitive Skills Compensate for Background Disadvantage? – The Moderation of Non-Cognitive Skills on Family Socioeconomic Status and Achievement during Early Childhood and Early Adolescence [J]. Social Science Research, 2019, 83: 102306.

[33] Osher, D., Kidron, Y., Brackett, M., Dymnicki, A., Jones, S., & Weissberg, R. P. Advancing the Science and Practice of Social and Emotional Learning [J]. Review of Research in Education, 2016, 40 (1): 644-681.

[34] Owens, J. A., Spirito, A., McGuinn, M. The Children's Sleep Habits Questionnaire (CSHQ): Psychometric Properties of a Survey Instrument for School-Aged Children [J]. Sleep, 2000, 23 (8): 1-9.

[35] Rosenberg, M. Society and the Adolescent Self-Image [M]. Princeton,

NJ: Princeton University Press, 1965.

[36] Ross, C. E., & Broh, B. A. The Roles of Self-Esteem and the Sense of Personal Control in the Academic Achievement Process [J]. Sociology of Education, 2000, 70 (4): 270-284.

[37] Sarzosa, M., & Urzúa, S. Bullying among Adolescents: The Role of Skills [J]. Quantitative Economics, 2021, 12 (3): 945-980.

[38] Song, M. Two Studies on the Resilience Inventory (RI): Toward the Goal of Creating a Culturally Sensitive Measure of Adolescence Resilience [M]. Harvard University, 2003.

第六章 参考文献

[1] 教育部发展规划司编《2017全国教育事业发展简明统计分析》，高等教育出版社，2018。

[2] Albayrak, S., Yildiz, A. & Erol, S. Assessing the Effect of School Bullying Prevention Programs on Reducing Bullying [J]. Children and Youth Services Review, 2016, 63: 1-9.

[3] Allen, K. Classroom Management, Bullying, and Teacher Practices [J]. Professional Educator, 2010, 34 (1).

[4] Baldry, A. C, & Farrington, D. P. Protective Factors as Moderators of Risk Factors in Adolescence Bullying. Social Psychology of Education, 2005, 8, 263-284.

[5] Behaghel, L., de Chaisemartin, C. & Gurgand, M. Ready for Boarding? The Effects of a Boarding School for Disadvantaged Students [J]. American Economic Journal: Applied Economics, 2017, 9 (1): 140-164.

[6] Blake, J., & Maiese, N. No Fairytale... The Benefits of the Bedtime Story. The Psychologist, 2008, 21 (5): 386-388.

[7] Borghans, L., Duckworth, A. L., Heckman, J. J. & Weel, B. T. The

Economics and Psychology of Personality Traits [J]. Journal of Human Resources, 2008, 43 (4): 972-1059.

[8] Bowes, L., Arseneault, L., Maughan, B., Taylor, A., Caspi, A. & Moffitt, T. E. School, Neighborhood, and Family Factors Are Associated with Children's Bullying Involvement: A Nationally Representative Longitudinal Study [J]. Journal of the American Academy of Child & Adolescent Psychiatry, 2009, 48, 545-553.

[9] Bronfenbrenner, U. The Ecology of Human Development [M]. Cambridge, MA: Harvard University Press, 1979.

[10] Brown, S. & Taylor, K. Bullying, Education and Earnings: Evidence from the National Child Development Study [J]. Economics of Education Review, 2008, 27 (4): 387-401.

[11] Chalamandaris, A. G. Wilmet-Dramaix, M., Robert, A. Ertesväg, S. K. Eslea, M. Senterre, C. & Piette, D.. Project SET-Bullying: Exploring the Relationshipbetween the Effectiveness of School-based Anti-bullying Interventions and Time. Children and YouthServices Review, 2017, 83, 146-158.

[12] Chen, Y., & Elklit, A. Exposure to Bullying Among Adolescents Across Nine Countries [J]. Journal of Child and Adolescent Trauma, 2018, 11 (1): 121-127.

[13] Cheng, Y., Chen, L., Liu, K. & Chen, Y. Development and Psychometric Evaluation of the School Bullying Scales: A Rasch Measurement Approach [J]. Educational and Psychological Measurement, 2011, 71 (1): 200-216.

[14] Cheng, Y., Newman, IM., Qu, M., Mbulo, L., Chai, Y, Chen, Y. & Shell, D. F. Being Bullied and Psychosocial Adjustment Among Middle School Students in China [J]. Journal of School Health, 2010, 80 (4): 193-199.

[15] Copeland, W. E., Wolke, D., Angold, A. & Costello, E. J. Adult Psychiatric Outcomes of Bullying and Being Bullied by Peers in Childhood and Adolescence [J]. JAMA Psychiatry, 2013, 70: 419-426.

[16] Craig, W., Harel-Fisch, Y., Fogel-Grinvald, H., Dostaler, S., et al. A Cross-National Profile of Bullying and Victimization Among Adolescents in 40 Countries [J]. International Journal of Public Health, 2009, 54 (2): 216-224.

[17] Curto, V. E. & Fryer, R. G. The Potential of Urban Boarding Schools for the Poor: Evidence from SEED [J]. Journal of Labor Economics, 2014, 32 (1): 65-93.

[18] Donnon, T. & Hammond, W. Understanding the Relationship Between Resiliency and Bullying in Adolescence: An Assessment of Youth Resiliency from Five Urban Junior High Schools [J]. Child and Adolescent Psychiatric Clinics of North America, 2007, 16 (2): 449-471.

[19] Duursma, E., Augustyn, M., & Zuckerman, B. Reading aloud to children: the evidence. Archives ofdisease in childhood, 2008, 93 (7), 554-557.

[20] Eriksen, TL. M., Nielsen, H. s. & Simonsen, M. Bullying in Elementary School. Journal of Human Resources, 2014, 49 (4), 839-871.

[21] Espelage, D. Ecological Theory: Preventing Youth Bullying, Aggression, and Victimization. Theory into Practice, 2014, 53 (4): 257-264.

[22] Espelage, D. & Holt, M. Suicidal Ideation and School Bullying Experiences After Controlling for Depression and Delinquency. Journal of Adolescent Health, 2013, 53: S27-S31.

[23] Evans, C. B. & Smokowski, P. R. Understanding Weaknesses in Bullying Research: How School Personnel Can Help Strengthen Bullying Research and Practice [J]. Children and Youth Services Review, 2016, 69: 143-150.

[24] Fan, F. Su, L. Gill, M. K., & Birmaher, B. Emotional and Behavioral Problems of Chinese left-behind Children: a Preliminary Study. Social Psychiatryand Psychiatric Epidemiology, 2010, 45, 655-664.

[25] Farrington, D. & Baldry, A. Individual Risk Factors for School Bullying [J]. Journal of Aggression, Conflict and Peace Research, 2010, 2 (1): 4-16.

[26] Feng, T. & Li, J. Reading Ecosystem Services for Children in Rural China [J]. Children and Youth Services Review, 2019.

[27] Filmer, D. and Pritchett, L. Estimating Wealth Effects Without Expenditure Data-Or Tears: An Application to Educational Enrollments in States of India [J]. Demography, 2001, 38 (1): 115-132.

[28] Flannery, D., Wester, K. & Singer, M. Impact of Exposure to Violence in School on Child and Adolescent Mental Health and Behavior [J]. Journal of Community Psychology, 2004, 32: 559-573.

[29] Francia, G. & Edling, S. Children's Rights and Violence: A Case Analysis at A Swedish Boarding School [J]. Childhood, 2017, 24 (1): 51-67.

[30] Gaffney, H., Ttofi, M. M. & Faffington. D. P. (2018). Evaluating the Effectiveness of School-Bullying Prevention Programs: An Updated Meta-Analytical Review [J]. Aggression and Violent Behavior, 2018.

[31] Geel, M., Goemans, A. & Vedder, P. H. The Relation Between Peer Victimization and Sleeping Problems: A Meta-Analysis [J]. Sleep Medicine Reviews, 2017, 27: 89-95.

[32] Gini, G. & Pozzoli, T. Bullied Children and Psychosomatic Problems: A Meta-Analysis [J]. Pediatrics, 2013, 132 (4): 720-729.

[33] Groppe, S. E., Gossen, A., Rademacher, L., Hahn, A., Westphal, L. & Spreckelmeyer, K. N. Oxytocin Influences Processing of Socially Relevant [J]. Biological Psychiatry, 2013 (74): 172-179.

[34] Guan, S. & Deng, G. The Whole-Community Intervention for Left-Behind

Children in Rural China. Children and Youth Services Review, 2019.

[35] Hazemba, A., Siziya, S., Muula, A. S. & Rudatsikira, E. Prevalence and Correlates of Being Bullied Among in-School Adolescents in Beijing: Results From The 2003 Beijing Global School-Based Health Survey [J]. Annals of General Psychiatry, 2008, 7: 1-6.

[36] Heckman, J. J., Pinto, R. & Savelyev, P. A. Understanding the Mechanisms Through Which an Influential Early Childhood Program Boosted Adult Outcomes [J]. American Economic Review, 2013, 103 (6).

[37] Heckman, J. J., Rubinstein, Y. The Importance of Non-Cognitive Skills: Lessons from The GED Testing Program [J]. American Economic Review, 2001, 91 (1): 145-149.

[38] Hinduja, S., & Patchin, J. W. Cultivating Youth Resilience to Prevent Bullying and Cyberbullying Victimization [J]. Child Abuse and Neglect, 2017, 73: 51-62.

[39] Hodges, E. V. E., Malone, M. J. & Perry, D. G. Individual Risk and Social Risk as Interacting Determinants of Victimization in The Peer Group [J]. Developmental Psychology, 1997, 33: 1032-1039.

[40] Hodges, E. V. E. & Perry, D. G. Personal and Interpersonal Antecedents and Consequences of Victimization by Peers [J]. Journal of Personality and Social Psychology, 1999, 76: 677-685.

[41] Huang, X., Wu, F. & Song, Y. The Impact of Peer Victimization on internalized Behavior in Rural Boarding Schools: A Moderated Mechanism Model [J]. Journal of East China Normal University, Educational Sciences, 2017, 35 (1): 93-101.

[42] Hutton, J., Horowitz-Kraus, T., Mendelsohn, A., Dewitt, T. & Holland, S. Home Reading Environment and Brain Activation in Preschool Children Listening to Stories [J]. Pediatrics, 2015, 136 (3): 466-478.

[43] Janosz, M., BriÈRe, F. N., Galand, B., Pascal, S., Archambault, I.,

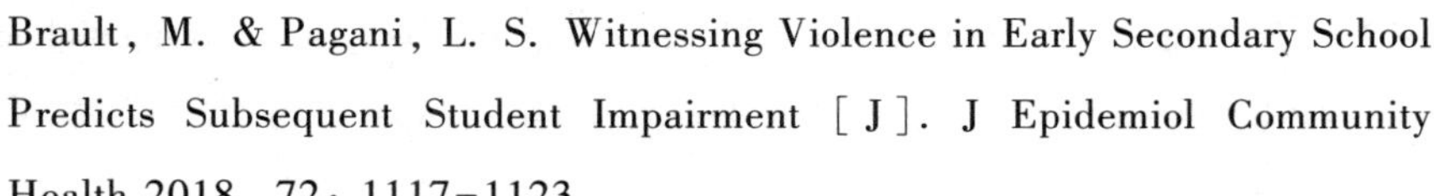

Brault, M. & Pagani, L. S. Witnessing Violence in Early Secondary School Predicts Subsequent Student Impairment [J]. J Epidemiol Community Health 2018, 72: 1117-1123.

[44] Lereya, S. T., Copeland, W. E., Costello, E. J. & Wolke, D. Adult Mental Health Consequences of Peer Bullying and Maltreatment in Childhood: Two Cohorts in Two Countries [J]. The Lancet Psychiatry, 2015, 2: 524-531.

[45] Lester, L., & Mander, D. The Role of Social, Emotional and Mental Wellbeing on Bullying Victimization and Perpetration of Secondary School Boarders [J]. Journal of Psychologists and Counsellors in Schools, 2015, 25 (2): 152-169.

[46] Lu, W., Song, Y. & Liang, J. An Empirical Study on Student Bullying in Boarding Schools in Rural China [J]. Journal of Beijing Normal University, Social Sciences, 2017: 5-17.

[47] Menesini, E., & Salmivalli, C. Bullying in Schools: The State of Knowledge and Effective Interventions [J]. Psychology, Health and Medicine, 2017, 22 (1): 240-253.

[48] Moswela, B. Boarding Schools as Perpetrators of Students' Behavior Problems [J]. Journal of Social Science. 2006, 13 (1): 37-41.

[49] Mugove, K. Causes of Bullying in Boarding High Schools in Zimbabwe [J]. International Journal of Scientific and Research Publications, 2017, 7 (12): 652-657.

[50] Ndetei, D., ongecha, F. A., Khaskhala, L, Syanda, J., Mutiso, V., Othieno, C., Odhiambo, G. & Kokonya, D. Bullying in Public Secondary Schools in Nairobi [J]. Kenya Journal of Child and Adolescent Mental Health, 2007, 19 (1): 45-55.

[51] Olweus, D. Bullying at School: What We Know and What We Can Do [M]. Oxford, UK; Cambridge, Mass: Blackwell, 1993.

[52] Pfeiffer, J. P. & Pinquart, M. Bullying in German Boarding Schools: A Pilot Study [J]. School Psychology international, 2014, 35 (6): 580-591.

[53] Sarzosa, M. & Urzua, S. Bullying Among Adolescents: The Role of Cognitive and Non-Cognitive Skills [J]. NBER Working Paper, 2015.

[54] Schaverien, J. Boarding School: The Trauma of the 'Privileged' Child [J]. Journal of Analytical Psychology, 2004, 49: 683-705.

[55] Sutton, J., Smith, P. K., & Swettenham, J. Social Cognition and Bullying: Social inadequacy Or Skilled Manipulation? [J]. British Journal of Developmental Psychology, 1999, 17: 435-450.

[56] Sung, Y., Chen, L., Yen, C., & Valcke, M. Children and Youth Services Review Double Trouble: The Developmental Process of School Bully-Victims [J]. Children and Youth Services Review, 2018, 91 (70), 279-288.

[57] Ttofi, M. M. & Farrington, D. P. What Works in Preventing Bullying: Effective Elements of Anti-Bullying Programs [J]. Journal of Aggression, Conflict and Peace Research, 2009, 1: 1324.

[58] UNESCO. School Violence and Bullying: Global Status and Trends, Drivers and Consequences [M]. UNESCO. Paris, France, 2018.

[59] Wang, A., Luo, R. & Shi, Y. To Board or Not to Board: Evidence from Nutrition, Health and Education Outcomes of Students in Rural China [J]. China & World Economy, 2016, 24 (3): 52-66.

[60] Wang, S., Dong, X., & Mao, Y. The Impact of Boarding on Campus on The Social-Emotional Competence of Left-Behind Children in Rural Western China [J]. Asia Pacific Education Review, 2017, 18 (3): 413-423.

[61] Xie, X., Huang, C., Chen, Y. & Hao, F. intelligent Robots and Rural Children [J]. Children and Youth Services Review, 2019.

[62] Yin, X., Wang, L., Zhang, G., Liang, X., Li, J., Zimmerman, M. A.

& Wang, J. The Promotive Effects of Peer Support and Active Coping on The Relationship Between Bullying Victimization and Depression Among Chinese Boarding Students [J]. Psychiatry Research, 2017, 256 (2): 59-65.

[63] Zak, P. The Neuroscience of Thrust [J]. Harvard Business Review, 2017: 84-90.

[64] Zhang, H., Behrman, J. R., Fan, C., Wei, X., & Zhang, J. Does Parental Absence Reduce Cognitive Achievements? Evidence from Rural China [J]. Journal of Development Economics, 2014, 111: 181-195.

[65] Zhang, H. The Influence of Boarding at Schools on Academic Performance of Left-Behind Children in Rural Areas [M]. MA Thesis, Peking University, 2017.

[66] Zhou, C. C., Sylvia, S., Zhang, L. X., Luo, R. F., Yi, H. M., Liu, C. F., Shi, Y. J., Loyalka, P., Chu, J., Medina, A. & Rozelle, S. China's Left-Behind Children: Impact of Parental Migration on Health, Nutrition, and Educational Outcomes [J]. Health Affairs, 2015.

第七章　参考文献

[1] 崔颖、徐卓君：《父母外出务工对农村留守儿童非认知能力的影响及机制》[J]，《浙江学刊》2021 年第 5 期。

[2] 乐君杰、胡博文：《非认知能力对劳动者工资收入的影响》[J]，《中国人口科学》2017 年第 4 期。

[3] 雷万鹏、李贞义：《非认知能力对初中生学业成绩的影响：基于 CEPS 的实证分析》[J]，《华中师范大学学报（人文社会科学版）》2021 年第 6 期。

[4] 李晓曼、曾湘泉：《新人力资本理论——基于能力的人力资本理论研究动态》[J]，《经济学动态》2012 年第 11 期。

[5] 刘中华：《非认知能力对学业成就的影响——基于中国青少年数据的研究》[J]，《劳动经济研究》2018 年第 6 期。

[6] 黎煦、朱志胜：《回流对贫困地区农村儿童心理健康的影响——基于农村寄宿制学校的实证检验》[J]，《北京师范大学学报》（社会科学版）2018 年第 7 期。

[7] 王春超、林俊杰：《农村儿童认知能力与非认知能力发展关系研究》[J]，《武汉大学学报（哲学社会科学版）》2021 年第 3 期。

[8] 王春超、张承莎：《非认知能力与工资性收入》[J]，《世界经济》2019 年第 3 期。

[9] 王伊雯、叶晓梅：《近朱者赤，近墨者黑？同伴对青少年非认知能力的影响——基于 CEPS 数据的实证分析》[J]，《教育与经济》2021 年第 6 期。

[10] 吴要武、宋映泉：《非认知技能及干预措施研究》[J]，《劳动经济研究》2019 年第 6 期。

[11] 周金燕、徐妮娜：《寄宿式上学有利于初中生的发展吗？——基于认知能力、非认知能力和学业成绩视角的实证研究》[J]，《教育科学研究》2021 年第 5 期。

[12] 周金燕：《非认知技能的概念及测量进展》[J]，《全球教育展望》2020 年第 5 期。

[13] 朱志胜：《非认知能力与农民工城市创业回报——事实与机制》[J]，《人口与经济》2021 年第 3 期。

[14] Almlund, M., Duckworth, A. L., Heckman, J. & Kautz, T. Personality Psychology and Economics [J]. NBER Working Paper, 2011.

[15] Anghel, B., & Balart, P. Non-Cognitive Skills and Individual Earnings: New Evidence From PIAAC [J]. Series, 2017, 8 (4), 417-473.

[16] Boon-Falleur, M., Bouguen, A., Charpentier, A., Algan, Y., Huillery, E., & Chevallier, C. Measuring Non-Cognitive Skills in Schools: Simple Questionnaires Outperform Behavioral Tasks [J]. Working Paper, 2020.

[17] Coneus, K., Gernandt, J. & Saam, M. Noncognitive Skills, School Achievements and Educational Dropout [J]. Journal of Contextual Economics, 2011, 131 (4): 547-568.

[18] Cunha, F., Heckman, J. J. & Schennach, S. M. Estimating the Technology of Cognitive and Noncognitive Skill Formation [J]. Econometrica, 2010, 78 (3): 883-931.

[19] DiNardo, J. & Lee, D. S. Program Evaluation and Research Designs. In Ashenfelter, O. & Card, D. (eds) Handbook of Labor Economics, Elsevier, 2011, 4: 463-536.

[20] Duckworth, A. L. & Yeager, D. S. Measurement Matters: Assessing Personal Qualities Other than Cognitive Ability for Educational Purposes [J]. Educational Researcher, 2015, 44 (4): 237-251.

[21] Duckworth, A. L. & Quinn, P. D. Development and Validation of the Short Grit Scale (GRIT-S) [J]. Journal of Personality Assessment, 2009, 91 (2): 166-174.

[22] Glewwe, P., Huang, Q. & Park, A. Cognitive Skills, Noncognitive Skills, and School-to-work Transitions in Rural China [J]. Journal of Economic Behavior & Organization, 2017, 134: 141-164.

[23] Gutman, L. M., Schoon, I. The Impact of Non-Cognitive Skills on Outcomes for Young People: Literature Review [J]. Institute of Education, University of London: Education Endowment Foundation, 2013.

[24] Heckman, J. J. & Kautz, T. Hard Evidence on Soft Skills [J]. Labour Economics, 2012, 19 (4): 451-464.

[25] Heckman, J. J., Stixrud, J. & Urzua, S. The Effects of Cognitive and Noncognitive Abilities on Labor Market Outcomes and Social Behavior [J]. Journal of Labor Economics, 2006, 24 (3): 411-482.

[26] Hitt, C., Trivitt, J. & Cheng, A. When You Say Nothing at All: The Predictive Power of Student Effort on Surveys [J]. Economics of Education

Review, 2016, 52: 105-119.

[27] Jackson, C. K. Non-Cognitive Ability, Test Scores, and Teacher Quality: Evidence From 9th Grade Teachers In North Carolina [J]. NBER Working Paper, 2013.

[28] Kautz, T., Heckman, J. J., Diris, R., Ter Weel, B., & Borghans, L. Fostering and Measuring Skills: Improving Cognitive and Non-Cognitive Skills to Promote Lifetime Success [J]. NBER Working Paper, 2014.

[29] Kyllonen, P. C. & Bertling, J. Innovative Questionnaire Assessment Methods to Increase Cross-Country Comparability. In Rutkowski, M., Von Davier & Rutkowski, D. (eds.), Handbook of International Large-Scale Assessment, Chapman and Hall/CRC, 2013: 277-285.

[30] Lleras, C. Do Skills and Behaviors in High School Matter? The Contribution of Noncognitive Factors in Explaining Differences in Educational Attainment and Earnings [J]. Social Science Research, 2008, 37 (3): 888-902.

[31] Mammadov, S. Big Five Personality Traits and Academic Performance: A Meta-Analysis [J]. Journal of Personality, 2022, 90 (2): 222-255.

[32] John, O. P. & Sanjay Srivastava. The Big Five Trait Taxonomy: History, Measurement, and Theoretical Perspectives. In Pervin, L. A. & John, O. P. (eds) Handbook of Personality: Theory and Research, The Guilford Press, 1999, 2: 102-138.

[33] Zamarro, G., Cheng, A., Shakeel, M. D. & Hitt, C. Comparing and Validating Measures of Non-Cognitive Traits: Performance Task Measures and Self-Reports from A Nationally Representative Internet Panel [J]. Journal of Behavioral and Experimental Economics, 2018, 72: 51-60.

[34] Zamarro, G., Nichols, M., Duckworth, A. L. & D'Mello, S. K. Validation of Survey Effort Measures of Grit and Self-Control in A Sample of High School Students [J]. PLOS ONE, 2020, 15 (7): e0235396.

课题组就前三轮调查项目特别致谢

本人是《农村青少年非认知技能发展研究》项目组成员，也是前三轮数据调查（新一千零一夜睡前故事）项目的主要设计者和主持者。我在此代表课题组，向以下个人、基金会和机构对前三轮数据调查做出的特别贡献表示感谢。

首先，感谢我的助理和同事梁净女士。她目前是北京大学中国教育财政科学研究所数据中心副主任，也是本项目实施的总协调人。梁净沉着冷静，极其干练，在前三期数据收集以及第四轮跟踪调研中，扮演了不可或缺的角色。感谢北京大学中国教育财政科学研究所所长王蓉教授。她宽容大度，富有洞见，鼓励我们开展各种创新研究、参与各种田野调查，她始终大力支持这个项目。感谢哈佛大学教育学院的 James Kim 教授。2015 年，我在哈佛大学访问期间，他与我一起设计随机控制实验方案，帮助我检查随机分组的平衡性。

其次，感谢歌路营基金会和所有支持前三期调研的基金会及有关个人。歌路营基金会总干事杜爽女士、梅冬先生及岳雯女士，在我们项目实施和跟踪调研的各个环节，与我们课题组密切沟通，提供了很多实质性的帮助。福特基金会、澳门同济慈善会、亿方公益基金会、Porticus Asia 等，对本项目前三期数据收集提供了慷慨资助。没有这些机构的资助，要完成如此大样本数据的采集是不可能的。福特基金的何进先生，澳门同济慈善会的陈函思女士、李黎女士、常江先生，亿方公益基金会李北伟先生、康辉女士等，对研究团队在项目评估过程中的建议和帮助也非常有价值。

再次，感谢河北省张家口市和四川广元市等有关部门的支持和配合。张家口市财政局尹宗明副局长、教育局张殿忠副局长以及蔚县、涿鹿和沽源三县教育局领导，对本项目的大力支持，令人感动。同时，四川省广元市苍溪县团委和旺苍县财政局、教育局等有关部门，对本项目的支持也非常宝贵。

又次，感谢137所调研学校的校长、班主任、老师、家长和同学的支持与配合。他们不仅配合课题调研，填写各种问卷，还帮助我们回收并寄回家长问卷。感谢所有参与调研的研究生和研究助理。他们来自北京大学、中国社会科学院大学、北京师范大学、中国人民大学、中国青年政治学院、首都经济贸易大学、中国农业大学、中国林业大学、四川师范大学、西南大学、西华大学、中央司法警官学院等。他们直接参加了随机控制实验的研究设计和前三期数据的收集。如果没有他们的帮助、支持和参与，我们就不可能完成前三期数据收集和项目中期评估等工作。

最后，感谢在该项目数据收集和整理中有积极贡献的伙伴们。首都经济贸易大学的黎煦老师、北京第二外国语大学的朱志胜老师、清华大学工艺美术学院本科生刘永烨同学，他们都对数据采集做出了积极的贡献。

北京大学中国教育财政科学研究所　宋映泉

2025年4月

图书在版编目(CIP)数据

农村青少年非认知技能发展研究 / 吴要武等著 . --北京：社会科学文献出版社，2025. 6. --ISBN 978-7-5228-5167-9

Ⅰ. G775；D432. 6

中国国家版本馆 CIP 数据核字第 20259YS907 号

农村青少年非认知技能发展研究

著　　者 / 吴要武　宋映泉 等

出 版 人 / 冀祥德
责任编辑 / 陈　颖
责任印制 / 岳　阳

出　　版 / 社会科学文献出版社 · 皮书分社 (010) 59367127
　　　　地址：北京市北三环中路甲 29 号院华龙大厦　邮编：100029
　　　　网址：www. ssap. com. cn
发　　行 / 社会科学文献出版社 (010) 59367028
印　　装 / 三河市尚艺印装有限公司

规　　格 / 开 本：787mm × 1092mm　1/16
　　　　印 张：15. 75　字 数：239 千字
版　　次 / 2025 年 6 月第 1 版　2025 年 6 月第 1 次印刷
书　　号 / ISBN 978-7-5228-5167-9
定　　价 / 108. 00 元

读者服务电话：4008918866